O *COMPLIANCE* COMO INSTRUMENTO DE PREVENÇÃO E COMBATE À CORRUPÇÃO

0955

Conselho Editorial
André Luís Callegari
Carlos Alberto Molinaro
César Landa Arroyo
Daniel Francisco Mitidiero
Darci Guimarães Ribeiro
Draiton Gonzaga de Souza
Elaine Harzheim Macedo
Eugênio Facchini Neto
Gabrielle Bezerra Sales Sarlet
Giovani Agostini Saavedra
Ingo Wolfgang Sarlet
José Antonio Montilla Martos
Jose Luiz Bolzan de Morais
José Maria Porras Ramirez
José Maria Rosa Tesheiner
Leandro Paulsen
Lenio Luiz Streck
Miguel Àngel Presno Linera
Paulo Antônio Caliendo Velloso da Silveira
Paulo Mota Pinto

Dados Internacionais de Catalogação na Publicação (CIP)

C737   O compliance como instrumento de prevenção e combate à corrupção /
        Vinicius Porto, Jader Marques (organizadores) ; Alejandro Piera ...
        [et al.]. – Porto Alegre : Livraria do Advogado, 2017.

        211 p. ; 23 cm.

        Inclui bibliografia.

        ISBN 978-85-9590-002-8

        1. Corrupção. 2. Compliance. 3. Direito. 4. Responsabilidade por atos
        ilícitos. 5. Política. 6. Brasil. Lei n. 12.846, de 1 agosto de 2013. I. Porto,
        Vinicius. II. Marques, Jader. III. Piera, Alejandro.

                                    CDU 343.352
                                    CDD 345.04

        Índice para catálogo sistemático:
        1. Corrupção   343.352

        (Bibliotecária responsável: Sabrina Leal Araujo – CRB 10/1507)

VINICIUS PORTO
JADER MARQUES

(Organizadores)

O *COMPLIANCE* COMO INSTRUMENTO DE PREVENÇÃO E COMBATE À CORRUPÇÃO

Alejandro Piera
Bernardo Rocha de Almeida
Carlo Huberth Luchione
Carlos Wendel Peixoto
Cesar Luiz Pasold Júnior
Claudio Carneiro
David Gonçalves de Andrade Silva
Fábio Lucas Moreira
Flávia Safadi Ubaldo
Lis Caroline Bedin
Luana Francisca Filgueira Lopes
Manuel Magalhães e Silva
Massimo Penco
Maurício Faria da Silva
Narciso Fernandes Barbosa
Patricia Flor Ríos
Paulo Soares de Morais
Raeclara Drummond Ramos
Raul Guevara
Wagner Carvalho de Lacerda

Porto Alegre, 2017

©

Alejandro Piera, Bernardo Rocha de Almeida, Carlo Huberth Luchione,
Carlos Wendel Peixoto, Cesar Luiz Pasold Júnior, Claudio Carneiro,
David Gonçalves de Andrade Silva, Fábio Lucas Moreira,
Flávia Safadi Ubaldo, Lis Caroline Bedin, Luana Francisca Filgueira Lopes,
Manuel Magalhães e Silva, Massimo Penco, Maurício Faria da Silva,
Narciso Fernandes Barbosa, Patricia Flor Ríos, Paulo Soares de Morais,
Raeclara Drummond Ramos, Raul Guevara, Wagner Carvalho de Lacerda
2017

Capa, projeto gráfico e diagramação
Livraria do Advogado Editora

Revisão
Rosane Marques Borba

Direitos desta edição reservados por
Livraria do Advogado Editora Ltda.
Rua Riachuelo, 1300
90010-273 Porto Alegre RS
Fone: 0800-51-7522
editora@livrariadoadvogado.com.br
www.doadvogado.com.br

Impresso no Brasil / Printed in Brazil

Prefácio

Prezado(a) leitor(a), é com satisfação que a Redejur – Associação de escritórios de Advocacia Empresarial –, hoje com quase quinze anos de existência e com presença em todo o território nacional e em mais de quinze países, apresenta o seu quarto anuário e, desta vez, com um dos temas mais palpitantes no atual cenário jurídico, social e econômico do Brasil: *O compliance como instrumento de prevenção e combate à corrupção.*

A obra traz uma coletânea de artigos elaborados por diversos advogados especializados e com prática no assunto, expondo as implicações diretas do *compliance* nas áreas em que atuam profissionalmente. Além de o livro enfrentar a importância do tema no cenário nacional, também traz a opinião de advogados dos escritórios da Redejur sediados no exterior, demonstrando como o assunto também é relevante em outros países onde o tema já vem sendo enfrentado há mais tempo e com avançados debates que geraram experiências e conclusões, poderão ajudar o Brasil na busca de medidas de prevenção e combate à corrupção que assola nosso país, trazida à luz pela Operação Lava-Jato, que vem provocando a reflexão de todos os cidadãos que desejam um país justo e onde se cumpram as leis.

Aliás, vale lembrar que a origem da palavra *compliance* vem exatamente do verbo to *comply*, que na língua inglesa significa *cumprir. Compliance* é uma série de medidas internas a serem adotadas e cumpridas para prevenir ou minimizar os riscos de violação às leis que levam à corrupção. Pela leitura dessa obra, podemos observar como o *compliance* é importante para a sobrevivência das organizações e para que o conjunto funcione adequadamente, valendo-se de regras que lembrem uma nova mentalidade em que todos percebam que a observância de regras, condutas éticas desejáveis são essenciais para o estabelecimento de uma sociedade justa e igualitária.

O livro irá demonstrar, através de artigos que transitam em várias realidades e situações, como é possível adotar medidas que afastam atitudes que levam à corrupção. È necessário compreender o perigo – pessoal e social – que a corrupção impõe para todos. Vigiar pequenos detalhes e atitudes do cotidiano é o primeiro passo para combater a corrupção e seus efeitos nefastos. Isso só é possível mediante a elaboração de um código de ética e conduta que estabeleça um compromisso com valores e objetivos de se estabelecer como regra o cumprimento das leis e normas de condutas.

O *compliance* já vinha tendo destaque no Brasil desde a publicação da lei de integridade empresarial, a qual prevê o combate à corrupção e todo e qualquer ato lesivo contra a Administração Pública, responsabilizando objetivamente as pessoas jurídicas nos âmbitos cível e administrativo pela prática de ato ilícito em seu interesse ou benefício exclusivo ou não. Além da responsabilidade objetiva por atos contra a Administração Pública, as multas e sanções vêm se tornando cada vez mais elevadas e contundentes, implicando impacto na reputação e imagem das empresas envolvidas, as quais podem não sobreviver às consequências vindas de múltiplas jurisdições.

Vários são os ambientes em que deve ser aplicado o *compliance* como instrumento de prevenção e combate à corrupção, seja em relação ao afastamento de risco regulatório; fraude, à lavagem de dinheiro; inobservância aos códigos de ética e conduta; na gestão de contratos; políticas públicas, procedimentos e processos internos das organizações; riscos trabalhistas, segurança do trabalho, obrigações previdenciárias e tributárias; práticas contábeis; sustentabilidade e meio ambiente; bioética, informação privilegiada, tráfico de influência, conflitos de interesse etc.

Como poderá ser constatado pela leitura de cada um dos artigos contidos neste livro, as boas práticas exercidas nas empresas pelos seus prepostos são hoje fundamentais para garantir a proteção e a segurança das organizações para não se sujeitarem às sanções penais, inclusive em relação aos parceiros de negócios. De fato, a empresa precisa conhecer toda sua cadeia de produção, fornecedores, colaboradores, estabelecendo padrões que afastem ou diminuam seus riscos. É uma questão de sobrevivência, pois até mesmo a atuação de um terceiro pode gerar responsabilidade objetiva para a empresa que mantém relação comercial com aqueles que praticam atos ilegais e que geram a corrupção. O livro nos remete à reflexão de que como a adoção de mecanismos de gestão e de controle afasta riscos em relação às empresas e seus prepostos, assim como aumenta a sua eficiência competitiva e fortalece sua reputação ética.

Como referiu o Papa Francisco em seu livro intitulado *Corrupção e Pecado – Algumas reflexões a respeito da corrupção*. Editora Ave Maria, 2ª edição: "A corrupção não é um ato, e sim um estado, estado pessoal e social, no qual a pessoa se acostuma a viver. Os valores (ou desvalores) da corrupção são integrados a uma verdadeira cultura, com capacidade doutrinal, linguagem própria, modo de proceder peculiar. É uma cultura de 'pigmeização', que insiste em convocar adeptos para rebaixá-los aos mesmo nível da cumplicidade admitida e corrupta".

Cada autor demonstra em seu artigo os desafios de afastar o risco da corrupção que pode destruir uma organização e país. É necessário que todos busquem o caminho da conscientização do mal que a corrupção gera para todos, desfazendo esse "estado de corrupção" que tudo destrói, como bem definiu o Papa Francisco. Isso só poderá acontecer através de debates amplos e consistentes, como propõe a presente obra e seus autores.

A Redejur, mais uma vez, brinda a sociedade e o meio jurídico brasileiro com uma obra que provoca a reflexão e debate de tema atual, tendo como conteúdo artigos de especialistas sobre o *compliance* como instrumento de prevenção e combate à corrupção. Trata-se de uma obra que certamente auxiliará os operadores do direito e empresários na melhor compreensão e aprofundamento de um tema de alta relevância econômica e social.

Como Presidente e fundador da Redejur, sinto-me honrado em poder apresentar mais essa obra relevante, produzida por excelentes advogados que dedicam suas vidas à nobre missão de estudar e defender o direito empresarial daqueles que garantem o desenvolvimento e a geração de riquezas do nosso país. Não existe país desenvolvido sem empresas fortes e empresários comprometidos com a ética e cumprimento das leis. O combate à corrupção é um compromisso de todos e passa pela compreensão do que é o *compliance* e como pode ser utilizado como instrumento de transformação, de acordo com as boas práticas corporativas e conformidades guiadas pelos códigos de conduta e de ética da empresa.

Mauro M. de Oliveira Freitas

Sumário

Apresentação – *Vinicius Porto* e *Jader Marques* 11

1. A aplicação da Lei Anticorrupção brasileira em processos de reorganização e concentração societárias
David Gonçalves de Andrade Silva 13

2. A importância do *compliance* na campanha eleitoral
Narciso Fernandes Barbosa 23

3. A prevenção à corrupção no Direito comparado: mecanismos esposados pelo ordenamento jurídico alemão com o escopo de inibir práticas corruptas e sua possibilidade de aplicação no Direito brasileiro
Carlos Wendel Peixoto e *Luana Francisca Filgueira Lopes* 39

4. Aspectos controvertidos da delação premiada
Wagner Carvalho de Lacerda e *Maurício Faria da Silva* 49

5. Breves anotações sobre a lei anticorrupção
Fábio Lucas Moreira 61

6. *Compliance* e Lei Anticorrupção – importância de um programa de integridade no âmbito corporativo e setor público
Carlo Huberth Luchione e *Claudio Carneiro* 83

7. Corrupção: um dos pilares da insegurança jurídica no desenvolvimento empresarial nacional
Cesar Luiz Pasold Júnior 95

8. Dos limites à aplicação da medida de ressarcimento ao erário
Lis Caroline Bedin 109

9. Lei Anticorrupção: a importância do programa de *compliance* no cenário atual
Flávia Safadi Ubaldo 119

10. Norma ABNT NBR ISO 37001: Sistemas de Gestão Antissuborno
Raeclara Drummond Ramos 129

11. Os reflexos da Lei Anticorrupção nos escritórios de advocacia: a importância do *compliance*
Bernardo Rocha de Almeida 139

12. Responsabilidade Civil da Pessoa Jurídica e seus diretores na lei anticorrupção
Paulo Soares de Morais 149

13. Enriquecimento ilícito
Manuel Magalhães e Silva..163

14. L'esperienza italiana: il D. Lgs. n. 231/01 e la normativa anticorruzione
Massimo Penco..171

15. Marco normativo anticorrupción en el Paraguay
Patricia Flor Ríos e *Alejandro Piera*..183

16. Aplicación de la FCPA a las empresas extranjeras, ejecutivos y asesores legales que realicen o participen en actos de corrupción fuera de los Estados Unidos
Raul Guevara..197

Apresentação

O País passa atualmente por uma mudança de paradigma, necessária e tardia, quanto ao combate e à prevenção da corrupção. Ação necessária aos operadores do Direito é se preparar para advogar com a ética e a cautela necessárias, mais que isso para assessorar e levar seus clientes a caminhos e instruções seguras, adequadas e prováveis.

Obra sempre atual sobre o tema, O Espírito das Leis – *L'Esprit des Lois*, do iluminista francês Charles-Louis de Secondat – Montesquieu, defende a liberdade política limitada pela moderação do poder. Para ele, os sistemas democráticos só são livres quando neles não se abusa do poder, prescindindo que o poder freie o poder, pois a própria virtude teria necessidade de limites. O homem que tem o poder é tentado a abusar dele, então é preciso limitá-lo, frear seu desejo de comando.

Ao nos advertir que "a degradação moral já matou muitos Estados", exacerba que a instituição deva ser ética a ponto de agir proativamente, coibindo a eventual falta de ética dos cidadãos. Entidades éticas, com pessoas éticas, por desejo próprio ou por controle eficaz.

Nesta obra, abordando assuntos societários, tributários, ambientais, comerciais e trabalhistas, no campo jurídico e também sob a égide das melhores normas nacionais e internacionais, debruçaram-se sobre o tema o que a Redejur tem de melhor a oferecer: o conhecimento acumulado pelos seus advogados respeitados e reconhecidos.

A Lei brasileira de prevenção e combate à corrupção é aqui contraposta ao ordenamento jurídico de outros países como Alemanha, Costa Rica, Itália, Paraguai e Estados Unidos. Contrapõe assim o que há de regramento legal no Brasil com melhores práticas percebidas e colhidas noutros cantos do mundo.

A insegurança jurídica trazida pela corrupção e meios de prevenção é explorada como ponto de situação a ser revertida no país, de forma urgente.

A Aplicação da Lei Anticorrupção Brasileira em processos de reorganização e concentração societárias. O instituto da delação premiada. As medidas de ressarcimento ao erário, o enriquecimento ilícito. A responsabilidade civil e criminal. A prevenção da corrupção nas relações de trabalho, no trato com o meio ambiente, na vida empresarial de forma ampla.

Obra obrigatória na doutrina nacional mais atual, fruto da dedicação de advogados dedicados, engajados com a construção de um país mais estável, seguro e respeitado.

Boa leitura.

Vinicius Porto
Jader Marques

— 1 —

A aplicação da Lei Anticorrupção brasileira em processos de reorganização e concentração societárias

DAVID GONÇALVES DE ANDRADE SILVA
Sócio do Andrade Silva Advogados

Sumário: 1. Breve introdução sobre o tema; 2. A prescrição prevista na LAC e seus efeitos práticos; 3. O espectro de aplicação do artigo 4º da LAC; 4. A manutenção da responsabilidade da pessoa jurídica e a responsabilidade da sucessora na incorporação; 5. A manutenção da responsabilidade da pessoa jurídica e a responsabilidade da sucessora na fusão; 6. A responsabilidade da pessoa jurídica e da sucessora na cisão; Conclusão.

1. Breve introdução sobre o tema

Promulgada em 1º de agosto de 2013 e em vigor desde o dia 29 de janeiro de 2014, a Lei 12.846/13 (LAC) dispõe sobre a responsabilização administrativa e civil de pessoas jurídicas pela prática de atos contra a administração pública, nacional ou estrangeira.

Alcunhada de lei anticorrupção ou lei da empresa limpa, referida norma legal teve, como origem e inspiração, as Convenções sobre o Combate à Corrupção, firmadas em 1999, no âmbito da OCDE – Organização para a Cooperação e Desenvolvimento Econômico – e em 2003, na ONU – Organização das Nações Unidas –, ratificadas pelo Brasil respectivamente, em 2000 e 2005.

Na esfera da responsabilidade objetiva, pedra de torque da Lei Anticorrupção Brasileira (LAC), constatado o ilícito, sancionado pela norma, e sua prática, pela pessoa jurídica, afasta-se a perquirição de seu eventual dolo ou culpa, elementos de responsabilização subjetiva, bastando, pois, que reste evidenciada a prática, no interesse ou benefício da empresa, atentatória à administração pública, nacional ou estrangeira.

A lei espraia seu raio de aplicação para toda e qualquer sociedade, personificada ou não empresária ou simples, fundações, associações de entidades ou pessoas e sociedades estrangeiras, que tenham sede, filial ou representação em território brasileiro, independentemente da forma de organização ou do modelo societário adotado, subsistindo a responsabilidade objetiva da pessoa jurídica *ainda que em relação a ela sejam promovidos atos de alteração contratual ou estatutária, transformação, incorporação, fusão ou cisão societária.*

Neste sentido, a redação do artigo 4° e parágrafos da lei:

Art. 4º Subsiste a responsabilidade da pessoa jurídica na hipótese de alteração contratual, transformação, incorporação, fusão ou cisão societária.

§ 1º Nas hipóteses de fusão e incorporação, a responsabilidade da sucessora será restrita à obrigação de pagamento de multa e reparação integral do dano causado, até o limite do patrimônio transferido, não lhe sendo aplicáveis as demais sanções previstas nesta Lei decorrentes de atos e fatos ocorridos antes da data da fusão ou incorporação, exceto no caso de simulação ou evidente intuito de fraude, devidamente comprovados.

§ 2º As sociedades controladoras, controladas, coligadas ou, no âmbito do respectivo contrato, as consorciadas serão solidariamente responsáveis pela prática dos atos previstos nesta Lei, restringindo-se tal responsabilidade à obrigação de pagamento de multa e reparação integral do dano causado.

O ponto fulcral da questão posta ao exame, portanto, reside em se saber quais os lindes da submissão da sucessora, em eventos societários (alteração contratual, transformação, incorporação, fusão ou cisão societárias) em face de possíveis atos corruptos praticados, no passado, pela empresa sucedida.

2. A prescrição prevista na LAC e seus efeitos práticos

Prevê a Lei Anticorrupção brasileira, em seu artigo 25, *verbis:*

Art. 25. Prescrevem em 5 (cinco) anos as infrações previstas nesta Lei, contados da data da ciência da infração ou, no caso de infração permanente ou continuada, do dia em que tiver cessado.

Parágrafo único. Na esfera administrativa ou judicial, a prescrição será interrompida com a instauração de processo que tenha por objeto a apuração da infração.

A interpretação do citado dispositivo conduz à conclusão de que as infrações à lei anticorrupção brasileira são praticamente imprescritíveis, diante da ambiguidade na fixação do marco inicial para contagem do prazo prescricional.

Qual seria, pois, a data da ciência da infração? Ciência por quem? Pelo órgão competente para instaurar o respectivo processo administrativo?

Sobre o tema, aliás, invocando a tese da inconstitucionalidade desse dispositivo da lei anticorrupção brasileira, que na prática estabelece a imprescritibilidade das infrações à citada lei, escreveu Leonardo Vasconcellos Braz Galvão:

A ciência da infração, como termo inicial da contagem do prazo prescricional, é prescrição que afronta a boa técnica legislativa, posto que permeia de incerteza o início da contagem desse prazo. Qual a natureza da ciência da infração? Por quem ela deve ser conhecida? Essa ciência precisa ser pública? Quais as balizas de controle para explicitar essa ciência de infração? É necessário algum ato administrativo para declarar formalmente a ciência do ato? No caso de empresas, se essa ciência somente ocorrer daqui a 100 (cem) anos, esse lapso transcorrido não conta?

14   *David Gonçalves de Andrade Silva*

Como se pode perceber, a redação do art. 25 em exame causa, em nosso entender, uma série de dúvidas, e, portanto, de insegurança jurídica ao sistema, de maneira tal que afronta a lógica fundamental de nossa disciplina constitucional.

Se de fato a ausência de um marco temporal firme para se definir o decurso, ou não, do prazo prescricional das infrações capituladas na Lei 12.846/13 gera, de modo geral, um ambiente de extrema insegurança jurídica, a atrair mesmo a pecha de inconstitucionalidade do art. 25, no ambiente das operações societárias a essa insegurança jurídica se adiciona um grau de risco quase que intolerável, diante da regra de responsabilização da sucessora.

Cotejando-se a prescrição prevista no citado art. 25 às operações de M&A, não se encontra resposta a uma questão prática, que se originará nos trabalhos de *due diligence:* qual o lapso de tempo deveria ser auditado, pela sucessora, para se verificar a existência concreta ou pelo menos de indícios da prática de atos corruptos pela sucedida?

Sabe-se que a existência, comprovada, no âmbito da pessoa jurídica responsabilizada, de um conjunto de mecanismos e procedimentos internos de integridade, auditoria e incentivo à denúncia de irregularidades e a aplicação efetiva de códigos de ética e de conduta, o chamado *compliance*, constitui-se em elemento que deve ser levado em consideração na aplicação das sanções administrativas.

Sendo assim, em contando a sucedida com um efetivo programa de integridade que atenda os pressupostos e requisitos objetivos postos na Lei, de forma a mitigar o risco da prática de atos corruptos ou, pelo menos, se praticados, a efetiva investigação e apuração da ocorrência, parte do trabalho de *due diligence* deverá se concentrar na efetividade do referido programa, no âmbito da sucedida.

Mas diante da natureza objetiva da responsabilidade amalgamada na Lei, o programa de integridade da sucedida, se existente, poderá mitigar, mas certamente não eliminará por completo as sanções legais pela prática do ato corrupto, que desaguariam invariavelmente na sucessora, nos limites delineados pelo art. 4º.

3. O espectro de aplicação do artigo 4º da LAC

O artigo 4º da LAC, em seu *caput*, prescreve subsistir a responsabilidade da pessoa jurídica na hipótese de alteração contratual, transformação, incorporação, fusão ou cisão societária.

Nenhuma dificuldade se verifica ao examinar a questão da responsabilidade da pessoa jurídica que modificou seu contrato social ou transformou seu tipo jurídico.

Não resta qualquer dúvida de que, em tais hipóteses, a personalidade jurídica não sofre qualquer modificação ou solução de continuidade.

De fato, a menção à alteração contratual na lei parece-nos despicienda, senão de pouca técnica, visto que alteração contratual, instrumento típico das sociedades por quotas, objetiva, apenas, a modificação de cláusulas ou condições do contrato de regência da sociedade.

De pouca técnica, diga-se, porque fosse a menção necessária, deveria a lei referenciar, igualmente, como hipótese de manutenção da responsabilidade da pessoa jurídica, a alteração estatutária, instrumento legal equivalente à alteração contratual, mas próprio de outros tipos societários, como as sociedades anônimas.

Também de pouca ou nenhuma utilidade a hipótese legal de manutenção da responsabilidade da pessoa jurídica em caso de transformação.

Sabe-se que a transformação é o ato pelo qual a sociedade modifica seu tipo jurídico, independentemente de dissolução ou liquidação (art. 220 da Lei das S/A) – uma sociedade por quotas de responsabilidade limitada que se transforma em uma sociedade por ações, por exemplo. Assim, evidentemente que, na transformação, a personalidade jurídica se mantém íntegra, revelando-se, assim, a inocuidade da disposição legal.

De se examinar, pois, fundamentalmente, as questões legais que derivam da manutenção da responsabilidade e da responsabilidade da sucessora, nos casos de incorporação, fusão ou cisão.

É o que se passa a fazer.

4. A manutenção da responsabilidade da pessoa jurídica e a responsabilidade da sucessora na incorporação

É o enunciado do *caput* do art. 227 da Lei das S/A que tipifica a operação de incorporação, nos seguintes termos:

Art. 227. Incorporação é a operação pela qual uma ou mais sociedades são absorvidas por outra, que lhes sucede em todos os direitos e obrigações.

Pela incorporação, a versão do patrimônio líquido da sociedade incorporada é total, deixando ela de existir, eis que absorvida integralmente pela incorporadora.

É o que se extrai do § 3º do referido art. 227, *verbis*:

§ 3º Aprovados pela assembleia geral da incorporadora o laudo de avaliação e a incorporação, extingue-se a incorporada, competindo à primeira promover o arquivamento e a publicação dos atos da incorporação.

Donde ser fácil concluir a inaplicabilidade às operações de incorporação, do *caput* do art. 4º da LAC, eis que, simplesmente, não há como subsistir a responsabilidade da sociedade incorporada, absorvida que foi, integralmente, repita-se, pela incorporadora, deixando de existir.

Se não há dúvida de que, com a incorporação, a responsabilidade da incorporada não mais subsiste, visto que ela mesmo não mais existirá após o ato de incorporação, resta confrontar à hipótese da incorporação o comando contido no § 1º do art. 4º da LAC, *verbis:*

§ 1º Nas hipóteses de fusão e incorporação, a responsabilidade da sucessora será restrita à obrigação de pagamento de multa e reparação integral do dano causado, até o limite do patrimônio transferido, não lhe sendo aplicáveis as demais sanções previstas nesta Lei decorrentes de atos e fatos ocorridos antes da data da fusão ou incorporação, exceto no caso de simulação ou evidente intuito de fraude, devidamente comprovados.

Veja-se que a responsabilidade, por sucessão, decorrente da aplicação da LAC, nas operações de incorporação, *cinge-se à obrigação de pagamento de multa (um décimo por cento a vinte por cento do faturamento bruto do último exercício anterior ao da instauração do processo administrativo, excluídos os tributos, a qual nunca será inferior à vantagem auferida, quando for possível sua estimação) e reparação integral do dano causado, até o limite do patrimônio transferido.*

Assim, a obrigação de publicação extraordinária (art. 6º, inciso II, da LAC), bem como as penas de perdimento dos bens, direitos ou valores, de suspensão ou interdição parcial de suas atividades, de dissolução compulsória ou a proibição de receber incentivos, subsídios, subvenções, doações ou empréstimos de órgãos ou entidades públicas e de instituições financeiras públicas ou controladas pelo poder público (art. 19 e incisos da LAC), não de aplicariam à incorporadora, *a não ser na hipótese de simulação ou evidente intuito de fraude.*

Parece claro que os atos simulados ou com evidente intuito de fraude, capazes de romper os definidos limites da responsabilidade da sucessora, pela aplicação da LAC nas operações de incorporação, seriam aqueles direcionados ou praticados exatamente para o nascimento, viciado na origem, do ato de incorporação que, sem propósito negocial claro ou efetivo, serviria apenas para eliminar, reduzir ou obstaculizar eventual responsabilização da incorporada.

A LAC, é forçoso concluir, trata de limites menores de responsabilidade por sucessão, em incorporação, do que aqueles mesmos previstos na Lei 6.404/76, eis que naquele édito, a incorporadora sucede a incorporada em todos os direitos e obrigações, sem qualquer limitação de natureza ou valor.

Não reside dúvida, aqui, da incidência integral da LAC, em seu campo de vigência, ao tema da responsabilidade, por sucessão, nos casos de incorporação, eis que pelo princípio da especialidade, regra consolidada de hermenêutica jurídica, a norma de índole específica sempre será aplicada em prejuízo daquela que foi editada para reger condutas de ordem geral.

Se assim o é, o critério quantitativo fixado pela LAC, para a responsabilização por sucessão da incorporadora na *reparação do dano causado*, merece a mais ampla reflexão – *o limite do patrimônio transferido.*

O *compliance* como instrumento de prevenção e combate à corrupção

Com efeito, preconiza-se no § 1° do art. 227 da Lei das S/A que a assembleia geral da companhia incorporadora, aprovando o protocolo da incorporação, deve autorizar o aumento de capital a ser subscrito e realizado pela incorporadora mediante versão de seu patrimônio líquido.

Aliás, sobre a avaliação do patrimônio líquido, critério quantitativo limitador, como se viu, da responsabilidade da incorporadora para a reparação do dano causado, importantes ressalvas devem ser feitas, sobretudo em face das modificações, em nosso meio contábil e fiscal, implementadas principalmente com o advento das Leis 11.638 de 28 de Dezembro de 2007 e 12.973, de 13 de Maio de 2014.

Até então vigia o art. 21 da Lei 9.249/95, que assim definia, em seu *caput*:

Art. 21. A pessoa jurídica que tiver parte ou todo o seu patrimônio absorvido em virtude de incorporação, fusão ou cisão deverá levantar balanço específico para esse fim, no qual os bens e direitos serão avaliados pelo valor contábil ou de mercado.

Equiparando o valor contábil basicamente ao custo de aquisição dos bens e direitos, reduzidos pelos fatores de depreciação, amortização ou exaustão, determinava a Lei 9.249/95 que, optando a pessoa jurídica incorporada, fusionada ou cindida, pela sobredita avaliação a valor de mercado, a diferença entre ambos (valor de mercado – valor contábil) seria considerada como ganho de capital, submetido, portanto, à tributação pela incidência do imposto de renda e da contribuição social sobre o lucro.

Todavia, com o advento da Lei 12.973/14, alterou-se a redação do citado *caput*, eliminando-se a sua parte final, de forma que o balanço específico para fins de incorporação, fusão ou cisão deverá ser levantado, observada a legislação comercial, apenas.

Subtraindo-se a possibilidade de levantamento do balanço especial pelo valor contábil ou de mercado, *assumiu relevo, com o advento dos citados diplomas legais, o critério de avaliação dos ativos e passivos a valor justo*, assim considerado o preço que seria recebido pela venda de um ativo ou que seria pago pela transferência de um passivo, em uma transação não forçada entre participantes do mercado (Resolução CFC 1.428/13), afeiçoando-se, assim, ao anterior conceito de valor de mercado (que carregava, até então, entretanto, imenso subjetivismo), muito embora a Lei 12.973/14, em seu artigo 26, assegure que os ganhos decorrentes de avaliação com base no valor justo na sucedida não poderão ser considerados na sucessora como integrante do custo do bem ou direito que lhe deu causa para efeito de determinação de ganho ou perda de capital e do cômputo da depreciação, amortização ou exaustão.

Assim, desde que evidenciados, na incorporada, em conta de ajuste de avaliação patrimonial, os ganhos ou perdas na avaliação dos ativos e passivos a valor justo (artigos 13 e 14 da Lei 12.973/14) serão transferidos, na incorporação, à sucessora (incorporadora), sem produzir qualquer efeito fiscal, desde que evidenciados nas mesmas subcontas.

Entretanto, para fins de aplicação da LAC, tem-se que, em face da obrigação de que as avaliações, nos atos de incorporação, espelhem a realidade dos ativos e passivos da sociedade incorporada, pela aplicação do conceito de valor justo, os limites da responsabilidade objetiva da sucessora para reparação dos danos – valor do patrimônio transferido (art. 4º da LAC) – podem ser significativamente ampliados.

Se isso é certo, ou seja, que a aplicação do conceito de valor justo, na avaliação dos elementos do ativo e do passivo da sociedade incorporada, pode, na prática, ampliar os lindes da responsabilidade da sucessora, no que tange à aplicação da LAC, não menos certo é o reverso da moeda, ou seja, as consequências que, para definição desses limites quantitativos, decorreriam da incorporação de uma sociedade com o patrimônio líquido negativo.

Não se pode olvidar, nesse ponto, ter-se firmado, na prática das operações societárias, o conceito da incorporação como operação que repercute em aumento do capital social da incorporadora, exatamente na proporção do patrimônio líquido absorvido.

Entretanto, a possibilidade da incorporação de sociedade com patrimônio líquido nulo ou negativo tem rendido intensos e positivos debates na doutrina brasileira.

Na lição de José Bulhões Pedreira:

A incorporação implica entre outros fenômenos jurídicos, o acréscimo (em regra) à incorporadora das posições jurídicas dos sócios (ações, quotas ou quinhões) que substituirão as posições existentes na incorporada, não implica esta modificação, se o valor de patrimônio líquido da incorporada é nulo ou negativo, caso em que a operação se dá sem aumento do capital social da incorporadora.[1]

Também nesse sentido o Parecer CONJUR/MICT 29, de 26 de dezembro de 1996, do Ministério da Indústria e Comércio, assim ementado:

A lei não veda a incorporação de sociedade cujo patrimônio líquido seja negativo, caso em que se exclui o aumento de capital. Não impede a incorporação o fato de a sociedade incorporanda estar em liquidação. De qualquer modo, fica a salvo o direito da minoria e de terceiros.

Se é possível, assim, realizar-se a operação de incorporação com patrimônio líquido negativo, em não havendo qualquer simulação ou fraude no ato, sobretudo quando a incorporadora detenha, por exemplo, reservas de lucros suficientes para absorção da parcela negativa, em casos tais não haveria qualquer responsabilidade da sucessora, pela reparação "integral" dos danos, até o limite do patrimônio líquido transferido, eis que esse critério quantitavo seria nulo ou negativo.

Aliás, nesse ponto, mais uma ressalva se faz à sofrível redação dada ao citado dispositivo (art. 4º da LAC), no ponto em que determina a reparação "integral" dos danos, pela sucessora, até o limite do patrimônio líquido trans-

---

[1] LAMY FILHO, Alfredo; PEDREIRA, José Luiz Bulhões. *A lei das S.A.* v. II. Renovar, p. 595.

ferido, isso é, dando como certo que a reparação em muitos casos nunca será "integral".

5. A manutenção da responsabilidade da pessoa jurídica e a responsabilidade da sucessora na fusão

Fusão é a operação, por definição do art. 228 da Lei 6.404/76, pela qual se unem duas ou mais sociedades para formar sociedade nova, que lhes sucederá em todos os direitos e obrigações, submetendo-se referida operação aos mesmos critérios de avaliação, dos ativos e passivos, aplicáveis à operação de incorporação.

Também aqui, na fusão, estabelece a LAC para a sucessora – no caso a nova empresa nascida da operação, a mesma carga de responsabilidade atribuída aos casos de incorporação, ou seja, os mesmos limites obrigacionais – pagamento da multa e a reparação "integral" do dano, limitado esse ao valor do patrimônio líquido transferido.

Também aqui não se descura da possibilidade, efetiva, de que na fusão uma ou mais das sociedades fusionadas tenha patrimônio líquido negativo, que reduziria, como sustentado para o caso das incorporações, os lindes da responsabilidade pela reparação "integral" do dano.

6. A responsabilidade da pessoa jurídica e da sucessora na cisão

A cisão é a operação pela qual a companhia transfere parcelas do seu patrimônio para uma ou mais sociedades, constituídas para esse fim ou já existentes, extinguindo-se a companhia cindida, se houver versão de todo o seu patrimônio, ou dividindo-se o seu capital, se parcial a versão (art. 229 da Lei 6.404/76).

Pode ser, portanto, parcial, se apenas parte do capital for vertido, ou total, quando se extingue a sociedade cindida.

Também se aplicam às cisões as mesmas regras de avaliação do patrimônio líquido nas operações de incorporação e fusão.

Ao tratar da responsabilidade da sucessora, nos casos de cisão, silencia-se a LAC.

Afirma subsistir a responsabilidade da pessoa jurídica (no caso, a sucedida), mas não atribui à sucessora os mesmos limites de responsabilidade aplicáveis aos casos de fusão e incorporação (pagamento da multa e reparação "integral" do dano), donde se poderia concluir que nas operações de cisão a responsabilidade seria ampla, ilimitada e compartilhada entre as sociedades cindidas e cindendas.

Tal não nos parece, contudo.

De fato, as operações de cisão, parcial ou total, contemplam e encerram, em tudo, os mesmos princípios aplicáveis à incorporação, eis que, sob a ótica da sociedade cindenda (sucessora), ocorre verdadeira incorporação do patrimônio líquido vertido pela cindida, seja total ou parcialmente.

Se é assim, por óbvio que a responsabilidade também deverá sofrer os mesmos limites aplicáveis às operações de incorporação ou fusão, podendo-se atribuir à sociedade cindenda, por força da aplicação da LAC, apenas as obrigações de pagamento da multa ou reparação "integral" do dano, até o limite do patrimônio vertido.

Todavia, relativamente às cisões parciais, ao contrário do que se vê como possível nas operações de fusão e incorporação (absorção de sociedades com patrimônio líquido nulo ou negativo), a aplicação, sem temperamentos, do art. 226 da LSA, se mostra inevitável.

Com efeito, impõe a LSA, em seu artigo 229, que o capital da sociedade cindida seja dividido. A cisão, pois, é de capital, na mesma proporção do patrimônio líquido vertido para a sociedade que já existir ou que nascer do ato de cisão.

De forma que se afiguram como impossíveis as cisões de patrimônio líquido negativo.

Nesse sentido, o Parecer nº 02/06, da Junta Comercial do Estado de Santa Catarina, emitido no Processo nº 05/304659-5, cujo seguinte trecho vale a transcrição:

Ou seja: para a integralização do aumento de capital previsto, é necessário o aporte de bens cujos valores correspondam a este aumento; se da cisão realizada resultou a versão de parcela patrimonial cujo saldo é zero, tal integralização não se perfaz. Portanto, haverá aumento de capital da sociedade beneficiária quando o patrimônio vertido for, no confronto entre as colunas de ativos e passivos, positivo. Do contrário, não haverá acréscimo patrimonial líquido nesta sociedade – e, assim, não haverá como demonstrar, a partir desta operação, a necessária integralização do capital aumentado. Em suma, a lógica por trás das normas que regulam a cisão empresarial impõe que o aumento do capital da sociedade beneficiária seja igual, ou inferior, ao valor líquido do patrimônio vertido. Se este saldo patrimonial for nulo ou mesmo negativo, tal aumento não poderá ser subscrito. Mais ainda: como a lei impõe que o capital da sociedade cindida, no caso de cisão parcial, seja dividido (LSA, art. 229; a IN 88/01, art. 19, usa o termo reduzido), disto se dessume que o fragmento patrimonial vertido à sociedade beneficiária deva ter, ao menos, idêntico valor ao da redução (ou divisão) operada sobre o capital da sociedade cindida. Isto porque a cisão não é simples operação de sucessão patrimonial. Mais do que no patrimônio das sociedades envolvidas, a cisão repercute necessariamente na formação dos respectivos capitais sociais. Muito embora parte da doutrina entenda que é possível pensar em incorporações, fusões e cisões que não impliquem tal efeito, não há quem negue que, no caso específico das cisões parciais, o capital da sociedade cindida deverá ser necessariamente reduzido. Logo, tal redução deverá refletir, necessariamente, no capital da sociedade beneficiária – que será, portanto, aumentado; e, por força do art. 226 da LSA, tal aumento deverá ser integralizado com o saldo (PL) do patrimônio vertido. Donde se alcança a inevitável conclusão: na cisão parcial, o patrimônio líquido vertido deverá ser necessariamente positivo; e o aumento de capital na sociedade beneficiária deverá, no máximo, refletir tal valor.

O compliance como instrumento de prevenção e combate à corrupção

Conclusões

Decerto a infeliz redação do artigo 4º da LAC não contribuiu, com a claridade que se exige de norma de tamanha relevância, para a solução completa das inúmeras questões que derivam de cenário de tamanha complexidade, próprio das operações societárias de incorporação, fusão e cisão.

Somente a evolução doutrinária e jurisprudencial pacificará o entendimento acerca da aplicação da LAC nesse ambiente, o que forçosamente ocorrerá, seja em face do recrudescimento dos processos investigatórios, a atingir diretamente muitas das maiores companhias do País, seja diante do que se espera venha a acontecer nos próximos anos, com a retomada da atividade econômica e, via de consequência, com o aumento dos números no mercado de M&A.

— 2 —

A importância do *compliance* na campanha eleitoral

NARCISO FERNANDES BARBOSA
Sócio da Oliveira Freitas Advogados

Sumário: 1. Introdução; 2. Conceitos e definições do compliance eleitoral; 3. Aplicação prática do *compliance* eleitoral na campanha; 3.1. Definição dos parâmetros norteadores para a campanha eleitoral; 3.1.1. Escolha dos candidatos; 3.1.2. Análise das candidaturas adversárias; 3.1.3. A estruturação do *compliance* nas fases de uma campanha eleitoral; 3.1.4. Período posterior às eleições; 4. A influência do *compliance* no contencioso judicial eleitoral; 5. A arrecadação de recursos financeiros e prestação de contas; 6. Conclusão; Referências.

1. Introdução

Vivemos em um período conturbado da vida política brasileira. Os jornais diariamente nos têm bombardeado com notícias sobre corrupção envolvendo personalidades políticas dos mais altos níveis da república sendo processadas por corrupção. São delações, prisões, conduções coercitivas, inquéritos na Polícia Federal, enfim, uma série de eventos que antes estavam circunscritos às páginas policias agora povoam as primeiras páginas dos jornais e dos editoriais do noticiário em todas as suas formas (tv, rádio, impresso, internet).

Estamos presenciando situações inéditas no Brasil, como o julgamento do pedido de cassação de uma chapa de Presidente e Vice-Presidente da República no TSE, sem falar que grandes empresas estão sendo processadas por corrupção ativa envolvendo políticos e suas campanhas eleitorais.

Esse quadro nos remete à necessidade de se ter, no âmbito de atuação dos partidos políticos e das campanhas eleitorais, mecanismos que possam melhor organizar as atividades partidárias visando a estabelecer critérios e formas de atuar que estanquem ou minimizem tais problemas.

Vivemos uma aparente situação de falta de controle, porém, do ponto de vista técnico, há que se buscarem formas de interferir nessa realidade tão crítica, estabelecendo critérios que deem o mínimo de segurança social, jurídica e política.

É necessário, assim, que partidos políticos e candidatos tenham ferramentas que, ao mesmo tempo, possam servir de parâmetro balizador da condução da própria campanha eleitoral, com o estabelecimento de um conjunto de critérios de conduta para o monitoramento das ações práticas da rotina diária da campanha, bem como sirva também de régua com a qual se possa aferir a conduta legal dos adversários. Essa ferramenta pode ser o *compliance* eleitoral.

A palavra *compliance*[1] vem do verbo em inglês "to comply", que significa "cumprir, executar, satisfazer, realizar o que lhe foi imposto", assim, *compliance* é estar em conformidade, consiste no dever de cumprir e fazer cumprir regulamentos internos e externos impostos às atividades de determinada instituição.

As normas internas seriam aquelas estabelecidas pelos órgãos diretivos das instituições com vistas a se definirem parâmetros próprios de conduta, enquanto as normas externas seriam, especialmente a legislação pertinente à determinada matéria.

Nas palavras de Giovani Agostini Saavedra.[2] Diz o autor:

> A palavra compliance significa em tradução literal estar em conformidade. Esta simples tradução, porém, esconde uma das maiores dificuldades da conceituação do termo: trata-se de um conceito relacional, cujo significado só acaba por ser descoberto, portanto, através de uma análise do objeto com o qual se relaciona, dado que, por óbvio, quem está "em conformidade", está "em conformidade" com "algo". Compliance estabelece uma relação, portanto, entre um "estado de conformidade" e uma determinada "orientação de comportamento". Se esta "orientação de comportamento" é uma norma jurídica, está-se diante de Compliance jurídico, cuja designação varia conforme a área do direito, na qual a norma a ser seguida se insere.

Portanto, o termo *compliance* mantém relação com estar em conformidade perante algo. Nessa medida, a expressão *"estar em conformidade com"* não se define por si só, exigindo o complemento do conjunto de critérios com os quais se relaciona.

2. Conceitos e definições do *compliance* eleitoral

Nesse sentido, o *compliance* eleitoral seria então o conjunto de critérios que permitam estabelecer um padrão de conduta adequado ao desenvolvimento das atividades de uma campanha orientados pela legislação eleitoral e normas emanadas do TSE. Em outras palavras, seria a construção e execução de parâmetros mínimos norteadores das diversas atividades presentes numa campanha eleitoral

---

[1] FUNÇÃO DE *COMPLIANCE*: In: Cartillha Função Compliance, ABBI – Associação Brasileira de Bancos Internacionais, por meio do Comitê de Compliance, e a FEBRABAN – Federação Brasileira de Bancos, pela Comissão de Compliance. Disponível em <http://www.abbi.com.br/download/ funcaodecompliance_09.pdf>, acessado em 28/01/2017.

[2] SAAVEDRA. Giovani Agostini. *COMPLIANCE* CRIMINAL. Revisão teórica e esboço de uma delimitação conceitual. *Revista Duc In Altum Cadernos de Direito*, vol. 8, nº 15, mai.-ago. 2016. Disponível em: <http://faculdadedamas.edu.br /revistafd/index.php/cihjur/article/view/375/359>. Acessado em: 26/06/2017, p. 245-246.

que as oriente com base na relação destas com a legislação eleitoral, permitindo a mitigação de fatores de risco à própria eleição e às pessoas envolvidas.

Esse debate se mostra oportuno e urgente, tendo em vista a necessidade de se consolidarem mecanismos consistentes que permitam o gerenciamento de uma campanha eleitoral ajustada à legalidade e à ética.

Desse modo, o *compliance* eleitoral consiste em um conjunto de ações preventivas que possam, de maneira articulada entre si, definir parâmetros objetivos que funcionarão como marcos delineadores de legalidade e estabelecer indicadores para o monitoramento das fases da campanha eleitoral. Além disso, uma fase importante do *compliance* eleitoral é a capacitação dos atores envolvidos na campanha eleitoral acerca desses parâmetros estabelecidos.

Do ponto de vista prático, o objetivo é se estabelecer padrões de legalidade de atuação nas tarefas de uma campanha eleitoral. Esses padrões devem abranger os seguintes campos:

A definição de critérios para filiação partidária dos pré-candidatos a cargos eletivos que atendam aos requisitos legais da chamada "ficha limpa", para se evitar assim impugnações de candidaturas;

1) O estabelecimento de padrões específicos das ações de campanha para o seu financiamento (arrecadação e classificação dos doadores);

2) A definição dos critérios para aplicação dos recursos arrecadados;

3) A definição dos critérios para o monitoramento dos gastos e prestação de contas;

4) A definição dos padrões legais para a produção e exibição da propaganda eleitoral;

5) A definição dos critérios para gestão do pessoal colaborador da campanha (militantes e profissionais contratados);

6) A definição de critérios de atuação do dia da eleição (fiscalização e acompanhamento da apuração dos votos);

7) A definição dos critérios para captação lícita de votos.

Além desses parâmetros balizadores para a própria campanha é necessário se estabelecer todo esse arcabouço e regras de conduta em relação aos adversários.

Nessa questão específica, a atuação deve começar desde antes da escolha dos candidatos adversários pelos partidos, já se analisando a história de vida dos futuros concorrentes para assim se poderem reunir elementos que possam permitir as impugnações das candidaturas adversárias, bem como o melhor enfrentamento do processo em disputa.

O advogado ou o escritório que vá atuar no *compliance* eleitoral deve ter em mente que, além de organizar os marcos iniciais de como deverá ser conduzida a campanha, deverá estabelecer critério objetivos e indicadores de monitoramento do dia a dia da campanha para verificação da aplicação desses marcos e, por fim, a construção desses critérios de maneira espelhada e inversa em relação aos adversários da campanha a qual foi contratado.

É importante que o trabalho seja ajustado pelo partido na fase prévia à campanha, com o intuito de estabelecer os parâmetros já descritos e, durante a disputa eleitoral, pela própria estrutura da coligação.

Desse modo, há que se estabelecer os critérios de *compliance* antes de iniciadas as eleições, definindo-se também o método de monitoramento para o período das eleições propriamente ditas, além dos parâmetros a serem postos em prática após o dia das eleições, especialmente, com relação à prestação de contas.

É importante destacar que a contração do advogado para atuar no contencioso (representação judicial dos candidatos) durante a campanha, pode ser custeada com recursos do próprio candidato sem necessidade de estar dentro dos limites de gasto de campanha, enquanto o advogado que vai atuar na assessoria jurídica da coligação deve ser pago com os recursos estabelecidos dentro dos limites dos gastos.

Diante dos elementos delineados, uma campanha eleitoral que possua um *compliance* poderá ter uma vantagem estratégica importante, reduzindo, consideravelmente a possibilidade de ter candidaturas impugnadas, bem como de ter seus candidatos processados por crimes eleitorais que, muitas vezes, são evitáveis.

Se "estar em *compliance* é estar em conformidade com leis e regulamentos internos e externos",[3] então, estar em *compliance* eleitoral seria estar em conformidade com as normas legais, especialmente com a legislação eleitoral, bem como com as normas partidárias.

De modo geral é importante verificar as potencialidades e fragilidades da campanha com vistas a mitigar os riscos, controlar as vulnerabilidades dos candidatos e fortalecer os pontos onde já existem maior conformidade com a legislação pertinente.

Nessa medida, podemos elencar as três principais fazes de atuação do compliance eleitoral: a) Fase pré-campanha eleitoral; b) Campanha eleitoral; c) pós-campanha eleitoral e prestação de contas.

3. Aplicação prática do *compliance* eleitoral na campanha

3.1. Definição dos parâmetros norteadores para a campanha eleitoral

É a construção de um conjunto de parâmetros, nas diversas áreas das atividades de campanha, que servirão como padrões de comparação para o dia a dia da disputa eleitoral.

---

[3] FUNÇÃO DE *COMPLIANCE*: In: *Cartillha Função Compliance*, ABBI – Associação Brasileira de Bancos Internacionais, por meio do Comitê de Compliance, e a FEBRABAN – Federação Brasileira de Bancos, pela Comissão de *Compliance*: file:///C:/Users/olive/Desktop/funcaodecompliance_09.pdf, acessado em 29/01/2017.

Não se pretende aqui delinear tudo que deve ser observado na construção dos parâmetros de *compliance* eleitoral. Porém, a título de ilustração e para que se possa ter uma dimensão panorâmica do que deve ser observado nesses parâmetros, adiante se descreve alguns critérios a serem definidos.

Nesta fase, são definidas como devem ser realizadas as principais atividades de campanha:

3.1.1. Escolha dos candidatos

São estabelecidos os critérios que o partido exige para que os filiados possam pleitear a condição de candidato nas eleições.

Há que se destacarem aqui os critérios já determinados pelo Estatuto do Partido como regras de filiação e escolha de candidatos a cargos eletivos, bem como as normas estabelecidas pelos órgãos de direção nacional do partido, devendo estarem ambas em conformidade com a legislação eleitoral e jurisprudência.

Aqui é importante observar se as pessoas que buscam ser candidatos atendem aos requisitos legais que não impeçam as candidaturas. Esses requisitos legais estão dispostos nos artigos de 10 a 16-A da Lei 9.504/97, nos artigos 87 a 102 do Código Eleitoral, e na Constituição Federal.

Os candidatos devem atender inicialmente as condições de elegibilidade definidas na Constituição Federal: a) Nacionalidade brasileira; b) O pleno exercício dos direitos políticos; c) O alistamento eleitoral; d) O domicílio eleitoral na circunscrição do pleito a, pelo menos, um ano antes das eleições; e) A filiação partidária deferida pelo partido a, pelo menos, um ano antes das eleições.

Além das condições de elegibilidade, os candidatos não podem estar incursos em nenhuma causa de inelegibilidades. Nesse caso, os candidatos não poderão ferir nenhuma das situações dispostas na Lei Complementar 64/90, a chamada Lei das Inelegibilidades, e nos critérios da Lei 9.504/97, a chamada Lei Eleitoral, além dos critérios de inelegibilidades dispostas na Constituição para os cargos de Presidente e Vice-Presidente da República.

3.1.2. Análise das candidaturas adversárias

Os estabelecimentos dos parâmetros de conformidade com a legislação eleitoral a serem seguido pela campanha podem servir de padrão para se analisarem os adversários e se definirem os pontos de fragilidade que podem ser atacados nas candidaturas concorrentes.

Esse trabalho, que é também de planejamento, pode ter um efeito muito interessante, na medida em que se pode, de modo objetivo, fazer um mapa dos candidatos adversários e assim ter as condições necessárias para se definir estrategicamente como enfrentar os adversários nessa fase prévia.

Um trabalho bem feito nesse momento pré-campanha pode dar à candidatura assessorada os elementos necessários para afastar adversários antes mesmo do jogo eleitoral ter começado oficialmente.

Na prática, os partidos fazem esse trabalho de análise dos adversários, mas sempre de modo intuitivo e pelo conhecimento histórico que uns partidos têm dos outros.

O que se propõe com o *compliance* eleitoral, não somente nessa questão, mas em todas que envolvem as eleições, é ter-se um diagnóstico objetivo da realidade, no qual são definidos os padrões que devem ter uma campanha eleitoral para estar em conformidade com a legislação pertinente e utilizar essas informações como diferencial estratégico.

Esse diferencial permitirá identificar os pontos fracos da campanha, corrigindo-os logo, se possível, e ao mesmo tempo, otimizar os pontos fortes. E ainda, diagnosticar, analisar e se municiar de informações para enfrentar as candidaturas adversárias.

Com as informações colhidas, os partidos podem definir, na pratica, duas vertentes de atuação:

(i) Quanto às candidaturas do próprio partido

Quanto às próprias candidaturas, o importante nessa fase é levantar todas as vulnerabilidades e potencialidades para se poder interferir nas realidades encontradas, eliminando ou minimizando as falhas.

Com esse diagnóstico inicial, o partido lança mão das informações necessárias para preparar as defesas, judicial e politicamente, daqueles pontos que não lhe são tão favoráveis. Isso dá ao partido a possibilidade de agir proativamente, evitando surpresas desagradáveis ao longo da campanha.

Dessa forma, o partido pode-se blindar das vulnerabilidades de seus candidatos, pelo menos daqueles que considere importantes. Esse trabalho protege e otimiza o capital político que o partido já possui, sem falar que evita desgastes.

(ii) Quanto às candidaturas dos partidos adversários

Em relação às candidaturas adversárias, a repercussão desse trabalho é tão ou mais importante, pois, dependendo da situação concreta, pode retirar da disputa adversários com muito potencial de votos que, por um trabalho prévio, podem ser retirados do páreo.

Não é despiciendo dizer que ao se conseguir eliminar adversários, antes mesmo da campanha se iniciar, há ganho político importante e economia de recursos financeiros consideráveis.

Esse trabalho pode, em alguns casos, garantir uma eleição, na medida em que pode retirar concorrentes politicamente fortes, não sejam possível a substituição por outro de mesma força política.

3.1.3. A estruturação do compliance nas fases de uma campanha eleitoral

Uma campanha é organizada de acordo com o calendário eleitoral definido por resolução do Tribunal Superior Eleitoral.

No ano anterior às eleições, o TSE elabora um calendário com todas as fases das eleições, a contar do período anterior (mais de um ano antes do dia das eleições) até o final do ano seguinte às eleições.

Desse modo, o calendário eleitoral descreve todas as fases das eleições e pode servir como fio condutor para se delinearem as fases de todo o pleito. Adiante, para melhor se compreender, as principais fases descritas no calendário eleitoral:

DATA	EVENTOS
Um ano antes das eleições	Data até a qual os que pretendam ser candidatos a cargo eletivo nas eleições devem ter domicílio eleitoral na circunscrição na qual desejam concorrer (Lei nº 9.504/1997, art. 4º); Dia em que a lei que altera o processo eleitoral não pode ser aplicada a eleição (*princípio da anterioridade eleitoral, Art. 16 CF*).
Dia 1º de janeiro do ano eleitoral	Data a partir da qual fica proibida a distribuição gratuita de bens, valores ou benefícios por parte da administração pública, exceto nos casos de calamidade pública, de estado de emergência ou de programas sociais autorizados em lei e já em execução orçamentária no exercício anterior, casos em que o Ministério Público Eleitoral poderá promover o acompanhamento de sua execução financeira e administrativa (Lei nº 9.504/1997, art. 73, § 10). Data a partir da qual ficam vedados os programas sociais executados por entidade nominalmente vinculada a candidato ou por este mantida, ainda que autorizados em lei ou em execução orçamentária no exercício anterior (Lei nº 9.504/1997, art. 73, § 11). Data a partir da qual é vedado realizar despesas com publicidade dos órgãos públicos federais, estaduais ou municipais, ou das respectivas entidades da administração indireta, que excedam a média dos gastos no primeiro semestre dos três últimos anos que antecedem o pleito (Lei nº 9.504/1997, art. 73, inciso VII).
Dia 5 de março do ano eleitoral	Último dia para o Tribunal Superior Eleitoral publicar as instruções relativas às eleições de 2016 (Lei nº 9.504/1997, art. 105, *caput* e § 3º). – *Momento de análise jurídica para instrução quanto aos procedimentos ordinários e de necessitem de regulação através das resoluções.*
6 meses antes das eleições	Data até a qual os que pretendam ser candidatos a cargo eletivo nas eleições devem estar com a filiação deferida no âmbito partidário (Lei nº 9.504/1997, art. 9º, *caput*, e Lei nº 9.096/1995, art. 20, *caput*).
180 dias antes das eleições	Último dia para o órgão de direção nacional do partido político publicar, no Diário Oficial da União (DOU), as normas para a escolha e substituição de candidatos e para a formação de coligações, na hipótese de omissão do estatuto (Lei nº 9.504/1997, art. 7º, § 1º). – *Analise quanto incompatibilidade entre partidos para formação de coligação e de eventuais substitutos.* Data a partir da qual, até a posse dos eleitos, é vedado aos agentes públicos fazer, na circunscrição do pleito, revisão geral da remuneração dos servidores públicos que exceda a recomposição da perda de seu poder aquisitivo ao longo

	do ano da eleição (Lei nº 9.504/1997, art. 73, inciso VIII, e Resolução -TSE nº 22.252/2006). – *Análise quanto às Condutas vedadas, pode ser útil par blindar o partido, bem como pode dar ensejo a ações judiciais contra os adversários.*
3 meses antes das eleições	Data a partir da qual são vedadas aos agentes públicos as seguintes condutas (Lei nº 9.504/1997, art. 73, incisos V e VI, alínea a): • nomear, contratar ou de qualquer forma admitir, demitir sem justa causa, suprimir ou readaptar vantagens ou por outros meios dificultar ou impedir o exercício funcional e, ainda,ex officio, remover, transferir ou exonerar servidor público, na circunscrição do pleito, até a posse dos eleitos, sob pena de nulidade de pleno direito, ressalvados os casos de: • nomeação ou exoneração de cargos em comissão e designação ou dispensa de funções de confiança; • nomeação para cargos do Poder Judiciário, do Ministério Público, dos tribunais ou conselhos de contas e dos órgãos da Presidência da República; • nomeação dos aprovados em concursos públicos homologados até 2 de julho de 2016; • nomeação ou contratação necessária à instalação ou ao funcionamento inadiável de serviços públicos essenciais, com prévia e expressa autorização do chefe do Poder Executivo; • transferência ou remoção *ex officio* de militares, de policiais civis e de agentes penitenciários; • realizar transferência voluntária de recursos da União aos estados e municípios e dos estados aos municípios, sob pena de nulidade de pleno direito, ressalvados os recursos destinados a cumprir obrigação formal preexistente para execução de obra ou de serviço em andamento e com cronograma prefixado e os destinados a atender situações de emergência e de calamidade pública. Data a partir da qual é vedado aos agentes públicos das esferas administrativas cujos cargos estejam em disputa na eleição (Lei nº 9.504/1997, art. 73, inciso VI, alíneas b e c, e § 3º): • com exceção da propaganda de produtos e serviços que tenham concorrência no mercado, autorizar publicidade institucional dos atos, programas, obras, serviços e campanhas dos órgãos públicos municipais ou das respectivas entidades da administração indireta, salvo em caso de grave e urgente necessidade pública, assim reconhecida pela Justiça Eleitoral; • fazer pronunciamento em cadeia de rádio e de televisão, fora do horário eleitoral gratuito, salvo quando, a critério da Justiça Eleitoral, tratar-se de matéria urgente, relevante e característica das funções de governo. Data a partir da qual é vedada, na realização de inaugurações, a contratação de shows artísticos pagos com recursos públicos (Lei nº 9.504/1997, art. 75). Data a partir da qual é vedado a qualquer candidato comparecer a inaugurações de obras públicas (Lei nº 9.504/1997, art. 77). Data a partir da qual órgãos e entidades da administração pública direta e indireta poderão, quando solicitados, em casos específicos e de forma motivada, pelos tribunais eleitorais, ceder funcionários à Justiça Eleitoral (Lei nº 9.504/1997, art. 94-A, inciso II).
Dia 5 de julho ou 15 dias antes do dia 15 de agosto	Data a partir da qual, observado o prazo de quinze dias que antecede a data definida pelo partido para a escolha dos candidatos, é permitido ao postulante à candidatura a cargo eletivo realizar propaganda intrapartidária com vistas à indicação de seu nome, vedado o uso de rádio, televisão e outdoor (Lei nº 9.504/1997, art. 36, § 1º).

Dia 20 de julho do ano eleitoral	Data a partir da qual é permitida a realização de convenções destinadas a deliberar sobre coligações e escolher candidatos a prefeito, a vice-prefeito e a vereador (Lei nº 9.504/1997, art. 8º, *caput*). – até 5 de agosto. Data a partir da qual, considerada a data efetiva da realização da respectiva convenção partidária, é permitida a formalização de contratos que gerem despesas e gastos com a instalação física e virtual de comitês de candidatos e de partidos políticos, desde que só haja o efetivo desembolso financeiro após a obtenção do número de registro de CNPJ do candidato e a abertura de conta bancária específica para a movimentação financeira de campanha e emissão de recibos eleitorais.
Dia 25 de julho do ano eleitoral	Data a partir da qual os partidos políticos, as coligações e os candidatos, após a obtenção do número de registro de CNPJ do candidato e a abertura de conta bancária específica para movimentação financeira de campanha e emissão de recibos eleitorais, deverão enviar à Justiça Eleitoral, para fins de divulgação na Internet, os dados sobre recursos recebidos em dinheiro para financiamento de sua campanha eleitoral, observado o prazo de setenta e duas horas do recebimento desses recursos (Lei nº 9.504/1997, art. 28, § 4º, inciso I).
Dia 5 de agosto do ano eleitoral	Último dia para a realização de convenções destinadas a deliberar sobre coligações e escolher candidatos (Lei nº 9.504/1997, art. 8º, *caput*).
Dia 8 de agosto do ano eleitoral	Último dia para os partidos políticos reclamarem da nomeação dos membros das mesas receptoras e pessoal de apoio logístico dos locais de votação, observado o prazo de cinco dias contados da nomeação (Lei nº 9.504/1997, art. 63, *caput*).
Dia 15 de agosto do ano eleitoral	Último dia para os partidos políticos e as coligações apresentarem no cartório eleitoral competente, até as 19 horas, o *requerimento de registro de candidatos* (Lei nº 9.504/1997, art. 11, *caput*).
Dia 16 de agosto do ano eleitoral	Data a partir da qual será permitida a propaganda eleitoral (Lei nº 9.504/1997, art. 36, *caput*).
Dia 20 de agosto do ano eleitoral	Último dia, observado o prazo de quarenta e oito horas contadas da publicação do edital de candidaturas requeridas, para os candidatos escolhidos em convenção solicitarem seus registros ao juízo eleitoral competente, até as 19 horas, caso os partidos políticos ou as coligações não os tenham requerido (Lei nº 9.504/1997, art. 11, § 4º).
5 dias da publicação em edital dos pedidos de registro de candidatura	Último dia, observado o prazo de cinco dias contados da publicação do edital de candidaturas requeridas, para qualquer candidato, partido político, cidadão no gozo de seus direitos políticos, coligação ou o Ministério Público Eleitoral impugnar os pedidos de registro de candidatos apresentados pelos partidos políticos ou coligações (Lei Complementar nº 64/1990, art. 3º).
30 dias antes das eleições	Último dia para os órgãos de direção dos partidos políticos preencherem as vagas remanescentes para as eleições proporcionais, observados os percentuais mínimo e máximo para candidaturas de cada sexo, no caso de as convenções para a escolha de candidatos não terem indicado o número máximo previsto no caput do art. 10 da Lei nº 9.504/1997 (Lei nº 9.504/1997, art. 10, § 5º).

O *compliance* como instrumento de prevenção e combate à corrupção

3 dias antes das eleições	Último dia para a divulgação da propaganda eleitoral gratuita no rádio e na televisão (Lei nº 9.504/1997, art. 47, caput). Último dia para propaganda política mediante reuniões públicas ou promoção de comícios e utilização de aparelhagem de sonorização fixa, entre as 8 e as 24 horas, com exceção do comício de encerramento da campanha, que poderá ser prorrogado por mais duas horas (Código Eleitoral, art. 240, parágrafo único, e Lei nº 9.504/1997, art. 39, §§ 4º e 5º, inciso I). Último dia para os partidos políticos e coligações indicarem aos juízos eleitorais o nome das pessoas autorizadas a expedir as credenciais dos fiscais e dos delegados habilitados a fiscalizar os trabalhos de votação durante o primeiro turno das eleições (Lei nº 9.504/1997, art. 65, § 3º). – *Importante para Instrução do pessoal que vai trabalhar no dia das eleições.*
1 dia antes das eleições	Último dia para a propaganda eleitoral mediante alto-falantes ou amplificadores de som, entre as 8 e as 22 horas (Lei nº 9.504/1997, art. 39, §§ 3º e 5º, inciso I). Último dia, até as 22 horas, para a distribuição de material gráfico e a promoção de caminhada, carreata, passeata ou carro de som que transite pela cidade divulgando jingles ou mensagens de candidatos (Lei nº 9.504/1997, art. 39, § 9º).
Dia das eleições	Data em que é permitida a manifestação individual e silenciosa da preferência do eleitor por partido político, coligação ou candidato (Lei nº 9.504/1997, art. 39-A, *caput*). Data em que é vedada, até o término da votação, a aglomeração de pessoas portando vestuário padronizado, bem como bandeiras, broches, dísticos e adesivos que caracterizem manifestação coletiva, com ou sem utilização de veículos (Lei nº 9.504/1997, art. 39-A, § 1º). Data em que constitui crime o uso de alto-falantes e amplificadores de som ou a promoção de comício ou carreata, a arregimentação de eleitor ou a propaganda de boca de urna e a divulgação de qualquer espécie de propaganda de partidos políticos ou de seus candidatos (Lei nº 9.504/1997, art. 39, § 5º, incisos I, II e III). Último dia para o partido político requerer o cancelamento do registro do candidato que dele for expulso, em processo no qual seja assegurada a ampla defesa, com observância das normas estatutárias (Lei nº 9.504/1997, art. 14). Último dia para candidatos arrecadarem recursos e contraírem obrigações, ressalvada a hipótese de arrecadação com o fim exclusivo de quitação de despesas já contraídas e não pagas até esta data (Lei nº 9.504/1997, art. 29, § 3º).
Dia seguinte às eleições	Data a partir da qual, decorrido o prazo de vinte e quatro horas do encerramento da votação (17 horas no horário local), será permitida a promoção de carreata e distribuição de material de propaganda política para o segundo turno, bem como a propaganda eleitoral mediante alto-falantes ou amplificadores de som, entre as 8 e as 22 horas, promoção de comício ou utilização de aparelhagem de sonorização fixa, entre as 8 e as 24 horas, podendo o horário ser prorrogado por mais duas horas quando se tratar de comício de encerramento de campanha (Código Eleitoral, art. 240, parágrafo único, c.c. Lei nº 9.504/1997, art. 39, §§ 3º e 4º).
15 dias antes do segundo turno	Data limite para o início do período de propaganda eleitoral gratuita, no rádio e na televisão, relativa ao segundo turno, observado o prazo final para a divulgação do resultado das eleições (Lei nº 9.504/1997, art. 49, caput).
3 dias antes do segundo turno	Último dia para propaganda política mediante reuniões públicas ou promoção de comícios e utilização de aparelhagem de sonorização fixa, entre as 8 e as 24 horas, com exceção do comício de encerramento da campanha, que poderá ser prorrogado por mais duas horas (Código Eleitoral, art. 240, parágrafo único, e Lei nº 9.504/1997, art. 39, §§ 4º e 5º, inciso I).

2 dias antes do segundo turno	Último dia para a divulgação da propaganda eleitoral gratuita do segundo turno no rádio e na televisão (Lei nº 9.504/1997, art. 49, *caput*). Último dia para a divulgação paga, na imprensa escrita, de propaganda eleitoral do segundo turno (Lei nº 9.504/1997, art. 43, *caput*).
1 dia antes do segundo turno	Último dia para a propaganda eleitoral mediante alto-falantes ou amplificadores de som, entre as 8 e as 22 horas (Lei nº 9.504/1997, art. 39, §§ 3º e 5º, inciso I). Último dia, até as 22 horas, para a distribuição de material gráfico e a promoção de caminhada, carreata, passeata ou carro de som que transite pela cidade divulgando *jingles* ou mensagens de candidatos (Lei nº 9.504/1997, art. 39, § 9º).
Dia do segundo turno	Data em que constitui crime o uso de alto-falantes e amplificadores de som ou a promoção de comício ou carreata, a arregimentação de eleitor ou a propaganda de boca de urna e a divulgação de qualquer espécie de propaganda de partidos políticos ou de seus candidatos (Lei nº 9.504/1997, art. 39, § 5º, incisos I, II e III). Data em que é permitida a divulgação, a qualquer momento, de pesquisas realizadas em data anterior à realização das eleições e, a partir das 17 horas do horário local, a divulgação de pesquisas feitas no dia da eleição. Último dia para os candidatos que disputarem o segundo turno arrecadarem recursos e contraírem obrigações, ressalvada a hipótese de arrecadação com o fim exclusivo de quitação de despesas já contraídas e não pagas até esta data (Lei nº 9.504/1997, art. 29, § 3º).
20 dias após o segundo turno	Último dia para os candidatos que concorreram no segundo turno das eleições, e os partidos políticos encaminharem à Justiça Eleitoral as prestações de contas referentes aos dois turnos (Lei nº 9.504/1997, art. 29, inciso IV).
23 dias após o segundo turno ou 3 dias após publicação da prestação de contas	Último dia para qualquer interessado, observado o prazo de três dias contados da publicação do respectivo edital, impugnar as prestações de contas de campanha referentes aos dois turnos dos candidatos que concorreram no segundo turno das eleições.
180 dias depois do último dia de diplomação	Data até a qual os candidatos ou os partidos políticos deverão conservar a documentação concernente às suas contas, desde que não estejam pendentes de julgamento, hipótese na qual deverão conservá-la até a decisão final.
Último domingo de novembro do ano seguinte às eleições.	Último dia para os juízes eleitorais concluírem os julgamentos das prestações de contas de campanha eleitoral dos candidatos não eleitos.
31 de dezembro do ano seguinte às eleições	Último dia para o Ministério Público Eleitoral apresentar representação visando à aplicação da penalidade prevista no art. 23 da Lei nº 9.504/1997 e de outras sanções cabíveis nos casos de doação acima do limite legal, quanto ao que foi apurado relativamente ao exercício de 2016 (Lei nº 9.504/1997, art. 24-C, § 3º, incluído pela Lei nº 13.165/2015).

É importante observar que essas datas podem sofrer algum tipo de alteração a depender do dia em que se realiza o pleito. A lei disciplina que a eleição ocorrerá no primeiro e no último domingo de outubro.

Assim, utilizando-se as fases oficiais descritas no calendário eleitoral, o advogado poderá estabelecer normas de procedimento interno para o partido político e para a campanha que servirão de parâmetros para definir algumas atividades práticas nas diversas áreas de uma campanha.

Em resumo, uma campanha pode ser dividida em sete grandes momentos:
- Fase de análise da viabilidade jurídica das candidaturas
- Fase de convenções partidárias;
- Registro e impugnação de candidaturas;
- Propaganda eleitoral;
- Dia das eleições;
- Prestação de contas;
- Atos de diplomação e posse.

Estruturar um *compliance* eleitoral pode permitir ao partido ter um nível estratégico de controle da campanha, com vistas a se precaver das repercussões negativas de sua própria vulnerabilidade e, permitindo ainda, assenhorar-se de informações articuladas para o enfrentamento dos adversários.

3.1.4. Período posterior às eleições

Com a definição dos parâmetros da campanha, ajustados em conformidade com a legislação e jurisprudência pertinente, pode-se também ter uma atuação otimizada do período posterior ao pleito.

Após as eleições propriamente ditas, subsistem demandas decorrentes da campanha que, se não bem trabalhadas, podem trazer aos candidatos prejuízos financeiros e políticos incalculáveis.

Nesse sentido, o período que sucede ao dia das eleições deve ser monitorado adequadamente. Porém, para melhor acompanhar esse momento pós-eleição, com o estabelecimento do *compliance* eleitoral, o partido poderá ter organizadas as informações de modo a melhor intervir nas atividades posteriores.

Nesse período, além da prestação de contas, na maioria dos casos remanescem ações judiciais decorrentes da eleição e ações que só podem ser intentadas após o dia da eleição.

4. A influência do *compliance* no contencioso judicial eleitoral

Pari passu às eleições há um conjunto de ações judiciais que vão sendo intentadas, com vistas à atuação em defesa do partido ou do candidato contratante, bem como em face dos candidatos adversários.

No Brasil, as eleições são muito judicializadas. É possível dizer que não há eleições sem várias eleições judiciais ajuizadas durante e depois do pleito.

Há inúmeras situações que podem descambar em ações judiciais durante uma campanha ou em decorrência dela. Podemos destacar as principais ações judiciais:

- Representações eleitorais em geral;
- Ação de Impugnação de Registro de Candidatura – AIRC;
- Ação de Investigação Judicial Eleitoral – AIJE;
- Ação de impugnação de Mandato Eletivo – AIME;
- Recurso contra Expedição de Diploma – RCED;
- Ação Rescisória Eleitoral.

Essas ações formam o arcabouço processual de uma eleição e têm sido as ferramentas usuais dos advogados nos pleitos.

Ressaltando-se que numa eleição as possibilidades de composição amigável entre concorrentes são diminutas, e que o pleito é fortemente legislado em todas as suas fases, por consequência, há grande número de ações judiciais.

Isso se deve, principalmente, ao fato de que sempre há um número grande de candidatos concorrendo a um limitado número de vagas, o que faz com que um adversário político busque barrar a candidatura do concorrente por todos os meios lícitos possíveis, inclusive mediante a judicialização do pleito.

Há exemplos pontuais de autocomposição em matéria eleitoral. Mas não é a regra em matéria eleitoral.

Sobre essa questão, foi amplamente divulgado na imprensa o acordo que os advogados da última campanha à Presidência da República firmaram no sentido de que estavam desistindo formalmente de várias ações em curso tramitando no TSE, porém, logo no dia seguinte à sessão do Tribunal em que foi apresentado o acordo, foram ajuizadas novas demandas, a ponto de se ter uma chapa presidencial impugnada no Tribunal Superior pela primeira vez.

Nesse sentido, o *compliance* eleitoral poderá evitar que sejam cometidos erros que, porventura, possam servir de elementos de vulnerabilidade ao candidato assessorado. De outro lado, também o compliance, nesse campo do contencioso, poderá melhor instruir as ferramentas de combate em relação aos adversários.

5. A arrecadação de recursos financeiros e prestação de contas

Esse é, sem dúvidas, um dos temas mais candentes para se analisar o *compliance* eleitoral. Muitas ações judicias e cassações de mandatos hoje estão sendo calcadas em situações de irregularidades na arrecadação de recursos financeiros e/ou na prestação de contas.

Por meio da Lei 13.165/2015 (minirreforma eleitoral), a questão da arrecadação de recursos financeiros para a campanha eleitoral ficou mais fiscalizada, gerando muitos pontos de vulnerabilidades para os partidos e candidatos.

Essas vulnerabilidades podem e devem ser enfrentadas e mitigadas com a estruturação de um *compliance* eleitoral que defina os parâmetros aceitáveis de doações que possam ser captadas, bem como a prestação de contas dessas doações.

Com a decisão do STF na ADI 4650, em 2015, o financiamento empresarial de campanha eleitoral foi proibido no Brasil, trazendo ainda hoje muitas incertezas na forma como as campanhas podem captar licitamente os recursos financeiros. Essa situação também traz a necessidade de melhor organizar essa área da campanha.

Utilizando-se do *compliance* eleitoral estruturado, podem-se estabelecer os parâmetros de arrecadação de recursos financeiros de modo a não ensejar ações judiciais contra os candidatos, eventualmente, eleitos. Especialmente podem-se estabelecer os elementos para evitar as ações de cassação de mandatos já conquistados, que trazem maiores prejuízos.

A prestação de contas, por sua vez, até 2009, era apenas um ato burocrático administrativo no qual os partidos e as coligações informavam à Justiça Eleitoral, minimamente, como se davam os gastos da campanha. Porém, com a Lei 12.034/2009, a prestação de contas passou a ser um procedimento judicial, cabendo recurso até o Tribunal Superior Eleitoral e podendo ser como consequência a perda do mandato, eventualmente conquistado, além da inelegibilidade por até oito anos.

Dessa forma, estabelecer um *compliance* eleitoral pode evitar muitos prejuízos financeiros (todos os gastos de uma campanha vitoriosa e o eleito ser cassado judicialmente) e prejuízo político (a própria perda do cargo conquistado).

Essa situação, que seria a mais gravosa a ser suportada por um candidato ou partido, pode ser minimizada ou evitada se tiver um *compliance* eleitoral bem estruturado, desde o começo da campanha. Pois, às vezes, não é possível haver qualquer mitigação de dano se o trabalho não foi organizado desde a fase anterior à própria campanha, e aí os prejuízos são irremediáveis.

6. Conclusão

Buscamos aqui dar uma visão panorâmica das inúmeras aplicações do *compliance* eleitoral.

É certo que estamos diante de uma novidade recentíssima no âmbito do direito eleitoral, mas o *compliance* em si ainda é muito pouco aplicado no Brasil. Contudo, na atual conjuntura política e jurídica em que vivemos, essa ferramenta se apresenta como um instrumento alvissareiro na melhor organização jurídica de uma campanha eleitoral.

Poder-se ter um conjunto de parâmetros iniciais e indicadores de acompanhamento de monitoramento da aplicação desses referidos parâmetros para uma campanha eleitoral pode evitar grandes prejuízos e, porque não dizer, pode-se evitar a aniquilação da própria campanha em si.

Assim, o presente artigo, pela própria natureza do assunto abordado, não tem nenhuma pretensão de esgotar o tema. Porém, objetiva iniciar algumas provocações com vistas à reflexão jurídica da questão.

Mas não só isso, propõe-se deixar claro que os partidos políticos, os candidatos, as campanhas eleitoras e, porque não dizer, os advogados que militam no direito eleitoral, devem levar em conta o *compliance* eleitoral como um importante instrumento de atuação e de suporte aos atores envolvidos com a disputa política eleitoral no Brasil.

Referências

CARVALHO NETO, Tarcísio Vieira; FERREIRA, Telson Luís Cavalcante (coords.). *Direito Eleitoral*. São Paulo: Migalhas, 2016.

FUNÇÃO DE *COMPLIANCE*: In: *Cartillha Função Compliance*, ABBI – Associação Brasileira de Bancos Internacionais, por meio do Comitê de Compliance, e a FEBRABAN – Federação Brasileira de Bancos, pela Comissão de Compliance. Disponível em <http://www.abbi.com.br/download/ funcaodecompliance_09.pdf> Acessado em 26/01/2017.

GOMES, José Jairo. *Direito Eleitoral*. 10ª ed. rev. atual. e ampl. São Paulo: Atlas, 2014.

——. *Recursos Eleitorais*. 2ª ed. rev. atual. e ampl. São Paulo: Atlas, 2016.

RAMAYANA, Marcos. *Direito Eleitoral*. 14ª ed. Rio de Janeiro: Ímpetos, 2015.

RIO DE JANEIRO. TRIBUNAL REGIONAL ELEITORAL. Orientações para o Registro de Candidaturas. Disponível em: <http://www.tre-rj.jus.br/site/eleicoes/2016/arquivos/Cartilha_Registro_Candidaturas.pdf> Acessado em: 26/06/2017.

SAAVEDRA. Giovani Agostini. Compliance Criminal: revisão teórica e esboço de uma delimitação conceitual. *Revista Duc In Altum Cadernos de Direito*, vol. 8, nº15, mai.-ago. 2016. Disponível em: <http://faculdadedamas.edu.br /revistafd/index.php/cihjur/article/view/375/359> Acessado em: 26/06/2017.

— 3 —

A prevenção à corrupção no Direito comparado: mecanismos esposados pelo ordenamento jurídico alemão com o escopo de inibir práticas corruptas e sua possibilidade de aplicação no Direito brasileiro

CARLOS WENDEL PEIXOTO

LUANA FRANCISCA FILGUEIRA LOPES

Advogados da Falconi Camargos e Barbosa Wanderley Advogados e Consultores

Sumário: 1. Introdução; 2. Corrupção: um problema mundial; 3. Mecanismos adotados na Alemanha para combate à corrupção; 3.1. Do impedimento de licitar com o poder público; 3.2. Da rotatividade de servidores em cargos estratégicos e a necessidade de uma visão ética coletiva; 4. Práticas consolidadas por empresas alemãs no combate à corrupção; 5. Práticas anticorruptivas idealizadas pelo Grupo Endeavor Brasil; 6. Conclusão; Referências.

1. Introdução

Infelizmente, a corrupção, ao longo da história brasileira, tem sido uma constante. Desde o início da colonização pátria, muitas das relações sociais existentes entre os indivíduos marginalizavam totalmente a probidade e a impessoalidade, algo que ainda hoje se vê cotidianamente nos noticiários.

Nesse sentido, e partindo do pressuposto da Teoria Tridimensional do Direito, de Miguel Reale, de acordo com o qual o direito é composto pelo fato social que, uma vez valorado como juridicamente relevante, vira objeto um enunciado normativo,[1] verifica-se a temática da corrupção por um prisma do direito comparado, notadamente o alemão.

A relevância do tema a ser abordado gira em torno do fato de que, desde o advento da Constituição Federal de 1988, foi erigido a princípio reitor atividade

---

[1] Direito não é só norma, como quer Kelsen. Direito não é só fato, como rezam os marxistas ou os economistas do Direito, porque Direito não é economia. "Direito não é produção econômica, mas envolve a produção econômica e nela interfere; o Direito não é principalmente valor, como pensam os adeptos do Direito Natural tomista, por exemplo, porque o Direito ao mesmo tempo é norma, é fato e é valor" (REALE, 2003, p.91).

administrativa, dentre outros, a moralidade, a qual é severamente desrespeitada por alguns dos integrantes de cargos do alto escalão brasileiro e que ocupam funções estratégicas na administração pública.

Contudo, não obstante tal princípio ser erigido ao *status* de norma jurídica, notadamente a partir das contribuições teóricas de Ronald Dworking e Robert Alexy, e que, portanto, possuem carga normativa e ser classificado como norma de eficácia plena, de acordo com o doutrinador José Afonso da Silva, as medidas implementadas pelo ordenamento jurídico brasileiro para combater a corrupção não são dotadas de plena efetividade.

Neste patamar, insta ressaltar que a efetividade diz respeito à produção dos resultados visados pelo enunciado normativo, isto é, a verificação no plano ontológico, daquilo que é previsto no aspecto deontológico, enquanto a eficácia diz respeito à aptidão genérica de as leis produzirem seus efeitos.

Desta forma, partindo também da análise de que não bastam apenas previsões legais extremamente ásperas e rígidas no sentido de coibir as práticas corruptas no contexto de qualquer sociedade organizada, o presente trabalho visa a verificar a estudar aspectos adotados pelo Estado alemão com o objetivo de permitir que os atos corruptos sejam efetivamente reprimidos.

2. Corrupção: um problema mundial

A corrupção é um tema que assola diversos países ao redor do mundo, o que vem acarretando a necessidade de que sejam empreendidos esforços em nível global para que os Estados Nacionais e Soberanos adotem em seu regramento interno medidas mais severas e que visem a coibir práticas ímprobas.

A corrupção, que pode ser conceituada como adoção de comportamento comissivo ou omissivo, visando à obtenção de benefícios ilícitos ou indevidos, é um problema estrutural em diversos pilares da sociedade moderna, desde a Igreja, o Estado, a política e as relações mais singelas entre indivíduos.

Uma ilustração bastante interessante utilizada por doutrinadores para demonstrar a corrupção como problema global e que afeta toda a humanidade seria a oferta da serpente à Eva para que ela experimentasse do fruto proibido por Deus, em troca do conhecimento do bem e do mal, ou seja, o ser humano, na ânsia e desejo de ser igual à divindade, descumpriu a lei moral divina, fruto do que se originou o pecado.

Outrossim, de acordo com publicação no jornal Estadão, datado de abril de 2014, a corrupção é o principal problema mundial, segundo pesquisa elaborada pelo Ibope Inteligência, juntamente com a *Worldwide Independent Network of Market Research* (WIN).[2]

---

[2] Corrupção é o principal problema mundial, diz pesquisa. Texto disponível em: http://politica.estadao.com.br/noticias/geral,corrupcao-e-o-principal-problema-mundial-diz-pesquisa,1151475. Acesso em: 19 jun. 2017.

Justamente este é o foco de diversas recomendações e convenções da Organização das Nações Unidas (ONU), dentre as quais podemos citar Convenção das Nações Unidas Contra a Corrupção, a qual tem sua finalidade exposta em seu artigo 1º.[3]

Dito isto, podemos analisar, de maneira sucinta, alguns dos mecanismos adotados pela Alemanha no combate à corrupção, os quais foram elencados pelo professor Bruno Speck[4] e serão analisados sob uma perspectiva crítica nos tópicos a seguir.

3. Mecanismos adotados na Alemanha para combate à corrupção

3.1. Do impedimento de licitar com o poder público

Os procedimentos licitatórios foram difundidos e utilizados com o escopo de fomentar a probidade e moralidade nas contratações públicas, de maneira a evitar que os recursos públicos sejam alocados de maneira mais conveniente para o agente estatal, visando a prejudicar ou a beneficiar determinadas pessoas em detrimento das demais.

É importante porque fomenta o princípio constitucional da isonomia, vez que permite que as empresas participem do procedimento licitatório em condições objetivas de igualdade, sendo fomentados, inclusive, alguns benefícios para empresas de menor porte, o que também concretiza diversos princípios estabelecidos pelo texto constitucional no que tange à ordem econômica.

No direito alemão, conforme aduz o professor da Unicamp Bruno Speck, um dos mecanismos utilizados no direito alemão é a criação de listas negras com empresas envolvidas com corrupção como forma de impedi-las de participar de processos licitatórios.

Inicialmente, insta ressaltar que a Lei n. 12.846/2013, que versa sobre a responsabilização administrativa e civil de pessoas jurídicas pela prática de atos contra a administração pública, nacional ou estrangeira, dispõe, em seu artigo 22,[5] acerca da criação no âmbito do Poder Executivo Federal do Cadastro Nacional de Empresas Punidas – CNEP –, com o escopo de dar publicidade às sanções aplicadas pelos órgãos ou entidades estatais.

---

[3] Artigo 1º: A finalidade da presente Convenção é: a) Promover e fortalecer as medidas para prevenir e combater mais eficaz e eficientemente a corrupção; b) Promover, facilitar e apoiar a cooperação internacional e a assistência técnica na prevenção e na luta contra a corrupção, incluída a recuperação de ativos; c) Promover a integridade, a obrigação de render contas e a devida gestão dos assuntos e dos bens públicos.

[4] Professor lista mecanismos alemães de combate à corrupção. Disponível em: http://www2.camara.leg.br/camaranoticias/noticias/84389.html. Acesso em: 23 jun. 2017.

[5] Art. 22. Fica criado no âmbito do Poder Executivo federal o Cadastro Nacional de Empresas Punidas – CNEP, que reunirá e dará publicidade às sanções aplicadas pelos órgãos ou entidades dos Poderes Executivo, Legislativo e Judiciário de todas as esferas de governo com base nesta Lei.

Com relação a este tópico, tem-se que fazer uma filtragem constitucional para aplicabilidade deste elemento no direito brasileiro. Isso porque, conforme preleciona o texto supremo, não serão admitidas penas ou sanções de caráter perpétuo.

Dessa forma, já fica evidente que a aplicabilidade deste instituto deve ter um termo final prefixado, de maneira a não violar o disposto na Constituição Federal, e garantir a previsibilidade das relações sociais.

Nesse sentido, a Lei n. 8.666/1993, que disciplina as licitações e os contratos administrativos, em seu artigo 87,[6] prevê, dentre as sanções que o Poder Público poderá poderá aplicar aos contratados, a possibilidade de declarar a inidoneidade do adjudicado do objeto da licitação, enquanto perdurarem os motivos determinantes da punição ou até que seja efetuada a reabilitação do contratado junto ao órgão da Administração Pública.

A *mens legis*, isto é, o espírito da lei é louvável e salutar, todavia a aplicabilidade deste instituto, na prática, não obtém o êxito pretendido no combate à corrupção, conforme se verifica na realidade brasileira, vez que, mesmo com essa previsão legal, a realidade brasileira é marcada por casos e escândalos de corrupção, envolvendo empresas.

3.2. Da rotatividade de servidores em cargos estratégicos e a necessidade de uma visão ética coletiva

Outro aspecto trazido pelo professor Bruno Speck[7] é a utilização da rotatividade de servidores em cargos estratégicos para o Estado, isto é, a necessidade de que os indivíduos que ocupam cargos em setores importantes na realidade política estatal necessitam ser constantemente trocados por outros profissionais igualmente capacitados.

Tal prática tem sua razão de ser no simples fato de que, quanto mais poder é concentrado nas mãos de uma única pessoa, há propensão e a probabilidade de adoção de práticas corruptas de favorecimento a empresas ou pessoas determinadas influentes.

Diante do exposto e analisando a realidade brasileira, percebe-se que, em casos pontuais, são previstos, alguns enunciados normativos que têm por escopo primordial o combate à corrupção, bem como evitar a utilização do acesso

privilegiado a informações estratégicas, tais como nas Agências Regu-

---

[6] Art. 87. Pela inexecução total ou parcial do contrato a Administração poderá, garantida a prévia defesa, aplicar ao contratado as seguintes sanções: (...) IV – declaração de inidoneidade para licitar ou contratar com a Administração Pública enquanto perdurarem os motivos determinantes da punição ou até que seja promovida a reabilitação perante a própria autoridade que aplicou a penalidade, que será concedida sempre que o contratado ressarcir a Administração pelos prejuízos resultantes e após decorrido o prazo da sanção aplicada com base no inciso anterior.

[7] Professor lista mecanismos alemães de combate à corrupção. Disponível em: http://www2.camara.leg.br/camaranoticias/noticias/84389.html. Acesso em: 23 jun. 2017.

ladoras, que preveem o período da quarentena, previsto no artigo 8º da Lei 9.986/2000.[8]

Entendemos que essa prática deve ser estimulada, até como um mecanismo de estabelecimento de uma visão ética coletiva, como fórmula de iniciar um processo lento e gradual de conscientização e educação dos cidadãos.

Nesse sentido, faz-se mister tecer a diferenciação entre ética e moral, vez que, enquanto a moral trata-se de uma consciência adquirida pelos indivíduos, de maneira única, a partir do desenvolvimento de sua personalidade e suas interações entre os seus pares. Por outro lado, a ética define como o indivíduo deve se comportar diante do meio social.

Partindo desse prisma, tem-se a necessidade de todas as instituições estatais de colaborarem e unirem esforços no sentido de construir, gradualmente, uma sociedade mais íntegra, proba, e moral.

4. Práticas consolidadas por empresas alemãs no combate à corrupção

Sem dúvidas, o maior patrimônio de uma empresa é a sua reputação, sendo indispensável assumir compromisso irrevogável de valores fundamentais, tais como integridade, justiça, sustentabilidade e parceria.

Com esse pensamento, o Grupo alemão Volkswagem lançou Cartilha informativa sobre "práticas anticorrupção",[9] cujo objetivo é chamar a atenção para a questão da corrupção e informar os empregados sobre a importância do assunto e manutenção de uma conduta proba.

O Estudo da cartilha traz ótimas sugestões que podem ser adotadas no meio empresarial para evitar corrupção:

1. Em obediência ao princípio da segregação, o relacionamento negocial não pode servir para alcançar vantagem própria ou mesmo para a família do empregado;

2. Em respeito ao princípio da transparência, as transações comerciais devem ser conduzidas de forma transparente, preferencialmente documentadas por escrito, em particular aquelas referentes a serviços prestados e pagamentos efetuados.

3. Sugere-se que os pagamentos sejam efetuados via transferência bancária, de forma que nunca devem ser feitos em dinheiro. Recomenda-se a

---

[8] Art. 8º O ex-dirigente fica impedido para o exercício de atividades ou de prestar qualquer serviço no setor regulado pela respectiva agência, por um período de quatro meses, contados da exoneração ou do término do seu mandato. (Redação dada pela Medida Provisória nº 2.216-37, de 2001)

[9] VOLKSWAGEN. *Práticas Anticorrupção*. Disponível em: <http://www.ahkbrasilien.com.br/fileadmin/ahk_brasilien/portugiesische_seite/departamentos/Associativo/WEB_Cartilha_CorrupcaoVW_130718.pdf>. Acesso em: 20 jun. 2017.

verificação da conta dos destinatários a fim de certificar se ela não se encontra em banco localizado em paraíso fiscal (princípio da não utilização de pagamentos em espécie).

4. Não fazer ou aceitar qualquer tipo de contribuição se isto der a impressão de que você só o faz para receber ou conceder algo em troca.

5. Não efetue nenhuma contribuição a funcionários públicos sem solicitar permissão prévia.

6. Nunca efetue transferências ou pagamentos sem ter em mãos uma Nota Fiscal / Fatura.

7. Nos contratos de consultoria, evite pagamentos relacionados a *performance*.

8. A relação comercial deve sempre ser baseada em um Pedido de Compra ou Contrato formalizado, por escrito, com a descrição detalhada dos serviços a serem prestados.

9. Sempre conduza os negócios de uma forma transparente, de modo que terceiros possam entender as suas decisões.

10. Sempre garanta que os serviços prestados e as remunerações sejam proporcionais.

De mais a mais, elucida-se, também, o treinamento *online* realizado pela empresa com seus empregados intitulado "Combatendo Corrupção e Conflitos de Interesses" como prática a ser reproduzida pelos grupos empresariais.

Mister destacar que o treinamento em tela se constitui em componente chave da estratégia preventiva de *Compliance* da Volkswagen, cujo objetivo principal é orientar os empregados a sempre seguirem as regras institucionais, oferecendo exemplos práticos e exercícios interativos, com respostas abrangentes para perguntas sobre corrupção.

Outra estratégia adotada é oportunizar turmas presenciais de treinamento. Dessa forma, caso o empregado julgue necessário, poderá requer a participação perante o setor de Governança, Risco e Compliance.

Outro caso interessante é o adotado pela Siemens,[10] a qual, após proceder a definição de novas políticas, procedimentos e mecanismos de controle e eventuais atitudes ilícitas, a Siemens instituiu o seu sistema de *compliance*. Os esforços empreendidos no programa, aproximadamente 90% (noventa por cento), dizem respeito a atos de prevenção à corrupção.

A comunicação interna é realizada por intermédio de livros animados, tais como gibis, mensagens eletrônicas, simulações e uma gincana de *compliance online*, a qual teve uma adesão voluntária de dois mil e quatrocentos funcio-

---

[10] Caso baseado na matéria "O que a Siemens faz para (tentar) evitar fraudes". Luis Melo. Disponível em: http://exame.abril.com.br/negocios/o-que-a-siemens-faz-para-tentar-evitar-fraudes-na-empresa. Acesso em: 19 jun. 2017.

nários da companhia. Os treinamentos contam com provas para certificar se o conhecimento foi absorvido e está sendo colocado em prática.

Outrossim, a Siemens ainda conta com algumas ferramentas para identificar suspeitas de irregularidades, que é o chamado "sistema de detecção", baseado nas denúncias anônimas, o que contribui para a adoção de posturas cada vez mais probas e morais.

Isso porque, os empregados sabem que, caso sejam surpreendidos por algum de seus pares em conduta antiética ou corrupta, serão denunciados e sofrerão consequências que seus atos merecem.

5. Práticas anticorruptivas idealizadas pelo Grupo Endeavor Brasil

Somado ao exposto, podem ser citadas outras medidas anticorruptivas criadas pelo grupo Endeavor Brasil, organização líder no apoio à empreendedores de alto impacto ao redor do mundo, quais sejam:[11]

1. Analisar meticulosamente os riscos operacionais;

2. Gerenciar os controles internos (o profissional dessa área é uma espécie de "xerife" das normas e procedimentos, em todas as esferas da organização);

3. Desenvolver projetos de melhoria contínua e adequação às normas técnicas;

4. Analisar e prevenir de fraudes (esse profissional tem também papel consultivo; não se trata apenas de cobranças e imposição de mudanças);

5. Monitoramento, junto aos responsáveis pela TI, no que se refere às medidas adotadas na área de segurança da informação;

6. Realização de auditorias periódicas;

7. Gerenciar e rever as políticas de gestão de pessoas, juntamente com os responsáveis pela área de Gestão de Capital Humano;

8. Trabalhar na elaboração de manuais de conduta e desenvolver planos de disseminação do *compliance* na cultura organizacional;

9. Fiscalização da conformidade contábil de acordo com as normas internacionais (*International Financial Reporting Standards* – IFRS);

10. Leis e adequá-las ao universo da empresa.

Nessa senda, pode-se observar que as pessoas jurídicas que objetivam o sucesso empresarial deverão, necessariamente, adotar medidas de *compliance* em consonância com os seus princípios institucionais.

---

[11] PREVENINDO com o *compliance* para não remediar com o caixa. Disponível em: <https://endeavor.org.br/compliance/>. Acesso em: 20 jun. 2017.

6. Conclusão

À guisa de conclusão, pode-se verificar que as previsões legais genéricas e abstratas, típicas das leis, não bastam para que sejam coibidas as práticas corruptas no seio da sociedade, vez que o ordenamento jurídico positivado não significa, necessariamente, que será dotado de efetividade.

O legislador brasileiro, em inúmeras oportunidades, parte do ingênuo princípio de que a previsão legal incriminadora ou proibitiva de determinadas condutas tidas como corruptas e, antes de tudo, antiéticas, seja capaz de diminuir ou reduzir as práticas corruptas.

Todavia, conforme restou constatado ao longo do trabalho, a sensação de impunidade que impera no meio dos que procedem de forma ímproba, aliada a uma legislação severa, mas que não tem aplicabilidade prática, não é suficiente para coibir as práticas corruptas.

É necessário que sejam adotadas medidas alternativas pelo Judiciário e pelo Executivo, a partir do estabelecimento de sanções rigorosas e que gerem o desestímulo da prática criminosa. Nesse sentido, a sanção não pode simplesmente ser rude ou cruel, mas a certeza de sua aplicabilidade deveria reinar no imaginário das pessoas, como forma de desestimular práticas criminosas.

Ademais, medidas simples que poderiam ser adotadas são o efetivo impedimento de contratação com o poder público por intermédio de licitações, as quais são um dos grandes nichos de corrupção existentes no Brasil, bem como a rotatividade de pessoas em cargos estratégicos e ao controle recíproco entre os cidadãos, associada ao estímulo de uma cultura ética no povo brasileiro.

Isso porque quando se fala em corrupção, logo vêm à mente dos indivíduos escândalos envolvendo partidos políticos, grandes empresas e grandes personalidades de alguma das funções estatais.

Todavia, o brasileiro em geral que não se conforma com tais condutas é o mesmo que encontra meios alternativos de não enfrentar filas longas, estaciona em locais reservados para idosos de maneira indevida, o que reflete não apenas a falta de educação, mas a ausência de um senso ético coletivo.

A solução que pode ser apontada é o investimento em educação, de maneira a construir uma sociedade mais justa, proba e moral, como forma de evolução social, associado à adoção de práticas sugeridas.

Referências

ALEXY, Robert. *Teoria dos direitos fundamentais*. São Paulo: Malheiros Editores, 2008. 669 p.

ARAUJO, Carla. *Corrupção é o principal problema mundial, diz pesquisa*. Agência Estado. Disponível em: http://politica.estadao.com.br/noticias/geral,corrupcao-e-o-principal-problema-mundial-diz-pesquisa,1151475. Acesso em: 19 jun. 2017.

BRASIL. Constituição (1988). Lei nº 8.666, de 21 de junho de 1993. Regulamenta o art. 37, inciso XXI, da Constituição Federal, institui normas para licitações e contratos da Administração Pública e dá outras providências.. Lei. Disponível em: <http://www.planalto.gov.br/ccivil_03/leis/L8666cons.htm>. Acesso em: 21 jun. 2017.

BRASIL. Constituição (1988). Lei nº 9.986, de 18 de julho de 2000. Dispõe sobre a gestão de recursos humanos das Agências Reguladoras e dá outras providências. Lei. Disponível em: <http://www.planalto.gov.br/ccivil_03/leis/L8666cons.htm>. Acesso em: 21 jun. 2017.

DWORKIN, Ronald. *Uma questão de princípio*, São Paulo: Martins Fontes, 2007.

——. *Levando os Direitos a Sério*. Trad. Luís Carlos Borges. 2ª ed. São Paulo: Martins Fontes, 2005.

ENDEAVOR BRASIL. *Prevenindo com o Compliance para não remediar com o caixa*. Disponível em: <https://endeavor.org.br/compliance/>. Acesso em: 20 jun. 2017.

MELO, Luísa. *O que a Siemens faz para (tentar) evitar fraudes na empresa*. 2016. Disponível em: <http://exame.abril.com.br/negocios/o-que-a-siemens-faz-para-tentar-evitar-fraudes-na-empresa/>. Acesso em: 20 jun. 2017.

ORGANIZAÇÃO DAS NAÇÕES UNIDAS. *Convenção das Nações Unidas contra a corrupção*. Disponível em: http://www2.camara.leg.br/camaranoticias/noticias/84389.html. Acesso em: 23 jun. 2017.

REALE, Miguel. *Teoria Tridimensional do Direito*. 5ª ed. São Paulo: Saraiva, 2003.

SPECK, Bruno. *Professor lista mecanismos alemães de combate à corrupção*. Disponível em: http://www2.camara.leg.br/camaranoticias/noticias/84389.html. Acesso em: 23 jun. 2017.

VOLKSWAGEN. *Práticas Anticorrupção*. Disponível em: <http://www.ahkbrasilien.com.br/fileadmin/ahk_brasilien/portugiesische_seite/departamentos/Associativo/WEB_Cartilha_CorrupcaoVW_130718.pdf>. Acesso em: 20 jun. 2017.

O *compliance* como instrumento de prevenção e combate à corrupção

— 4 —

Aspectos controvertidos da delação premiada

WAGNER CARVALHO DE LACERDA

MAURÍCIO FARIA DA SILVA

Sócios da Faria e Faria Advogados Associados

Sumário: 1. Introdução; 2. Síntese do procedimento adotado para fins de realização do acordo de delação premiada; 3. Alteração/revisão judicial do acordo de colaboração premiada após a efetiva homologação; 4. Delação premiada e a questão da cláusula contendo renúncia ao direito ao silêncio e à garantia da não autoincriminação; 5. Conclusão; Bibliografias.

1. Introdução

Não é de hoje que a sociedade clama pela transparência e lisura nas relações havidas na Administração Pública, tanto de seus agentes quanto dos particulares, do ponto de vista moral, ético e disciplinar.

A repercussão dos ilícitos penais preocupa não apenas o direito interno, mas também e, sobretudo, o Direito Internacional.

Infelizmente, a sistemática jurídica existente em grande parte do mundo não é suficiente para demonstrar cabalmente a autoria e a materialidade de um crime, de modo que a questão posta em Juízo não raro se define pelas vias da denominada prova indiciária, por meio da qual a condenação do agente do crime se sustenta em indicativos de autoria, contrariando um dos princípios basilares do Direito Penal: Princípio da verdade da real.

Existem previsões legais acerca de crimes de grande repercussão social e que são de difícil apuração para identificar o seu real executor. Citam-se como exemplo os crimes de estelionato e de corrupção. O primeiro, considerado crime "silencioso" – o agente do crime age de forma imperceptível comumente mediante o emprego de ardil e aproveitando-se do descuido alheio para obter indevida vantagem patrimonial. O segundo, igualmente não ocorre na presença pública, mas somente daqueles que efetivamente estão participando da conduta

O *compliance* como instrumento de prevenção e combate à corrupção

ilícita, sendo, por este motivo, de difícil constatação senão quando na hipótese de prisão em flagrante delito.

Ainda em relação ao crime de corrupção, é fato notório que a sociedade não tolera mais a falta de transparência dos agentes do Estado na gerência dos Poderes do Estado, sobretudo na condução da Administração Pública, e cobra cada vez mais uma punição efetiva por parte do Poder Judiciário.

Também com base nessa preocupação, foram instituídas legislações prevendo a denominada Delação Premiada, instituto segundo o qual o agente do crime, na tentativa de obter certos benefícios, o principal deles: a permanência ou obtenção da liberdade, deve entregar à Autoridade Policial ou ao Ministério Público informações/documentos relevantes que possam: a) identificar os demais coautores e partícipes do crime; b) revelar a estrutura hierárquica e divisão das atividades criminosas; c) recuperar total ou parcialmente o produto ou o proveito das infrações penais praticadas; d) localizar eventual vítima com a sua integridade física preservada.

Não há dúvidas de que para o Estado um dos objetivos do Instituto da Delação Premiada é encurtar o caminho das investigações, possibilitando-se, por meio de informações e documentos inéditos ao apuratório, concretizar o princípio da verdade real, evitando-se o uso excessivo da prova indiciária, tão criticada, porém muito utilizada e moderadamente admitida na esfera do direito penal.

Por outra via de pensamento, podemos indicar mais um objetivo da Delação, que reside no fato da presença do efeito repressivo à prática criminosa em face do Delator, levando-se em conta que o descumprimento do compromisso assumido poderá acarretar o rompimento do acordo, retornando ao *status* de origem, não havendo qualquer prejuízo para as informações e documentos apresentados até o momento.

Acrescenta-se que, por via de consequência, estarão atendidos os princípios da eficiência e da celeridade, deixando de existir o emaranhado de processos/inquéritos pendentes de conclusão e com o destino encaminhado para a extinção da punibilidade em razão da perda da pretensão punitiva do Estado (prescrição) face ao decurso do prazo para a realização do *jus puniendi* do Estado (direito de punir).

Inspirada na *plea bargain*, de origem na *common law,* instituto segundo o qual é realizada uma negociação entre o Ministério Público e o acusado para a obtenção de informações e benefícios, a Delação Premiada no Brasil tem previsão, principalmente, nas legislações: Lei n° 8.072, de 25/07/1990 (dispõe sobre crimes hediondos); Lei n° 9.807, de 13/07/1999 (dispõe sobre normas para a organização e a manutenção de programas especiais de proteção a vítimas e testemunhas ameaçadas); Lei n° 9.613 de 13/07/1998 (dispõe sobre crimes de "lavagem de dinheiro"); e Lei 12.850 de 02/08/2013 (define a organização criminosa e dispõe sobre investigação criminal, os meios de obtenção da prova, infrações correlatas e o procedimento criminal).

Ademais, fundamenta-se a existência da Delação Premiada nos seguintes instrumentos Convencionais: a) artigo 26 da Convenção de Palermo; e b) artigo 37 da Convenção de Mérida.

Após essas considerações iniciais, já é possível apontar quais os aspectos controvertidos da Delação Premiada serão abordados no presente artigo, identificando-se os possíveis receios àqueles que entendem por bem identificar os demais coatores da prática delituosa sob investigação em troca de benefícios.

Em que pese não tratar-se de instituto tão novo no Ordenamento Jurídico Brasileiro, fato é que, diante da grande quantidade pessoas figurando atualmente na qualidade de delatores, a Delação Premiada tem sido muito utilizada e explorada no meio jurídico a partir da denominada "operação lava jato", desafiando aos operadores do Direito com diversas nuances sobre a matéria, que acabam por identificar a necessidade de uma maior abrangência de tal disciplina a cargo do legislador ou, alternativamente, a busca da melhor interpretação pelo guardião da Constituição Federal.

Dessa feita, serão abordados nesse trabalho dois aspectos práticos controvertidos da Delação Premiada, um dos quais inclusive foi objeto de recentíssimo julgamento no Supremo Tribunal Federal na Questão de Ordem na Petição 7074 e no Agravo Regimento na Petição 7074, tratando da possibilidade ou não do Magistrado rever o acordo de Colaboração por ocasião da prolação da sentença condenatória.

2. Síntese do procedimento adotado para fins de realização do acordo de delação premiada

No tocante ao procedimento de delação premiada, a Lei nº 12.850/2013 é a que nos parece apresentar de forma mais abrangente dispositivos disciplinando o rito do acordo de Delação Premiada.

Assim, o §6º do artigo 4º da referida legislação[1] estabelece que a negociação para formalização da Delação Premiada será formalizada entre o Delegado de Polícia, Investigado e seu Defensor e o Ministério Público, vedada a participação do Juiz nesta fase.

As partes pactuantes do Acordo deverão observar a forma escrita e conter, na forma do artigo 6º da Lei nº 12.850/2013: a) o relato da colaboração e seus possíveis resultados; b) as condições da proposta do Ministério Público ou do Delegado de Polícia; c) a declaração de aceitação do colaborador e de seu defensor; d) as assinaturas do representante do Ministério Público ou do Delegado de Polícia, do Colaborador e de seu Defensor; e) as especificações das medidas de proteção ao colaborador e à sua família, quando necessário.

---

[1] § 6º O juiz não participará das negociações realizadas entre as partes para a formalização do acordo de colaboração, que ocorrerá entre o delegado de polícia, o investigado e o defensor, com a manifestação do Ministério Público, ou, conforme o caso, entre o Ministério Público e o investigado ou acusado e seu defensor.

Tão logo o termo do acordo de Delação Premiada seja finalizado, faz-se necessário submetê-lo à apreciação do Magistrado competente, ao qual, objetivando a homologação do referido pacto, cabe analisar a sua regularidade, legalidade e voluntariedade, sendo permitido ouvir o Colaborador de forma sigilosa na presença de seu Advogado, conforme previsão contida no §7° da legislação em comento.[2]

Com a homologação judicial do acordo, o Ministério Público e a Autoridade Policial estão legitimados a instruírem o procedimento investigatório com as informações e documentos apresentados pelo Colaborador.

Ou seja, o acordo passa a ter vigência e eficácia bilateral, obrigando as partes ao cumprimento do que foi estabelecido no acordo, sob pena de possível quebra do pacto.

Encerradas as investigações, o Ministério Público poderá entender por bem oferecer denúncia criminal em face dos agentes do crime, a qual será submetida ao Juiz Competente para a instauração da competente ação penal pública, não havendo óbice legal, pelo menos por enquanto, de que seja o mesmo Juízo que homologou o acordo de Delação Premiada o responsável por julgar a ação penal, o que, por outro lado, tem sido objeto de contestação por algumas vozes do direito pelo fato de, eventualmente, se instalar um sistema inquisitivo em detrimento do sistema acusatório, quer dizer, o Magistrado atuando na função investigatória e na qualidade de julgador do caso concreto..

Uma vez recebida a denúncia pelo Juízo, instaura-se a competente ação penal na esfera do Poder Judiciário, momento a partir do qual a Delação Premiada deixa de ser sigilosa, conforme previsão contida no § 3° do artigo 7° da Lei n° 12.850/2013.[3]

Com esses breves esclarecimentos sobre o rito da Delação Premiada, serão analisados, a seguir, dois aspectos controvertidos do referido instrumento que estão em voga no atual cenário jurídico e político nos Tribunais brasileiros.

3. Alteração/revisão judicial do acordo de colaboração premiada após a efetiva homologação

Essa questão, como já se disse, foi discutida no Supremo Tribunal Federal – STF – na Questão de Ordem – Petição 7074 e no Agravo Regimental – Petição 7074, porém já vinha sendo debatida nos Tribunais Regionais e no Superior Tribunal de Justiça.

---

[2] § 7° Realizado o acordo na forma do § 6°, o respectivo termo, acompanhado das declarações do colaborador e de cópia da investigação, será remetido ao juiz para homologação, o qual deverá verificar sua regularidade, legalidade e voluntariedade, podendo para este fim, sigilosamente, ouvir o colaborador, na presença de seu defensor.

[3] § 3° O acordo de colaboração premiada deixa de ser sigiloso assim que recebida a denúncia, observado o disposto no art. 5°.

O STF, por 8 votos a 3, decidiu que o acordo de Delação somente pode ser revisado na ocorrência de eventual ilegalidade, porém os efeitos do referido julgamento somente atingirão as partes do referido procedimento, uma vez que não possui efeito de repercussão geral.

O que de fato é possível aclarar é que não existe qualquer previsão legal expressa que permita ou proíba o Juiz de alterar/rever o acordo de Delação Premiada após a homologação.

Não se está falando aqui da exata medida da aplicação dos benefícios pactuados no acordo, pois pode ser que exista previsão de certo benefício conforme a efetividade da colaboração, e neste caso não há controvérsia. Exemplo disso é o caso de um acordo prevendo como resultado direto com a colaboração o estabelecimento de um regime aberto diferenciado de cumprimento de pena de 2 a 5 anos. Nesta hipótese, o Juiz, ao prolatar a sentença e uma vez ouvido o Ministério Público, poderá mensurar o quanto efetiva foi a colaboração para estabelecer o tempo de cumprimento do regime aberto diferenciado.

O aspecto controvertido que estamos tratando nesse ponto diz respeito à efetiva alteração do acordo pelo Judiciário na fase de prolação de sentença no processo em que o colaborador estiver sendo processado, ou seja, estabelecendo uma punição ou melhoria não prevista e não pactuada/discutida entre as partes do acordo (Ministério Público e/ou Autoridade Policial e Colaborador e seu defensor).

Inexistente na legislação qualquer previsão disciplinando a questão, resta-nos analisar a legislação vigente e interpretá-la para identificar qual foi a real intenção do legislador, e fazemos isso com base na Lei nº 12.850/2013, que dispõe de forma mais detalhada acerca do procedimento da Delação Premiada.

O artigo 4º, § 7º, estabelece que o fundamento da decisão homologatória do acordo da Delação Premiada deve-se limitar à verificação da regularidade, legalidade e voluntariedade do acordo, a saber:

> § 7º Realizado o acordo na forma do § 6º, o respectivo termo, acompanhado das declarações do colaborador e de cópia da investigação, *será remetido ao juiz para homologação, o qual deverá verificar sua regularidade, legalidade e voluntariedade, podendo para este fim, sigilosamente, ouvir o colaborador, na presença de seu defensor.* (grifo nosso e destacamos).

Isto é, com base em tal previsão, não é possibilitado ao Judiciário analisar, por exemplo, se determinado benefício conferido ao colaborador é suficiente, necessário ou prejudicial, devendo apenas analisar se o colaborador não foi coagido a participar do ato (voluntariedade) e se o acordo cumpre os termos da lei, observando, por exemplo, se o colaborador está devidamente assistido por seu advogado na prática de todos os atos (regularidade e legalidade).

A propósito, é bom recordar a previsão contida no § 6º do artigo 4º da Lei nº 12.850/2013 que veda a participação do Judiciário nas negociações e formalização do acordo:

§ 6º O juiz não participará das negociações realizadas entre as partes para a formalização do acordo de colaboração, que ocorrerá entre o delegado de polícia, o investigado e o defensor, com a manifestação do Ministério Público, ou, conforme o caso, entre o Ministério Público e o investigado ou acusado e seu defensor.

Da leitura do referido dispositivo legal é bem possível interpretar que realmente não cabe ao Magistrado, no julgamento da causa principal, alterar as cláusulas do acordo de Delação Premiada, uma vez que tal providência apenas poderia ocorrer em procedimento específico e desde que com a anuência do Ministério Público Federal e do Colaborador, considerando que ao Juiz cabe somente examinar a regularidade, voluntariedade e legalidade por ocasião da fase de homologação do acordo.

Diante dessa constatação, e levando-se em conta que o acordo não tenha apresentado qualquer ilegalidade, irregularidade ou falta de voluntariedade, motivo não há para que o Judiciário deixe de aplicar na íntegra ao que foi estabelecido pelas partes do acordo.

Na realidade, o acordo de Delação Premiada nada mais é do que um contrato firmado entre o Ministério Público, Colaborador (e seu Defensor) e/ou Delegado de Polícia, sendo certo que em tal pacto, conforme determinação legal acima mencionada, não há a participação do Poder Judiciário.

Assim, uma vez proferida a sentença homologatória do acordo de Colaboração Premiada, e não havendo qualquer causa superveniente que justifique a quebra do acordo por quaisquer das partes, o MM. Juízo, por ocasião da prolação da sentença na ação penal, deve a ela se vincular, não cabendo qualquer tipo de alteração ou limitação, mesmo porque, se fosse o caso, entende-se que seria no mínimo coerente que as partes (Ministério Público, Colaborador e seu Defensor e Delegado de Polícia) deveriam participar de eventuais acréscimos ou alterações no acordo então entabulado e homologado judicialmente, de forma que não se pode permitir qualquer imposição unilateral e ilegítima.

Fica evidente, portanto, que ao Judiciário é vedado realizar qualquer alteração no acordo de colaboração premiada formalizado entre as partes no processo, isto é, entre Ministério Público, Investigado e Delegado de Polícia, especialmente quando do julgamento da ação penal na qual o Colaborador está figurando na qualidade de acusado.

Cada um tem o seu importante papel no Estado Democrático de Direito e assim deve ser seguido e respeitado.

A respeito da vinculação do Judiciário aos termos do acordo de Delação Premiada, é importante mencionar os estudos aprofundados do professor Antônio Scarance Fernandes na Obra *Teoria Geral do Procedimento e o Procedimento no Processo Penal*, São Paulo, RT, 2005, p. 278:

> A vinculação do juiz ao acordo das partes, embora possa haver pequenas variações, é uma tônica das novas legislações europeias continentais. Argumenta-se, como se faz em relação ao direito norte-americano, que, sem essa vinculação, haveria perda da eficiência das soluções consensuais: ninguém se aventuraria a realizar acordos com o Ministério Público se o juiz pudesse alterá-los.

Seguindo o mesmo entendimento, transcreve-se trecho do parecer de Eduardo Araújo, na obra *Organizações Criminosas, Aspectos Penais e Processuais da Lei nº 12.850/2013*, São Paulo, Atlas, 2015, p. 63:

> No caso de acordo versando sobre a concessão de perdão judicial, que somente pode ser concedido quando da sentença, uma vez homologado, o juiz ficará vinculado a tal solução, salvo se houver revogação do acordo ou retratação das partes (§ 10 do art. 4º da lei). Tal vinculação não representa cerceamento à imparcialidade da atividade judicante, mas tão somente a previsão de uma causa legal de extinção da punibilidade *sui generis*, pois vinculada à homologação do acordo, devendo constar da denúncia para que possa ser considerada quando da sentença. *Do contrário, a noção de processo cooperativo restaria esvaziada e haveria um clima de indesejável insegurança jurídica na aplicação do instituto, pois o Ministério Público não teria como cumprir a sua obrigação no acordo, ante a possibilidade de o juiz não conceder o perdão judicial na sentença.* O imprescindível controle judicial sobre a regularidade dessa causa de extinção da punibilidade deve ser feito quando da homologação do acordo e durante o seu cumprimento. *Uma vez homologado e cumprido o acordado sem revogação ou retratação, não há como o juiz retratar-se na sentença* (grifo nosso e destacamos).

Ainda, o Procurador da República Dr. Andrey Borges de Mendonça escreveu relevante artigo na *Revista Eletrônica do Ministério Público Federal* (USSN 2177-0921 – Volume 4 – 2013 – título: A Colaboração premiada e a nova Lei do Crime Organizado (Lei nº 12.850/2013), destacando-se o trecho a seguir descrito:

> A nova lei indica que o magistrado não pode simplesmente desconsiderar o acordo. Assevera, expressamente, que o juiz apreciará o termo e a sua eficácia. Assim, o que nos parece é que o magistrado deve analisar se o colaborador realmente cumpriu o acordo homologado e, assim, atingiu o resultado a que estaria proposto. A análise da sentença deve ser feita à luz da eficácia da colaboração para a persecução penal. Se o colaborador cumprir totalmente o acordo realizado, prestando colaboração efetiva, o magistrado, em princípio, deve aplicar o benefício que lhe foi proposto, sendo sensível ao acordo realizado e aos interesses em jogo.
>
> Isto até mesmo em atenção ao princípio da lealdade que o Estado deve àquele que colaborou na persecução penal, conforme decorre do princípio da moralidade do art. 37, caput, da CF. Em caso contrário, o magistrado deve fundamentar com profundidade o motivo pelo qual negou o benefício ao acusado, sobretudo quando sua participação é efetiva.

Precedente do Supremo Tribunal Federal entende que o ato de não conceder os benefícios entabulados no acordo de Delação Premiada, sem qualquer fundamentação ou justificativa, caracteriza conduta desleal do Estado, rechaçando por completo tal postura:

> A partir do momento em que o Direito admite a figura da delação premiada (art. 14 da Lei 9.807/99) como causa de diminuição de pena e como forma de buscar a eficácia do processo criminal, reconhece que o delator assume uma postura sobremodo incomum: afastar-se do próprio instinto de conservação ou auto acobertamento, tanto individual quanto familiar, sujeito que fica a retaliações de toda a ordem. *Daí porque, ao negar ao delator o exame do grau da relevância de sua colaboração ou mesmo criar outros injustificados embaraços para lhe sonegar a sanção premial da causa de diminuição da pena, o Estado-Juiz assume perante ele conduta desleal.* Em contrapasso, portanto, do conteúdo do princípio que, no caput do art. 37 da Carta Magna, toma o explícito nome de moralidade. Ordem parcialmente concedida para o fim de determinar que o Juízo processante aplique esse ou aquele percentual de redução, mas de forma fundamentada (STF, HC 99736, Relator(a): Min. Ayres Britto, Primeira Tuma, julgado em 27/4/2010). (grifo nosso).

Diante desses entendimentos e também com base no que dispõe a Lei Federal nº 12.250/2013, com vênia a eventuais posicionamentos em contrário, não se pode admitir a alteração unilateral do acordo de Delação Premiada pelo Judiciário, que, aliás, não possui legitimidade legal para tanto.

No âmbito da denominada operação "lava jato", esse tema foi objeto de debate pela 8ª Turma do Egrégio Tribunal Regional Federal da 4ª Região, conforme acórdão proferido nos autos do agravo em execução nº 5019414-37.2016.4.04.7000/PR, conforme trecho do voto do Eminente Desembargador Dr. João Pedro Gebran Neto:

> Diga-se mais. O Juiz, ao decidir sobre a colaboração, limita-se à sua homologação ou rejeição, não podendo estender ou reduzir o acordo entre as partes. Dessa forma, ainda que não replicada a redação do acordo na sua literalidade, a decisão de homologação referiu-se aos termos celebrados pelo agravante e pelo MPF, sobre os quais não recaem dúvidas. (grifo nosso e destacamos).

Com base nos dispositivos legais vigentes que disciplinam a questão, bem como no parecer doutrinário e nos precedentes colacionados ao presente artigo, é possível identificar ser vedada ao Judiciário a alteração do acordo de Delação Premiada que foi devidamente homologado e que não apresente qualquer anomalia superveniente.

4. Delação premiada e a questão da cláusula contendo renúncia ao direito ao silêncio e à garantia da não autoincriminação

Não é incomum encontrar acordos de Delação Premiada contendo cláusula por meio da qual o colaborador renuncia à garantia da vedação da autoincriminação e ao direito ao silêncio.

Porém, pergunta-se se esse tipo de cláusula seria permitido pelo Ordenamento Jurídico brasileiro, mesmo diante da oferta de benefícios que evita o cumprimento de pena de segregação da liberdade?

Ou seja, seria possível renunciar a um direito considerado fundamental pela Constituição Federal?

Ocorre que o direito ao silêncio possui previsão constitucional e decorre do princípio da impossibilidade de autoincriminação.

O artigo 5º, inciso LXII, da Constituição Federal, considerado como um dos princípios fundamentais da República, estabelece que:

> LXIII – o preso será informado de seus direitos, entre os quais o de permanecer calado, sendo-lhe assegurada a assistência da família e de advogado

Em relação ao princípio da vedação da autoincriminação, o Pacto de São José da Costa Rica, do qual o Brasil é signatário, prevê no artigo 8º, 2, "g", o seguinte:

Art. 8º Garantias judiciais

2. Toda pessoa acusada de um delito tem direito a que se presuma sua inocência, enquanto não for legalmente comprovada sua culpa. Durante o processo, toda pessoa tem direito, em plena igualdade, às seguintes garantias mínimas:

g) direito de não ser obrigada a depor contra si mesma, nem a confessar-se culpada;

O Supremo Tribunal Federal já se manifestou sobre o tema em algumas oportunidades, aplicando o princípio da vedação à autoincriminação:

STF – HC 96.219 MC-SP, rel. Min. Celso de Mello: (...) A recusa em responder ao interrogatório policial e/ou judicial e a falta de cooperação do indiciado ou do réu com as autoridades que o investigam ou que o processam traduzem comportamentos que são inteiramente legitimados pelo princípio constitucional que protege qualquer pessoa contra a auto-incriminação, especialmente aquela exposta a atos de persecução penal.

Não custa rememorar que aquele contra quem foi instaurada persecução penal tem, dentre outras prerrogativas básicas, o direito de permanecer em silêncio (HC 75.257/RJ , Rel. Min. MOREIRA ALVES – HC 75.616/SP , Rel. Min. ILMAR GALVÃO – HC 78.708/SP , Rel. Min. SEPÚLVEDA PERTENCE – HC 79.244/DF , Rel. Min. SEPÚLVEDA PERTENCE – HC 79.812-MC/SP , Rel. Min. CELSO DE MELLO – RE 199.570/MS , Rel. Min. MARÇO AURÉLIO), de não produzir elementos de incriminação contra si próprio, de não ser compelido a apresentar provas que lhe comprometam a defesa nem constrangido a participar, ativa ou passivamente, de procedimentos probatórios que lhe possam afetar a esfera jurídica, tais como a reprodução simulada do evento delituoso (HC 69.026/DF , Rel. Min. CELSO DE MELLO – RHC 64.354/SP , Rel. Min. SYDNEY SANCHES) e o fornecimento de padrões gráficos (HC 77.135/SP , Rel. Min. ILMAR GALVÃO) ou de padrões vocais (HC 83.096/RJ , Rel. Min. ELLEN GRACIE), para efeito de perícia criminal, consoante adverte a jurisprudência desta Suprema Corte.

A respeito do tema específico da Delação Premiada, por ocasião da homologação do acordo do ex-Senador da República, Delcídio do Amaral Gomez, na lavra do então Relator Ministro Teori Zavascki, não foi acolhida a cláusula que estabelecia a renúncia à garantia contra a autoincriminação e ao direito ao silêncio, conforme trecho abaixo:[4]

Quanto ao conteúdo das cláusulas acordadas, é certo que não cabe ao Judiciário outro Juízo que não o da sua compatibilidade com o sistema normativo. Sob esse aspecto, o conjunto das cláusulas do acordo guarda harmonia com a Constituição e as leis, com exceção da expressão "renúncia" à garantia contra a auto-incriminação e ao direito ao silêncio, constante do título VI do acordo (fl. 20), no que possa ser interpretado como renúncia a direitos e garantias fundamentais, devendo ser interpretada com a adição restritiva "ao exercício" da garantia e do direito respectivos no âmbito do acordo e para seus fins.

Conclui-se, portanto, que a cláusula que comumente vinha sendo estipulada no acordo de Delação Premiada foi considerada inválida pelo Supremo Tribunal Federal, respaldado no direito fundamental previsto no artigo 5º da Constituição Federal, assim como no Pacto São José da Costa Rica, ao qual o Brasil já manifestou formalmente a sua adesão.

---

[4] Petição 5952 – Relator: Min. Teori Zavascki – Supremo Tribunal Federal – Decisão de Homologação da Delação Premiada de Delcídio do Amaral Gomez – 14.03.2016.

5. Conclusão

O Instituto da Delação Premiada é, sem dúvida, um aliado importante para a consecução penal, uma vez que tal instrumento possibilita uma melhor apuração probatória acerca da investigação de um crime, com base em informações e documentos que são apresentados voluntariamente, em homenagem ao princípio basilar da verdade real.

É bem verdade não ser permitido (entendimento jurisprudencial) eventual prolação de sentença condenatória com fundamento exclusivo na Delação Premiada. Porém, o benefício para a investigação com a Delação Premiada será a obtenção efetiva da prova do crime, ou, ao menos, o seu indicativo, de forma que a Autoridade Policial possa colocar as investigações "no trilho" e identificar os demais coautores e a materialidade do delito, apresentando uma resposta rápida e efetiva em benefício da Sociedade.

Analisamos, no presente artigo, dois aspectos controvertidos importantes que estão sendo debatidos nos Tribunais e nas Cortes em Brasília.

A respeito da alteração do acordo de Delação após a efetiva homologação sem qualquer ressalva, foi possível concluir que, diante da inexistência de previsão legal explícita e aliado aos posicionamentos doutrinários e jurisprudenciais, ao Judiciário não é permitido rever o acordo sem qualquer fato superveniente que cause algum tipo de irregularidade.

O acordo de Delação, em verdade, nada mais é do que um instrumento contratual em que as partes estabelecem suas cláusulas e submetem a análise de sua legalidade ao crivo do Poder Judiciário.

Dessa forma, o Judiciário deve-se abster de revisar o acordo após a sua homologação a fim de evitar que tal fato cause insegurança jurídica e passe a ficar em descrédito para aqueles que pretendem, de alguma forma, figurar como Colaboradores da Justiça.

No tocante à cláusula de renúncia às garantias do direito ao silêncio e de não se autoincriminar, com base na pesquisa realizada, é possível constatar que a controvérsia, ao menos por ora, restou superada, não sendo possível que conste mais qualquer previsão nesse sentido, sob pena de afronta à Constituição Federal e à norma supralegal estabelecida por meio do Pacto de São José da Costa Rica.

Portanto, por mais ilógico que pareça admitir o exercício do direito ao silêncio em favor daquele que se obriga a revelar todos os fatos que circundam o crime investigado, tal direito fundamental deverá ser integralmente garantido, podendo, por outro lado, o Colaborador ter os benefícios previstos no acordo mitigados ou mesmo nem concedidos por falta de atendimento ao que se comprometeu e que foi relevante e necessário para a formalização da Delação Premiada.

Bibliografias

ARAÚJO, Eduardo. *Organizações Criminosas, Aspectos Penais e Processuais da Lei nº 12.850/2013*, São Paulo: Atlas, 2015.

FERNANDES, Antônio Scarance. *Teoria Geral do Procedimento e o Procedimento no Processo Penal*. São Paulo: RT, 2007.

REVISTA Eletrônica do Ministério Público Federal – USSN 2177-0921 – Volume 4 – 2013 – título: A Colaboração premiada e a nova Lei do Crime Organizado (Lei nº 12.850/2013).

Sites:

www.stf.jus.br

www.aasp.org.br

www.planalto.gov.br

www.ibccrim.com.br

— 5 —

Breves anotações sobre a lei anticorrupção

FÁBIO LUCAS MOREIRA
Sócio da Escritório Moreira Advocacia & Advogados Associados

Sumário: 1. Comentários gerais; 2. A Lei Anticorrupção (Lei nº 12.846/2013); 2.1. Âmbito de aplicação e natureza jurídica da responsabilidade prevista na Lei Anticorrupção; 2.2. Responsabilização individual de dirigentes ou administradores ou de qualquer pessoa natural, autora, coautora ou partícipe do ato ilícito; 2.3. Responsabilidade administrativa. Dos programas de integridade ou *compliance*; 2.3.1. O processo administrativo de responsabilização; 2.3.2. Desconsideração da personalidade jurídica; 2.4. Acordo de leniência; 2.4.1. Licitações públicas e o acordo de leniência; 2.5. Da responsabilização judicial; 2.6. Responsabilidade da autoridade competente que se tornar omissa após tomar conhecimento das infrações previstas na Lei Anticorrupção; 3. Conclusões; Bibliografia básica.

1. Comentários gerais

Montesquieu, na célebre obra *"O Espírito das Leis"*, afirmou, com inteira razão, que *"a corrupção dos governantes quase sempre começa com a corrupção dos seus princípios"*.[1] Vê-se, nas bem lapidadas palavras do pensador francês, a inserção de um conceito relacionado ao "princípio do governo", cuja direção volta-se, intrínseca e diretamente, para um sentimento capital que acalora as aspirações dos governantes, proporcionando-lhes a vontade necessária para manter o bom funcionamento da máquina pública. Por outro lado, quando a coletividade se anima com a efetivação dos princípios governamentais, ter-se-á, como resultado, uma renovada motivação, ainda que implícita, para o cumprimento do ordenamento jurídico estabelecido.

Há, fundamentalmente, segundo Montesquieu, três sentimentos basilares capazes de inspirar, assegurar e moldar os princípios que, em última análise, permitirão a estabilidade de cada tipo de governo: a República alicerça-se, precipuamente, na *virtude*; a Monarquia tem como lastro a *honra* e; o Despotismo, por sua vez, impõe-se pelo *medo*.

---

[1] AVRITZER, Leonardo; ANASTASIA, Fátima. *Reforma política no Brasil*. Belo Horizonte: UFMG, 2006, p. 84.

Em havendo a *corrupção* da *virtude* que inspira e move a República, mesmo as melhores leis se tornarão perversas nas mãos dos piores homens. Ter-se-á, como resultado, a erosão dos princípios mais comezinhos do governo, arrastando-se para o precipício, invariavelmente, tanto as boas vontades individuais quanto coletivas, assim como – e talvez de forma ainda mais dramática – a afeição pela *res publica*. Tudo, enfim, se desorganiza, exceto a *corrupção*.

O Brasil, *vítima* de *corruptos* e *corruptores* desde os tempos coloniais, afastado da *virtude política* apontada por Montesquieu e, em grande medida, governado em detrimento dos melhores *princípios republicanos*, deu largos passos no enfrentamento desta verdadeira patologia social ao promulgar, em 1º de agosto de 2013, a Lei nº 12.846/2013, também conhecida como *Lei Anticorrupção*.[2]

É necessário, neste passo, estabelecer lindes teóricos capazes de descrever e compreender o conceito de *corrupção*.

A origem etimológica da palavra *corrupção* encontra-se na língua latina, já extinta. Assim, *"corruptus"* significa algo quebrado, em pedaços. Na forma verbal, corromper tem como sentido "tornar pútrido". José Maria Othon Sidou, na obra "Dicionário Jurídico da Academia Brasileira de Letras Jurídicas", esclarece que *corrupção* seria *"devassidão, depravação, em suas diversas modalidades; improbidade no trato de coisas públicas, na condição ativa ou passiva"*.[3]

Como se percebe, o significado, propriamente dito, do que vem a ser *corrupção* perpassa pelo fenômeno da polissemia, isto é, pela agregação de uma certa multiplicidade de sentidos. Deste modo, tomando-se uma acepção assumidamente jurídica, pode-se conceituar a corrupção como sendo o uso do poder público para a obtenção de vantagem ilícita para si ou para outrem. Necessária, como se vê, a existência de um ato (ou uma sucessão de atos) ilegal cometido ou omitido por autoridade pública em detrimento dos fins almejados pelo respectivo ente público, não sendo absolutamente necessária (para a finalidade conceitual ora proposta) a obtenção de vantagem econômica, mesmo que imediata.[4]

---

[2] A Constituição Federal de 1988, em certa medida, considerando-se o histórico de corrupção no país, "elevou a questão da transparência e da moralidade públicas ao status de direitos essenciais ao próprio Estado". NASCIMENTO, Melillo Dinis do. O controle da corrupção no Brasil e a Lei nº 12.846/2013– Lei Anticorrupção. Revista Brasileira de Direito Municipal – RBDM, Belo Horizonte, ano 17, n. 60, abr./jun. 2016. Disponível em: <http://www.bidforum.com.br/PDI0006.aspx?pdiCntd=240517>. Acesso em: 28 jun. 2017.

[3] SIDOU, José Maria Othon. Dicionário Jurídico da Academia Brasileira de Letras Jurídicas. 6 ed., Rio de Janeiro: Forense, 2000, p. 228.

[4] A organização *"Transparência Internacional"* define a corrupção do seguinte modo: *"Corruption is the abuse of entrusted power for private gain. It can be classified as grand, petty and political, depending on the amounts of money lost and the sector where it occurs"*, ou, em uma tradução livre para a língua portuguesa *"a corrupção é o abuso do poder recebido para ganhos privados. Pode ser classificado como grande, mesquinho e político, dependendo das quantias de dinheiro desviadas e do setor onde ocorre."* Transparência Internacional. Disponível em: <https://www.transparency.org/what-is-corruption/>. Acesso em: 22 jun. 2017.

Sendo a corrupção, no Brasil, um problema crônico, a bem da verdade uma endemia quase epidêmica, saltava aos olhos a ausência de uma norma específica para combatê-la, debelá-la ou minorá-la.

Não por outro motivo, a comunidade jurídica, notadamente a ala mais próxima ou interligada aos órgãos de controle, recebeu de bom grado o advento da Lei 12.846/2013, percebida por muitos como um verdadeiro paiol repleto de armamentos anticorrupção.

Feitos estes comentários iniciais, faz-se necessário bosquejar, doravante, anotações a respeito da Lei Anticorrupção (Lei nº 12.846/2013).

2. A Lei Anticorrupção (Lei nº 12.846/2013)

Após um longo *iter* legislativo, o Congresso Nacional aprovou, em 1º de agosto de 2013, a Lei nº 12.846, possibilitando ao país inserir-se no seleto concerto das nações detentoras de instrumentos normativos voltados para o combate da corrupção.

Empresas que já adotavam programas de *compliance* (isto é, organizações que não somente confeccionam, mas também aplicam códigos de ética em seus procedimentos internos, instalam ouvidorias e praticam regularmente auditorias, dentre outros procedimentos salutares) receberam, com a gênese da referida lei, um novo e redobrado estímulo para, ainda mais, cerrar fileiras em prol da legalidade e dos estreitos limites impostos pela ética empresarial.

Convém destacar, sob outra perspectiva, que as empresas que ainda não adotaram controles internos para cumprir as diretrizes introduzidas pela *Lei Anticorrupção* terão um enorme desafio pela frente: primeiramente, terão que se adequar a uma realidade absolutamente nova; em segundo lugar, sendo o *compliance*, doravante, *parte integrante do negócio*, estarão em desvantagem frente à concorrência até que promovam alterações em suas respectivas metodologias de trabalho.

Apesar de todo estardalhaço midiático causado pela emergência da norma em meados de 2013, há que se notar, todavia, que o Poder Executivo federal tardou para fazer uso do artigo 84, inciso IV, da CF/88, isto é, faltou à Presidência da República a necessária celeridade para expedir o respectivo Decreto Regulamentador.[5] Com efeito, somente em 18 de março de 2015, após 20 me-

---

[5] Talvez por isso, pelo menos até setembro de 2014, não tenha a referida lei, por falta de regulamentação, servido de base para a abertura de qualquer "processo administrativo em nível federal, de acordo com a Controladoria-Geral da União (CGU)". Revista Veja. Disponível em: <http://veja.abril.com.br/noticia/brasil/lei-anticorrupcao-ainda-aguarda-regulamentacao>. Acesso em: 22 jun. 2017. A explicação para esta "falta de vontade" talvez resida nas afirmações de Daniel Barile da Silveira e Tiago Nunes da Silva. Para eles, *"reputa-se necessário afirmar que a Lei Anticorrupção não fora concebida através do processo legislativo pela boa intenção de legislador. Pensar de tal modo seria utópico e, por que não dizer, uma visão muito embrionária. Correto é afirmar que a referida lei foi fruto dos compromissos internacionais assumidos pelo Brasil para enfrentamento e combate à corrupção. Essas razões certamente influenciaram o legislador brasileiro ao editar a Lei Anticorrupção, porém, visando não ao extermínio da corrupção no Brasil, mas talvez preocu-*

ses de espera, o mundo jurídico conheceu o teor do Decreto nº 8.420, tornando factível, enfim, o uso do arsenal de combate anticorrupção oferecido pela Lei 12.846/2013.

Polêmica, inovadora, audaciosa, ineficaz, salvadora, lei meramente administrativa ou lei penal encoberta, vários foram os adjetivos lançados para qualificar (ou desqualificar) a Lei Anticorrupção. Antes de se concluir, prematuramente, a respeito de seus reais predicados, é fundamental que se perceba que a Lei 12.846/2013 albergou mecanismos imprescindíveis para arrostar a grave problemática, tão em voga e desafiadora, representada pela corrupção.

As *armas jurídicas* apresentadas pelo legislador, de fato, são robustas, a começar pela *responsabilidade objetiva da pessoa jurídica corruptora ou corrompida*, bem como de outro preceito que, se bem utilizado, se transformará na peça-chave para o bom combate à corrupção: os chamados *"Acordos de Leniência"*.

"Redes de Governança", por outro lado, ganharam especial relevo, dada a ilação – finalmente absorvida pelo legislador – de que é muito mais eficiente, no combate à corrupção, estimular: a) a criação de normas internas, nas empresas públicas e privadas, de transparência e de responsabilidade dos sócios; b) a realização periódica de auditorias; c) a criação de mecanismos internos de estímulo a denúncias.[6]

Obviamente, a Lei 12.843/2016 não tem o calibre necessário para dar cabo de todos os problemas relacionados à corrupção. Ainda assim, e de acordo com as palavras de Mariana Pimentel Fischer Pacheco, a Lei Anticorrupção pode ser vista "como uma resposta interessante a demandas advindas das manifestações

---

pado em preservar sua imagem no plano internacional, principalmente para fins econômicos". SILVEIRA, Daniel Barile da; SILVA, Tiago Nunes da. Algumas reflexões sobre aplicabilidade da Lei nº 12.846/2013 (Lei Anticorrupção) em relação às empresas estatais. Interesse Público – IP, Belo Horizonte, ano 19, n. 103, maio/jun. 2017. Disponível em: <http://www.bidforum.com.br/PDI0006.aspx?pdiCntd=247795>. Acesso em: 29 jun. 2017.

[6] A Lei Anticorrupção seria aplicável às empresas estatais? Para Daniel Barile da Silveira e Tiago Nunes da Silva, "a aplicabilidade sancionatória da Lei Anticorrupção parece ter maior incidência às pessoas jurídicas de direito privado – frise-se, não aquelas criadas pelos entes. É fundamental destacar que, para fins sancionatórios, antes do advento da Lei Anticorrupção, já eram existentes medidas capazes de afastar a participação de empresas em avenças com Poder Público (art. 87 da Lei de Licitações e Contratos), não cabendo afastar também sanções no âmbito civil e penal (...) Lado outro, a dúvida reside nas empresas públicas que atuam no domínio econômico; por exemplo, a Caixa Econômica Federal. A partir dessa diferenciação, conclui-se que mesmo que a empresa pública tenha sua atuação no domínio econômico, ainda assim ela cumpre uma função social que se apresenta imprescindível para os interesses da coletividade. Exemplo seria: pagamento do fundo de garantia para o trabalhador desempregado, financiamentos habitacionais, financiamentos estudantis, entre outros. Simplesmente, por esses motivos elencados, não cabe cogitar a 'suspensão ou interdição parcial de suas atividades'. Enfim, com todo respeito aos posicionamentos divergentes deste trabalho no que concerne às empresas estatais, há dificuldades práticas muito relevantes para a aplicabilidade satisfatória do que trouxe a Lei Anticorrupção no aspecto sancionatório. Certamente, como de praxe, registre-se, com tom de críticas: caberá ao Poder Judiciário estabelecer limites da referida Lei Anticorrupção em relação às empresas estatais caso sejam provocados". SILVEIRA, Daniel Barile da; SILVA, Tiago Nunes da. Algumas reflexões sobre aplicabilidade da Lei nº 12.846/2013 (Lei Anticorrupção) em relação às empresas estatais. Interesse Público – IP, Belo Horizonte, ano 19, n. 103, maio/jun. 2017. Disponível em: <http://www.bidforum.com.br/PDI0006.aspx?pdiCntd=247795>. Acesso em: 29 jun. 2017.

populares por novas formas de concretização da democracia: não apenas por meio de partidos políticos e não apenas no momento das eleições, o controle democrático ao poder pode ser feito agora, pela ação de redes de atores públicos e privados que têm interesse em pôr fim a informação em movimento".[7]

Para melhor efeito didático, far-se-ão, nos próximos tópicos, rápidos comentários sobre os dispositivos contidos na referida lei, pedindo-se, desde logo, vênia para transcrever, quando necessário, alguns de seus trechos.

2.1. Âmbito de aplicação e natureza jurídica da responsabilidade prevista na Lei Anticorrupção

A Lei Anticorrupção, já no seu artigo 1º, estabelece que a responsabilidade pela prática de atos contra a administração pública, nacional ou estrangeira, é do tipo *"objetiva"*, devendo, outrossim, ser examinada tanto sob o enfoque *civil* quanto *administrativo*. É notável, neste ponto, o disposto no parágrafo único, eis que os ditames da norma são igualmente aplicáveis às pessoas jurídicas eminentemente privadas, *in casu* as sociedades empresárias e sociedades simples, personificadas ou não, independentemente da forma de organização ou modelo.

Veio a lume, enfim, a responsabilização civil e administrativa de pessoas jurídicas pela prática de atos contra a administração pública, estrangeira ou nacional, criando-se um salutar microssistema normativo teleologicamente voltado para a tutela do erário, da Administração Pública e de seus princípios informativos.

Antes, o sistema jurídico nacional contentava-se, unicamente, em apenar a pessoa física beneficiária de benesses ilegais, deixando ao largo a entidade jurídica propugnadora do ilícito. Esta moldura fática, com a promulgação da Lei 12.846/2013, alterou-se substancialmente.

Demais disso, quando se menciona "responsabilidade objetiva", quer-se com isso dizer que basta provar a conduta ou o ato ilícito e o subsequente nexo de causalidade. É desnecessário, conseguintemente, qualquer análise a respeito do elemento subjetivo *culpa*, até mesmo porque seria ilógico examinar-se a culpabilidade estrita de uma pessoa jurídica, sendo ela, como cediço, mera ficção legal.

Deste modo, "se determinado funcionário, agindo inescrupulosamente, pratica algum ato reputado ofensivo à lei em referência, a empresa será penalizada, sendo dispensável a demonstração da intenção de seus dirigentes ou reconhecimento de falha em seu dever de vigilância. Nessa perspectiva, a nova lei igualmente traz impactos sobre os investidores (acionistas, cotistas), patrimonialmente expostos às sanções aplicáveis. Se isso de alguma forma já existe,

---

[7] PACHECO, Mariana Pimentel Fischer. Lei Anticorrupção estimula redes de Governança. *Revista Síntese Direito Administrativo*, São Paulo, ano VIII, n. 93, set. 2013, p. 13.

agora existirá um tanto mais. Paulatinamente, parece lógico que as decisões de investimento passarão a contemplar, além da análise sobre o potencial econômico da empresa investida, o exame sobre sua capacidade de evitar corrigir ações ilegais que posso repercutir no investimento".[8]

É interessante aclarar a extensão da expressão "*atos lesivos*", prevista no art. 2º da norma. De sua interpretação autêntica, extrai-se que a mesma se refere tanto aos atos praticados no interesse exclusivo da pessoa jurídica quanto àqueles outros levados a efeito para beneficiar outrem. É o que se percebe a seguir: "*Art. 2º As pessoas jurídicas serão responsabilizadas objetivamente, nos âmbitos administrativo e civil, pelos atos lesivos previstos nesta Lei praticados em seu interesse ou benefício, exclusivo ou não*".

Neste passo, o art. 5º, *caput*, completa o entendimento do que seriam "atos lesivos" ao defini-los como sendo "aqueles praticados pelas pessoas jurídicas mencionadas no parágrafo único do art. 1º, que atentem contra o patrimônio público nacional ou estrangeiro, contra princípios da administração pública ou contra os compromissos internacionais assumidos pelo Brasil".

O *caput sub exame*, manifestamente, contém todos os dizeres necessários para fincar as linhas mestras – ou os confines – do conceito dos assim chamados "atos lesivos". O legislador, porém, preferiu estatuir incisos, abaixo trasladados, para deixar ainda mais cristalina tal definição:

I – prometer, oferecer ou dar, direta ou indiretamente, vantagem indevida a agente público, ou a terceira pessoa a ele relacionada;

II – comprovadamente, financiar, custear, patrocinar ou de qualquer modo subvencionar a prática dos atos ilícitos previstos nesta Lei;

III – comprovadamente, utilizar-se de interposta pessoa física ou jurídica para ocultar ou dissimular seus reais interesses ou a identidade dos beneficiários dos atos praticados;

IV – no tocante a licitações e contratos:

a) frustrar ou fraudar, mediante ajuste, combinação ou qualquer outro expediente, o caráter competitivo de procedimento licitatório público;

b) impedir, perturbar ou fraudar a realização de qualquer ato de procedimento licitatório público;

c) afastar ou procurar afastar licitante, por meio de fraude ou oferecimento de vantagem de qualquer tipo;

d) fraudar licitação pública ou contrato dela decorrente;

e) criar, de modo fraudulento ou irregular, pessoa jurídica para participar de licitação pública ou celebrar contrato administrativo;

f) obter vantagem ou benefício indevido, de modo fraudulento, de modificações ou prorrogações de contratos celebrados com a administração pública, sem autorização em lei, no ato convocatório da licitação pública ou nos respectivos instrumentos contratuais; ou

g) manipular ou fraudar o equilíbrio econômico-financeiro dos contratos celebrados com a administração pública;

---

[8] FELDENS, Luciano. Impactos da Lei Anticorrupção. Valorações à parte, entramos na era da privatização da investigação. *Revista Síntese Direito Administrativo*, São Paulo, ano VIII, n. 93, set. 2013, p. 9.

V – dificultar atividade de investigação ou fiscalização de órgãos, entidades ou agentes públicos, ou intervir em sua atuação, inclusive no âmbito das agências reguladoras e dos órgãos de fiscalização do sistema financeiro nacional".

É evidente o esforço do legislador ao tentar estabelecer, nos três primeiros incisos, um melhor contorno, ainda que genérico, do conceito de atos lesivos. O inciso IV, por seu turno, confere um particular destaque às licitações e contratos, sendo contemplado, dada a complexidade da matéria, com não menos do que sete alíneas ao longo das quais se espraia um verdadeiro rol de atos considerados como ilícitos.

O inciso V, ao invés de possuir uma redação com definições mais fechadas a exemplo dos demais que lhe antecederam, segue tendência inversa, desabrochando-se na forma de uma típica norma de textura aberta. Isto porque considera como ato lesivo qualquer conduta que dificulte ou intervenha na atividade de investigação, fiscalização ou atuação de órgãos, entidades ou agentes públicos em geral. Como bem observa Melillo Dinis do Nascimento, "essa última hipótese ou será descumprida, ou, se cumprida, ensejará enormes dificuldades. Tenho a impressão que a proposição é extremamente aberta, pois não deixará de permitir abusos e interpretações desarticuladas da realidade".[9]

De todo modo, diante desta indeterminação linguística, que abre alas para convidar tanto Hart quanto Dworkin para o debate, terá o julgador, diante de si, o desafio de não somente realizar a cognição do caso concreto, mas também o de aplicar a norma que julgar mais adequada para decidi-lo, valendo-se, outrossim, de princípios fundamentais da ordem jurídica.[10]

Destaque-se que foram equiparadas, aos olhos da Lei Anticorrupção, para todos os efeitos, a administração pública estrangeira e as organizações públicas internacionais. Também definiu-se o agente público estrangeiro como sendo aquele que, ainda que transitoriamente ou sem remuneração, exerça cargo, emprego ou função pública em órgãos, entidades estatais ou em representações diplomáticas de país estrangeiro, assim como em pessoas jurídicas controladas, direta ou indiretamente, pelo poder público de país estrangeiro ou em organizações públicas internacionais.

Como se percebe, as condutas previstas nos incisos acima transcritos, as quais conduzem à aplicação das sanções estipuladas na Lei 12.846/2013, funcionam, na via processual (máxime em sede de ações civis públicas), como verdadeiras *causas de pedir*. Aliás, é digno de nota o esforço legislativo levado

---

[9] NASCIMENTO, Melillo Dinis do. O controle da corrupção no Brasil e a Lei nº 12.846/2013– Lei Anticorrupção. *Revista Brasileira de Direito Municipal – RBDM,* Belo Horizonte, ano 17, n. 60, abr./jun. 2016. Disponível em: <http://www.bidforum.com.br/PDI0006.aspx?pdiCntd=240517>. Acesso em: 28 jun. 2017.

[10] Em apertada síntese, Hart defende que a resolução de casos em que o Direito se apresenta com uma textura aberta se dará através da discricionariedade, conferida ao julgador, para aplicar a interpretação que melhor lhe aprouver para pôr termo à lide (HART, Herbert L.A. *O Conceito de Direito.* Lisboa: Fundação Calouste Gulbenkian, 1994, 3ª ed., p. 142). Dworkin, por sua vez, entende que, nestes casos, poder-se-ão ser utilizados princípios jurídicos para resolver casos especialmente difíceis (DWORKIN, Ronald. *O Império do Direito.* São Paulo: Martins Fontes, 2007, p. 419).

a efeito na construção da Lei Anticorrupção com o clarividente escopo de apresentá-la como manifestação do direito punitivo típico das entidades estatais. Há, inclusive, uma nítida aproximação com o procedimento adotado nas ações penais, não se tratando, assim, de que um mero microssistema processual voltado ao ressarcimento de valores ao erário.

2.2. Responsabilização individual de dirigentes ou administradores ou de qualquer pessoa natural, autora, coautora ou partícipe do ato ilícito

É digna de aplausos a opção adotada pelo legislador ao estabelecer, a par da responsabilização da pessoa jurídica, a possibilidade de seus dirigentes ou administradores (ou de qualquer pessoa natural, autora, coautora ou partícipe do ato ilícito) serem igualmente alcançados pelos ditames da Lei Anticorrupção.

Quer-se com isso dizer, à luz do § 1º do art. 3º, que a norma aparta da responsabilidade intrínseca à pessoa jurídica a responsabilidade atinente às pessoas naturais partícipes do ilícito.

Há que se ressaltar, todavia, que reside, no § 2º do art. 3º, um traço característico, diferencial e de grande relevância acerca da responsabilidade jurídica das pessoas naturais, sejam elas ou não dirigentes ou administradores da pessoa jurídica: a responsabilidade que lhes cabe é do tipo *subjetiva*, ou seja, depende do exame de suas respectivas *culpabilidades*.

Para evitarem-se manobras jurídicas que pudessem obnubilar a aplicação das penalidades previstas na norma, o legislador, no art. 4º, achou por bem estabelecer que a responsabilidade da pessoa jurídica subsiste mesmo na hipótese de alteração contratual, transformação, incorporação, fusão ou cisão societária. Sem isso, o raio de alcance da Lei Anticorrupção esmaeceria ao sabor de inúmeras – e propositalmente confusas – alterações contratuais levadas a efeito perante as respectivas Juntas Comerciais brasileiras.

A partir do artigo 6º da lei, a responsabilidade bifurca-se em *"administrativa"* (arts. 6º a 17) e *"judicial"* (arts. 18 a 21). É o que se verá adiante.

2.3. Responsabilidade administrativa. Dos programas de integridade ou compliance

Quanto à *responsabilidade administrativa*, o legislador preocupou-se em apresentar, no artigo 6º, o inventário das sanções aplicáveis às pessoas jurídicas consideradas responsáveis pelos atos lesivos previstos no art. 5º. Eis o rol:

I – multa, no valor de 0,1% (um décimo por cento) a 20% (vinte por cento) do faturamento bruto do último exercício anterior ao da instauração do processo administrativo, excluídos os tributos, a qual nunca será inferior à vantagem auferida, quando for possível sua estimação; e

II – publicação extraordinária da decisão condenatória.

Como não poderia deixar de ser, a aplicação das sanções deve ser realizada de forma fundamentada. Por outro lado, tais sanções podem ser aplicadas isolada ou cumulativamente, segundo as peculiaridades do caso concreto e de acordo com a gravidade e natureza das infrações cometidas.

Merece relevo o § 4º do art. 6º, eis que nele se estipula, caso não seja possível utilizar o critério do valor do faturamento bruto da pessoa jurídica, um teto mínimo (de R$ 6.000,00) e um teto máximo (de R$ 60.000.000,00) para a aplicação da multa.

As regras estipuladas para balizar a intensidade da sanção aplicada, em homenagem, em última análise, ao princípio da proporcionalidade, encontram-se estipuladas no artigo 7º da Lei Anticorrupção.

Assim, o administrador, na dosimetria da pena, deve considerar critérios como a gravidade da infração; a vantagem auferida ou pretendida pelo infrator; a consumação ou não da infração; o grau de lesão ou perigo de lesão; o efeito negativo produzido pela infração; a situação econômica do infrator; a cooperação da pessoa jurídica para a apuração das infrações; a existência de mecanismos e procedimentos internos de integridade, auditoria e incentivo à denúncia de irregularidades; a aplicação efetiva de códigos de ética e de conduta no âmbito da pessoa jurídica e; o valor dos contratos mantidos pela pessoa jurídica com o órgão ou entidade pública lesados.

Deste rol, faz-se necessário pinçar e assinalar o conteúdo do inciso VIII do art. 7º. Exatamente nesta passagem encerra-se a utilidade da adoção de *"programas de integridade"* ou, como prefere grande parte da doutrina, *"programas de compliance"*.

Conforme Renato de Oliveira Capanema, "o programa existe para coibir problemas e falhas, e deve ser estruturado de forma a cercar, blindar todas as possíveis fragilidades. Logicamente, não é possível impedir que alguém, atuando contra os princípios e burlando todo o sistema instituído pela empresa, pratique alguma irregularidade. Mas deve ser a exceção, e não a regra. E o programa, ademais, quando efetivo, deve ser capaz de identificar a ocorrência de violações, permitindo que a empresa adote medidas corretivas e saneadoras de forma tempestiva".[11] Para Camilo José D'Ávila Couto, *"compliance*, em apertada síntese, consiste em mecanismos implementados por sociedades empresárias visando promover a perfeita aderência a regulamentos, internos e externos, que normatizem a estrita observância às boas práticas de governança corporativa, de princípios contábeis, de controladoria e outros desse gênero".[12]

O Decreto nº 8.420/2015 (o qual regulamentou a Lei nº 12.846 ao dispor sobre a responsabilização administrativa de pessoas jurídicas pela prática

---

[11] CAPANEMA, Renato de Oliveira. *Lei Anticorrupção Empresarial* – Aspectos Críticos à Lei nº 12.846/2013. Belo Horizonte: Fórum, 2014, p. 22.

[12] COUTO, Camilo José D'Ávila. Sociedades empresárias e o acordo de leniência. *Revista de Direito Empresarial – RDEmp*, Belo Horizonte, ano 14, n. 01, jan./abr. 2017. Disponível em: <http://www.bidforum.com.br/PDI0006.aspx?pdiCntd=247155>. Acesso em: 29 jun. 2017.

de atos contra a administração pública, nacional ou estrangeira e dá outras providências), trouxe uma interpretação autêntica deveras interessante sobre o que seria o *"programa de integridade ou compliance"*, cuja transcrição faz-se oportuna:

> Art. 41. Para fins do disposto neste Decreto, programa de integridade consiste, no âmbito de uma pessoa jurídica, no conjunto de mecanismos e procedimentos internos de integridade, auditoria e incentivo à denúncia de irregularidades e na aplicação efetiva de códigos de ética e de conduta, políticas e diretrizes com objetivo de *detectar e sanar desvios, fraudes, irregularidades e atos ilícitos* praticados contra a administração pública, nacional ou estrangeira.
>
> Parágrafo único. O programa de integridade deve ser estruturado, aplicado e atualizado de acordo com as características e riscos atuais das atividades de cada pessoa jurídica, a qual por sua vez deve garantir o constante aprimoramento e adaptação do referido programa, visando garantir sua efetividade." (grifos e negritos nossos).

Portanto, o programa de integridade ou *compliance* evoca, no âmbito da iniciativa privada, a prática de regras e comportamentos éticos, tendo como máximo objetivo afastar condutas juridicamente censuráveis. Para atingir-se o fim colimado pela norma, a pessoa jurídica de direito privado deverá criar instrumentos capazes de detectar e sanar desvios, fraudes, irregularidades e atos ilícitos praticados contra a administração pública, nacional ou estrangeira, transformando-se, assim, em agente absolutamente ativo nos esforços levados a efeito para tornar mais hígido, transparente e verdadeiro este delicado ambiente de relacionamento entre o público e o privado.

2.3.1. O processo administrativo de responsabilização

O *processo administrativo de responsabilização*, previsto no capítulo IV da Lei Anticorrupção, é o grande trunfo (talvez o mais formidável) da Lei 12.846/2013. Cabe à autoridade máxima de cada órgão, ou entidade dos Poderes Executivo, Legislativo e Judiciário, instaurá-lo de ofício ou mediante provocação dos interessados, assegurando-se, em qualquer caso, a plena observância dos princípios do devido processo legal e da ampla defesa e do contraditório. Permite-se, ainda, que a competência legal para a instauração do processo seja delegada, vedada a subdelegação.[13]

Ainda neste primeiro passo, a autoridade instauradora designará comissão, a ser composta por dois ou mais servidores estáveis, para a condução do processo administrativo atinente à apuração de eventuais responsabilidades por parte da pessoa jurídica indiciada.

---

[13] Incumbe ressalvar que o § 2º do art. 8º possui regra específica para a União, determinando que "no âmbito do Poder Executivo federal, a Controladoria-Geral da União – CGU – terá competência concorrente para instaurar processos administrativos de responsabilização de pessoas jurídicas ou para avocar os processos instaurados com fundamento nesta Lei, para exame de sua regularidade ou para corrigir-lhes o andamento.". Da mesma forma, o art. 9º estipula que "competem à Controladoria-Geral da União – CGU a apuração, o processo e o julgamento dos atos ilícitos previstos nesta Lei, praticados contra a administração pública estrangeira, observado o disposto no Artigo 4 da Convenção sobre o Combate da Corrupção de Funcionários Públicos Estrangeiros em Transações Comerciais Internacionais, promulgada pelo Decreto nº 3.678, de 30 de novembro de 2000".

A Lei Anticorrupção, neste ponto, mais uma vez está de parabéns, pois talhou, para melhor assegurar o resultado útil dos trabalhos da comissão, a possibilidade do ente público, mediante o seu órgão de representação judicial, adotar as medidas judiciais necessárias para o bom andamento das investigações e o processamento das infrações, inclusive de busca e apreensão, exibição de documentos, etc. Se assim não fosse, a atividade persecutória restaria prejudicada, resultando na obtenção de resultados práticos não mais do que pífios.

Não se pode olvidar, demais disso, que dentre os poderes e atribuições da comissão processante consta, precisamente, a possibilidade de se solicitar, à autoridade instauradora, a suspensão dos efeitos do ato ou do processo objeto da investigação. O efeito de tal medida é deveras salutar, pois facilita, de imediato, o estancamento do eventual desperdício de verbas públicas.

O prazo máximo para a finalização do processo, por parte da comissão, é de 180 dias contados da data da publicação do ato que a instituir, prorrogável mediante ato fundamentado da autoridade instauradora. Caberá à comissão, ao final, apresentar relatórios sobre os fatos apurados e apontar eventuais responsabilidades. Também lhe competirá sugerir, de forma motivada, as sanções aplicáveis às condutas constatadas ao longo da instrução processual.

Por outro lado, o prazo para a apresentação da defesa concedido à pessoa jurídica (conforme determina o art. 11), é de 30 (trinta) dias contados a partir da intimação. Grande questão, que merece melhor encaminhamento, diz respeito ao prazo de defesa das pessoas naturais, não previsto na norma. Neste caso, "o fato é que eventuais pessoas naturais (parágrafo único, art. 1º c/c § 2º, art. 3º) envolvidas no apuratório terão, no espaço próprio, os mesmos direitos de reação assegurados, sobretudo no art. 5º, LIV, LV e LVI, da Carta Política, que explicitam as garantias fundamentais de primeira geração".[14]

Em sequência, o processo administrativo, juntamente com o relatório da comissão, será enviado à autoridade instauradora para julgamento.

É de bom alvitre esclarecer que a aplicação imediata das sanções estabelecidas na Lei Anticorrupção não obsta a instauração de processo administrativo específico de reparação integral do dano. As multas impostas, de forma alguma, substituem o dano em si mesmo considerado, pois se caracterizam como verdadeiras sanções à conduta ilícita, a qual precisa (e merece) ser rechaçada pelo ente público.

De uma forma ou de outra, fato é que, concluído o processo e não havendo pagamento, o crédito apurado será inscrito em dívida ativa da fazenda pública.

---

[14] LESSA, Sebastião José; LESSA, Raphael Pereira. *Lei Anticorrupção – Lei nº 12.846/2013*. Dispõe sobre a responsabilização objetiva administrativa e civil de pessoas jurídicas pela prática de atos contra a Administração Pública, nacional ou estrangeira. Meio legal de obtenção de prova. Medida judicial – busca e apreensão. Suspensão do ato ou processo objeto da investigação. Desconsideração da personalidade jurídica. Indisponibilidade de bens, direitos e valores. Comunicação ao Ministério Público. Imputação e defesa. Direito de defesa das pessoas jurídicas e das pessoas naturais. (...). Fórum de Contratação e Gestão Pública – FCGP, Belo Horizonte, ano 16, n. 183, mar. 2017. Disponível em: <http://www.bidforum.com.br/PDI0006.aspx?pdiCntd=247063>. Acesso em: 29 jun. 2017.

Além disso, a comissão deverá dar conhecimento do caso ao Ministério Público para eventual apuração de delitos. O momento preciso para ultimar-se tal medida vem a ser a conclusão do procedimento administrativo.

2.3.2. Desconsideração da personalidade jurídica

Disposição das mais relevantes, inserta no art. 14 da Lei Anticorrupção, refere-se à aplicação da *Disregard Doctrine* quando a personalidade jurídica for utilizada "com abuso do direito para facilitar, encobrir ou dissimular a prática dos atos ilícitos previstos nesta Lei ou para provocar confusão patrimonial, sendo estendidos todos os efeitos das sanções aplicadas à pessoa jurídica aos seus administradores e sócios com poderes de administração, observados o contraditório e a ampla defesa".

Significa dizer que ainda no âmbito administrativo, a fim de facilitar a aplicabilidade das sanções estipuladas na Lei nº 12.846/2013, poder-se-á levar a cabo a desconsideração da pessoa jurídica, estendendo-se todos os efeitos das eventuais sanções aos seus respectivos administradores e sócios.

Tendo em vista a notória utilização da pessoa jurídica, no Brasil, para o cometimento de fraudes e abusos com o desiderato de facilitar, encobrir ou dissimular a prática de atos ilícitos, a inserção de tal dispositivo entrega ao administrador público (aplicador da sanção) uma poderosa ferramenta capaz de conferir plena eficácia à *Lei Anticorrupção*.

Surgem, entretanto, algumas preocupações deveras justificáveis. Conquanto a Administração Pública possa valer-se, diretamente, por sua conta e risco, mediante juízo prévio de conveniência e oportunidade, de preceitos oriundos da chamada *disregard doctrine*, deve-se levar em consideração que a personalidade jurídica é bem mais do que um simples véu capaz de ser afastado com um único gesto.

Faltam ao art. 14, em comento, critérios técnicos e objetivos, conquanto a lei procure indicar critérios genéricos próprios. O afastamento da personalidade da pessoa jurídica não pode ser visto como algo corriqueiro, mas como um acontecimento extraordinário, sob pena de se atentar contra o princípio da segurança jurídica. Também preocupa o fato de o Poder Executivo, através de servidores públicos nomeados para uma comissão processante, apenar diretamente os sócios de uma empresa, sem o intercurso do Poder Judiciário.

O tema não é necessariamente uma novidade. O Superior Tribunal de Justiça já havia se manifestado, no ano de 2003, a respeito do assunto. Naquela oportunidade, o STJ julgou ser possível a extensão de penalidade administrativa, mediante o afastamento da personalidade jurídica, aos sócios da empresa. Eis a ementa do julgado:

> ADMINISTRATIVO. RECURSO ORDINÁRIO EM MANDADO DE SEGURANÇA. LICITAÇÃO. SANÇÃO DE INIDONEIDADE PARA LICITAR. EXTENSÃO DE EFEITOS À SOCIEDADE COM O MESMO OBJETO SOCIAL, MESMOS SÓCIOS E MESMO ENDEREÇO. FRAUDE À LEI E ABUSO

DE FORMA. DESCONSIDERAÇÃO DA PERSONALIDADE JURÍDICA NA ESFERA ADMINISTRA-TIVA. POSSIBILIDADE. PRINCÍPIO DA MORALIDADE ADMINISTRATIVA E DA INDISPONIBILI-DADE DOS INTERESSES PÚBLICOS.

– A constituição de nova sociedade, com o mesmo objeto social, com os mesmos sócios e com o mesmo endereço, em substituição a outra declarada inidônea para licitar com a Administração Pública Estadual, com o objetivo de burlar à aplicação da sanção administrativa, constitui abuso de forma e fraude à Lei de Licitações Lei nº 8.666/93, de modo a possibilitar a aplicação da teoria da desconsideração da personalidade jurídica para estenderem-se os efeitos da sanção administrativa à nova sociedade constituída.

– A Administração Pública pode, em observância ao princípio da moralidade administrativa e da indisponibilidade dos interesses públicos tutelados, desconsiderar a personalidade jurídica de sociedade constituída com abuso de forma e fraude à lei, desde que facultado ao administrado o contraditório e a ampla defesa em processo administrativo regular.

– Recurso a que se nega provimento."

(STJ. Recurso Ordinário em MS nº 15.166 – BA (2002/0094265-7). Relator: Ministro Castro Meira).

O STF, da mesma forma, mas por outra via processual, ao analisar a medida cautelar ajuizada com o objetivo de suspender acórdão do TCU, assim se manifestou:

Procedimento administrativo e desconsideração expansiva da personalidade jurídica. "Disregard doctrine" e reserva de jurisdição: exame da possibilidade de a administração pública, mediante ato próprio, agindo "pro domo sua", desconsiderar a personalidade civil da empresa, em ordem a coibir situações configuradoras de abuso de direito ou de fraude. A competência institucional do Tribunal de Contas da União e a doutrina dos poderes implícitos. Indispensabilidade, ou não, de lei que viabilize a incidência da técnica da desconsideração da personalidade jurídica em sede administrativa. A administração pública e o princípio da legalidade: superação de paradigma teórico fundado na doutrina tradicional? O princípio da moralidade administrativa: valor constitucional revestido de caráter ético-jurídico, condicionante da legitimidade e da validade dos atos estatais. O advento da Lei nº 12.846/2013 (art. 5º, IV, "e", e art. 14), ainda em período de "vacatio legis". Desconsideração da personalidade jurídica e o postulado da intranscendência das sanções administrativas e das medidas restritivas de direitos. Magistério da doutrina. Jurisprudência. Plausibilidade jurídica da pretensão cautelar e configuração do "periculum in mora". Medida liminar deferida.

(STF. MS 32494; Mandado De Segurança (Eletrônico); Origem: DF – Distrito Federal; Relator: Min. Celso de Mello).

Assim, parece claro que a *reserva de jurisdição*, enunciada no Acórdão do STF, não serve de espeque para indigitar a aplicação da desconsideração da personalidade jurídica diretamente pela Administração Pública. Ao invés disso, restou claro, pelo *decisio*, que a *reserva de jurisdição* não possui qualquer condão lógico-jurídico de validade com a aplicação administrativa da *disregard doctrine*.

2.4. Acordo de leniência

O acordo de leniência representa um avanço considerável no combate à corrupção. Mediante a celebração deste feixe de obrigações, que alcança a autoridade máxima de cada órgão ou entidade pública e as pessoas jurídicas responsáveis pela prática dos atos previstos na Lei Anticorrupção, poder-se-á obter firme colaboração na resolução das investigações e dos respectivos processos administrativos. Para tanto, não basta a mera colaboração, pois é necessário que as informações apresentadas resultem na identificação dos demais envolvidos na infração (quando couber) e na rápida obtenção de informações e documentos capazes de demonstrar, inequivocamente, o ilícito.

Este pacto, introduzido no bojo da Lei Anticorrupção (arts. 16 e 17), não chega a ser uma inovação. A Lei n° 10.149/2000, a qual reformou parcialmente a Lei 8.894/1994 (mais especificamente o seu art. 35-B[15]), já havia previsto a possibilidade de celebrar-se acordos de leniência entre empresas componentes de cartéis e o Poder Público. A Lei 12.529/2011 (Lei Antitruste), também anterior à Lei Anticorrupção, contém dispositivo semelhante (arts. 86 e seguintes).

Há, certamente, alguns requisitos que deverão, cumulativamente, ser preenchidos para a celebração de tal pacto, conforme estabelece o § 1° do art. 16 da Lei n° 12.846/2013. É o que abaixo se percebe:

I – a pessoa jurídica seja a primeira a se manifestar sobre seu interesse em cooperar para a apuração do ato ilícito;

---

[15] "Art. 35-B. A União, por intermédio da SDE, poderá celebrar acordo de leniência, com a extinção da ação punitiva da administração pública ou a redução de um a dois terços da penalidade aplicável, nos termos deste artigo, com pessoas físicas e jurídicas que forem autoras de infração à ordem econômica, desde que colaborem efetivamente com as investigações e o processo administrativo e que dessa colaboração resulte: I – a identificação dos demais coautores da infração; e II – a obtenção de informações e documentos que comprovem a infração noticiada ou sob investigação. § 1° O disposto neste artigo não se aplica às empresas ou pessoas físicas que tenham estado à frente da conduta tida como infracionária. § 2° O acordo de que trata o caput deste artigo somente poderá ser celebrado se preenchidos, cumulativamente, os seguintes requisitos: I – a empresa ou pessoa física seja a primeira a se qualificar com respeito à infração noticiada ou sob investigação; II – a empresa ou pessoa física cesse completamente seu envolvimento na infração noticiada ou sob investigação a partir da data de propositura do acordo; III – a SDE não disponha de provas suficientes para assegurar a condenação da empresa ou pessoa física quando da propositura do acordo; e IV – a empresa ou pessoa física confesse sua participação no ilícito e coopere plena e permanentemente com as investigações e o processo administrativo, comparecendo, sob suas expensas, sempre que solicitada, a todos os atos processuais, até seu encerramento. § 3° O acordo de leniência firmado com a União, por intermédio da SDE, estipulará as condições necessárias para assegurar a efetividade da colaboração e o resultado útil do processo. § 4° A celebração de acordo de leniência não se sujeita à aprovação do CADE, competindo-lhe, no entanto, quando do julgamento do processo administrativo, verificado o cumprimento do acordo: I – decretar a extinção da ação punitiva da administração pública em favor do infrator, nas hipóteses em que a proposta de acordo tiver sido apresentada à SDE sem que essa tivesse conhecimento prévio da infração noticiada; ou II – nas demais hipóteses, reduzir de um a dois terços as penas aplicáveis, observado o disposto no art. 27 desta Lei, devendo ainda considerar na gradação da pena a efetividade da colaboração prestada e a boa-fé do infrator no cumprimento do acordo de leniência. § 5° Na hipótese do inciso II do parágrafo anterior, a pena sobre a qual incidirá o fator redutor não será superior à menor das penas aplicadas aos demais coautores da infração, relativamente aos percentuais fixados para a aplicação das multas de que trata o art. 23 desta Lei. § 6° Serão estendidos os efeitos do acordo de leniência aos dirigentes e administradores da empresa habilitada, envolvidos na infração, desde que firmem o respectivo instrumento em conjunto com a empresa, respeitadas as condições impostas nos incisos II a IV do § 2o deste artigo. § 7° A empresa ou pessoa física que não obtiver, no curso de investigação ou processo administrativo, habilitação para a celebração do acordo de que trata este artigo, poderá celebrar com a SDE, até a remessa do processo para julgamento, acordo de leniência relacionado a uma outra infração, da qual não tenha qualquer conhecimento prévio a Secretaria. § 8° Na hipótese do parágrafo anterior, o infrator se beneficiará da redução de um terço da pena que lhe for aplicável naquele processo, sem prejuízo da obtenção dos benefícios de que trata o inciso I do § 4o deste artigo em relação à nova infração denunciada. § 9° Considera-se sigilosa a proposta de acordo de que trata este artigo, salvo no interesse das investigações e do processo administrativo. § 10. Não importará em confissão quanto à matéria de fato, nem reconhecimento de ilicitude da conduta analisada, a proposta de acordo de leniência rejeitada pelo Secretário da SDE, da qual não se fará qualquer divulgação. § 11. A aplicação do disposto neste artigo observará a regulamentação a ser editada pelo Ministro de Estado da Justiça."

II – a pessoa jurídica cesse completamente seu envolvimento na infração investigada a partir da data de propositura do acordo;

III – a pessoa jurídica admita sua participação no ilícito e coopere plena e permanentemente com as investigações e o processo administrativo, comparecendo, sob suas expensas, sempre que solicitada, a todos os atos processuais, até seu encerramento".

A celebração do acordo de leniência poderá ser vantajosa para a pessoa jurídica de direito privado, pois a isentará das sanções previstas no inciso II do art. 6º e no inciso IV do art. 19, além de reduzir, em até 2/3 (dois terços), o valor da multa aplicável. Daí a grande importância e, no fundo, o grande estímulo para granjear a colaboração da iniciativa privada na obtenção de valiosas informações a respeito da higidez e controle das atividades estatais.

É imperioso atentar, todavia, para o fato de que o pacto de leniência não possui o condão de eximir a pessoa jurídica da obrigação de reparar integralmente o dano causado. Esta obrigação subsiste, em todo caso, até mesmo em atenção ao princípio da indisponibilidade do interesse público, o qual se manifesta como corolário do princípio da supremacia desse mesmo interesse.

Não se pode perder de vista, igualmente, que será preciso que o acordo contenha as condições necessárias para assegurar a efetividade da colaboração e o resultado útil do processo. Logo, a redação do instrumento do pacto de leniência precisa ser clara, espancando-se quaisquer dúvidas a respeito de tais condições, eis que sumamente importantes para atingir-se o fim colimado pela norma.

Os efeitos do pacto, conforme estabelece o § 5º, serão estendidos às pessoas jurídicas que integram o mesmo grupo econômico (de fato e de direito), desde que todas, observadas as condições nele estabelecidas, o entabulem coletivamente. Também é bom esclarecer que a proposta de acordo somente poderá se tornar pública após a ultimação do próprio ajuste, exceto se o for no interesse do processo administrativo e das investigações. Por ainda não possuir validade jurídica, a rejeição do pacto não importa no reconhecimento da prática do ato ilícito investigado.

Sendo descumprido o acordo, será imposta à pessoa jurídica a impossibilidade de celebrar novo ajuste pelo prazo de três anos. Cabe realçar que a celebração do pacto conduz, dentre outras consequências, à interrupção do prazo prescricional dos respectivos atos ilícitos.

Cabe assinalar, aliás, que o art. 25 estabelece que o prazo prescricional das infrações previstas na norma é de 5 (cinco) anos, tendo como ponto de partida a data da ciência da infração ou, no caso de infração permanente ou continuada, o dia em que a mesma tiver se encerrado. É o que abaixo se denota:

Art. 25. Prescrevem em 5 (cinco) anos as infrações previstas nesta Lei, contados da data da ciência da infração ou, no caso de infração permanente ou continuada, do dia em que tiver cessado.

Parágrafo único. Na esfera administrativa ou judicial, a prescrição será interrompida com a instauração de processo que tenha por objeto a apuração da infração.

O *compliance* como instrumento de prevenção e combate à corrupção

No âmbito do Poder Executivo federal, a até então denominada Controladoria-Geral da União – CGU –, atualmente Ministério da Transparência, vem a ser o órgão competente para celebrar pactos de leniência, bem como no caso de atos lesivos praticados contra entes públicos típicos do Direito Internacional.

Uma crítica ao instituto, máxime quanto ao seu raio de alcance subjetivo, interliga-se à inexistência de previsão normativa específica para aplicar-se o acordo de leniência às pessoas naturais. Ora, se a pessoa jurídica, como visto alhures, vem a ser mera ficção legal, não parece correto obstar-se um particular, pessoa física, de valer-se dos benefícios típicos concernentes a tal pacto.

Sem a extensão dos efeitos do acordo de leniência às pessoas naturais, a confissão do ato lesivo (que pode até mesmo ser vantajosa para a pessoa jurídica) será extremamente gravosa às pessoas físicas. Neste ponto, segundo Marcelo Rego Magalhães, "é curioso observar que, quanto mais colaborar o dirigente ou administrador, mais reduzida ficará eventual sanção pecuniária a ser imputada à pessoa jurídica, e mais implicado ficará o delator na esfera criminal".[16]

Em suma, e aquiescendo com Marina Caetano Sarraf Galrão,[17] a Lei Anticorrupção, ao dispor sobre a possibilidade de celebração do acordo de leniência, estabelece requisitos de ordem objetiva e subjetiva, bem como os resultados a serem alcançados. Teria, por isso, a seguinte estrutura lógica (HEINEN, 2015, p. 241):

(a) REQUISITOS DE ORDEM SUBJETIVA

Artigo 16 *caput.*
(a1) ser celebrado por autoridade competente
(a2) que esta autoridade expressamente manifeste vontade
+
(b) REQUISITOS DE ORDEM SUBJETIVA
(artigo 16, §1º, incisos I a III)
(b1) a pessoa jurídica seja a primeira a se manifestar sobre seu interesse em cooperar para a apuração do ato ilícito;
(b2) a pessoa jurídica cesse, completamente, a partir da data da propositura do acordo, seu envolvimento na infração investigada;
(b3) a pessoa jurídica admita sua participação no ilícito, e coopere plena e permanentemente com as investigações e o processo administrativo, comparecendo, sob suas expensas, sempre que solicitada, a todos os atos processuais, até seu encerramento.
+
RESULTADOS A SEREM ALCANÇADOS
(art. 16, incisos I a II)

---

[16] MAGALHÃES, João Marcelo Rego. Aspectos relevantes da Lei Anticorrupção empresarial brasileira (Lei nº 12.846/2013). Disponível em: <https://www.tce.ce.gov.br/edicoes/revista-controle-volume-xi-n-2-dezembro-2013/send/211-revista-controle-volume-xi-n-2-dezembro-2013/2306-edicao-completa>. Acesso em: 10 jun. 2017.

[17] GALRÃO, Marina Caetano Sarraf. Acordo de leniência: Lei nº 12.846/2013 e Decreto Federal nº 8.420/2015. Revista Brasileira de Estudos da Função Pública – RBEFP, Belo Horizonte, ano 6, n. 16, jan./abr. 2017. Disponível em: <http://www.bidforum.com.br/PDI0006.aspx?pdiCntd=247336>. Acesso em: 29 jun. 2017.

(c1) a colaboração deve resultar na identificação dos demais envolvidos na infração, quando couber; e

(c2) a colaboração deve resultar na obtenção célere de informações e documentos que comprovem o ilícito sob apuração.

Enfim, somente com o preenchimento cumulativo de todos os requisitos acima enunciados é que se abrirá a janela de oportunidade para celebrar-se o acordo de leniência. Caso contrário, estar-se-ia promovendo e estimulando a prática do ilícito, amainando-se sanções sem a plena identificação dos demais envolvidos e, pior, sem a obtenção de provas capazes de puni-los.

2.4.1. Licitações públicas e o acordo de leniência

Dada a sua relevância, cabe, inicialmente, transcrever o artigo 17 para, após, tecer os devidos comentários:

> Art. 17. A administração pública poderá também celebrar acordo de leniência com a pessoa jurídica responsável pela prática de ilícitos previstos na Lei nº 8.666, de 21 de junho de 1993, com vistas à isenção ou atenuação das sanções administrativas estabelecidas em seus arts. 86 a 88.

Como se percebe, nesta passagem a Lei Anticorrupção faz expressa referência a três dispositivos normativos da lei de licitações públicas, a saber os artigos 86 a 88.[18] Agiu bem o legislador neste trecho da norma, pois uma lei de caráter especial, na sociedade burocrática e complexa em que se transformou o Brasil, dificilmente deixará de ter implicações noutras searas do Direito.

Aliás, sempre será preferível que o próprio legislador, valendo-se de boas técnicas legislativas, estabeleça os impactos da criação de uma nova lei no

---

[18] Art. 86. O atraso injustificado na execução do contrato sujeitará o contratado à multa de mora, na forma prevista no instrumento convocatório ou no contrato. § 1º A multa a que alude este artigo não impede que a Administração rescinda unilateralmente o contrato e aplique as outras sanções previstas nesta Lei. § 2º A multa, aplicada após regular processo administrativo, será descontada da garantia do respectivo contratado. § 3º Se a multa for de valor superior ao valor da garantia prestada, além da perda desta, responderá o contratado pela sua diferença, a qual será descontada dos pagamentos eventualmente devidos pela Administração ou ainda, quando for o caso, cobrada judicialmente. Art. 87. Pela inexecução total ou parcial do contrato a Administração poderá, garantida a prévia defesa, aplicar ao contratado as seguintes sanções: I – advertência; II – multa, na forma prevista no instrumento convocatório ou no contrato; III – suspensão temporária de participação em licitação e impedimento de contratar com a Administração, por prazo não superior a 2 (dois) anos; IV – declaração de inidoneidade para licitar ou contratar com a Administração Pública enquanto perdurarem os motivos determinantes da punição ou até que seja promovida a reabilitação perante a própria autoridade que aplicou a penalidade, que será concedida sempre que o contratado ressarcir a Administração pelos prejuízos resultantes e após decorrido o prazo da sanção aplicada com base no inciso anterior. § 1º Se a multa aplicada for superior ao valor da garantia prestada, além da perda desta, responderá o contratado pela sua diferença, que será descontada dos pagamentos eventualmente devidos pela Administração ou cobrada judicialmente. § 2º As sanções previstas nos incisos I, III e IV deste artigo poderão ser aplicadas juntamente com a do inciso II, facultada a defesa prévia do interessado, no respectivo processo, no prazo de 5 (cinco) dias úteis. § 3º A sanção estabelecida no inciso IV deste artigo é de competência exclusiva do Ministro de Estado, do Secretário Estadual ou Municipal, conforme o caso, facultada a defesa do interessado no respectivo processo, no prazo de 10 (dez) dias da abertura de vista, podendo a reabilitação ser requerida após 2 (dois) anos de sua aplicação. Art. 88. As sanções previstas nos incisos III e IV do artigo anterior poderão também ser aplicadas às empresas ou aos profissionais que, em razão dos contratos regidos por esta Lei: I – tenham sofrido condenação definitiva por praticarem, por meios dolosos, fraude fiscal no recolhimento de quaisquer tributos; II – tenham praticado atos ilícitos visando a frustrar os objetivos da licitação; III – demonstrem não possuir idoneidade para contratar com a Administração em virtude de atos ilícitos praticados.

restante do direito positivo em vigor, ao invés de deixar, complacentemente, tal tarefa ao talante do intérprete, por melhor qualificado que seja.

De toda sorte, a redação do art. 17 protege não somente as licitações propriamente ditas, como também os contratos administrativos celebrados com os vencedores dos certames licitatórios, possibilitando que o pacto de leniência seja, ao mesmo tempo, celebrado nas hipóteses dos arts. 86 a 88 da lei de licitações públicas.

2.5. Da responsabilização judicial

Ao lado da responsabilização administrativa, a Lei Anticorrupção faz expressa menção à responsabilização judicial. Obviamente, mesmo que não o fizesse, o princípio da inafastabilidade da jurisdição (art. 5º, XXXV) cuidaria de trazer, fatalmente, o Poder Judiciário para o centro do microssistema legislativo criado pela Lei Anticorrupção.

Dito isto, a redação do artigo 18 apenas positiva o óbvio:

Art. 18. Na esfera administrativa, a responsabilidade da pessoa jurídica não afasta a possibilidade de sua responsabilização na esfera judicial.

O dispositivo seguinte, a saber, o artigo 19, confere legitimidade ativa, em razão da prática de atos previstos no art. 5º da Lei, à União, aos Estados, ao Distrito Federal e aos Municípios, por meio das respectivas Advocacias Públicas ou órgãos de representação judicial, ou equivalentes, e ao Ministério Público, para ajuizar ação com vistas à aplicação de sanções (as quais poderão ser aplicadas de forma isolada ou cumulativa) às pessoas jurídicas infratoras.

É interessante transcrever, neste passo, quais as sanções previstas no mesmo dispositivo legal:

I – perdimento dos bens, direitos ou valores que representem vantagem ou proveito direta ou indiretamente obtidos da infração, ressalvado o direito do lesado ou de terceiro de boa-fé;

II – suspensão ou interdição parcial de suas atividades;

III – dissolução compulsória da pessoa jurídica;

IV – proibição de receber incentivos, subsídios, subvenções, doações ou empréstimos de órgãos ou entidades públicas e de instituições financeiras públicas ou controladas pelo poder público, pelo prazo mínimo de 1 (um) e máximo de 5 (cinco) anos".

Não se poderia deixar de fazer um comentário adicional a respeito da dissolução compulsória da pessoa jurídica. Prevista no inciso III, *caput*, do artigo 19, assim como em seu § 1º, a dissolução da pessoa jurídica, seguramente uma sanção extrema, somente poderá ser adotada quando se comprovar:

I – ter sido a personalidade jurídica utilizada de forma habitual para facilitar ou promover a prática de atos ilícitos; ou

II – ter sido constituída para ocultar ou dissimular interesses ilícitos ou a identidade dos beneficiários dos atos praticados.

Ainda sobre o papel do Ministério Público e dos órgãos de advocacia pública dos entes federados, cabe acentuar que o §4º destaca que os mesmos poderão "requerer a indisponibilidade de bens, direitos ou valores necessários à garantia do pagamento da multa ou da reparação integral do dano causado, conforme previsto no art. 7º, ressalvado o direito do terceiro de boa-fé".

De mais a mais, as ações ajuizadas pelo *parquet* poderão ter como pedido a aplicação das sanções previstas no art. 6º da Lei Anticorrupção, dentre outras, caso comprovada "a omissão das autoridades competentes para promover a responsabilização administrativa".

Tais demandas seguirão o rito adotado na lei da ação civil pública de responsabilidade por danos causados ao meio ambiente, ao consumidor, a bens e direitos de valor artístico, estético, histórico, turístico e paisagístico (Lei nº 7.347, de 24 de julho de 1985), sendo que, de acordo com o parágrafo único do art. 21, a condenação tornará *"certa a obrigação de reparar, integralmente, o dano causado pelo ilícito, cujo valor será apurado em posterior liquidação, se não constar expressamente da sentença"*.

2.6. Responsabilidade da autoridade competente que se tornar omissa após tomar conhecimento das infrações previstas na Lei Anticorrupção

Dispõe o art. 27 da Lei Anticorrupção:

Art. 27. A autoridade competente que, tendo conhecimento das infrações previstas nesta Lei, não adotar providências para a apuração dos fatos será responsabilizada penal, civil e administrativamente nos termos da legislação específica aplicável.

Percebe-se, aqui, um genuíno esforço do legislador para incluir, na guerra contra a corrupção, os gestores e/ou autoridades integrantes da Administração Pública. Cientes da prática ilícita, não poderão, sob pena de incidir em graves responsabilidades (notadamente penal, civil e administrativa), deixar de adotar providências para a apuração dos fatos.

3. Conclusões

O Direito Administrativo coordena-se, basicamente, pelos princípios norteadores da atividade administrativa, especialmente os da legalidade, impessoalidade, publicidade, moralidade e eficiência e razoabilidade. Expressos ou não na Constituição Federal, máxime em seu artigo 37, *caput*, prestam-se como verdadeiras bússolas da atividade estatal, alçando particular relevo quando da análise da Lei Anticorrupção.

Neste cenário, de obediência aos princípios constitucionais de regência da Administração Pública, a Lei Anticorrupção assemelha-se, em uma imagem confessadamente metafórica, a uma orquestra sinfônica cujas notas musicais foram cuidadosamente eleitas para brindar cada um desses princípios. Em outra figura de linguagem, gera um efeito sinestésico, a saber, de um salutar aroma em meio à cerrada e densa atmosfera envolta à temática da corrupção.

Enfim, o objetivo central do presente estudo não era, necessariamente, o exame minucioso do vastíssimo tema "corrupção". Ao invés disso, primou-se pela análise "suficiente", ou seja, dos principais pontos utilizados para moldar a conclusão final de forma silogística.

As sanções estabelecidas na Lei Anticorrupção são exemplares, e passam ao largo da possibilidade de ser consideradas como draconianas. Ao mesmo tempo em que penaliza, a lei abre janelas para dialogar com a sociedade, tal como se vê pela análise do pré-falado "acordo de leniência". Não bastasse isso, estimula a criação de programas de *compliance*, inserindo o país no seleto grupo de nações capitalistas que procuram conferir ética às atividades empresariais.

Espera-se, assim, que o escopo maior da lei se cumpra, a saber, a eliminação (dentro de um quadro filosófico próximo à utopia real) ou, ao menos, o decréscimo desta patologia social – a corrupção –, que ganha proporções devastadoras nos países subdesenvolvidos, deturpando autoridades públicas e agentes privados. É, enfim, um poderoso instrumento para que as políticas públicas voltem para o seu leito natural, seguindo águas eficientes, escorreitas e voltadas para guiar o Brasil na direção de um futuro de paz e prosperidade.

Bibliografia básica

BITTENCOURT, Sidney. *Comentários à Lei Anticorrupção* – Lei 12.846/2013. São Paulo: Revista dos Tribunais, 2014.

CARVALHO, Mônica Rocha de. *Medidas de Valor e de Mercado*. Fundação Dom Cabral: Programa de Desenvolvimento em Governança Corporativa. Seminário proferido nos dias 24 e 25 de Jan. de 2014 – São Paulo/SP.

CAPANEMA, Renato de Oliveira. *Lei Anticorrupção Empresarial* – Aspectos Críticos à Lei nº 12.846/2013. Belo Horizonte: Fórum, 2014.

CAMES, Orlando Esteven. A Nova Lei Anticorrupção. *Revista Síntese Direito Administrativo,* São Paulo, ano VIII, n. 93, set. 2013, p. 14.

DWORKIN, Ronald. *O Império do Direito.* São Paulo: Martins Fontes, 2007.

FELDENS, Luciano. Impactos da Lei Anticorrupção. Valorações à parte, entramos na era da privatização da investigação. *Revista Síntese Direito Administrativo*, São Paulo, ano VIII, n. 93, set. 2013, p. 9.

FREITAS, Rafael Véras de. O combate aos cartéis das licitações: visando à Copa do Mundo de 2014 e as Olimpíadas de 2016. *Revista de Direito Público da Economia – RDPE*, Belo Horizonte, ano 9, n. 33, p. 169-204, jan./mar.2011.

HART, Herbert L.A. *O Conceito de Direito.* Lisboa: Fundação Calouste Gulbenkian, 1994, 3ª edição.

HEINEN, Juliano. *Comentários à Lei Anticorrupção* – Lei nº 12.846/2013. Belo Horizonte: Fórum, 2015.

MARQUES NETO, Floriano de Azevedo; CYMBALISTA, Tatiana Matiello. Os acordos substitutivos do procedimento sancionatório e da sanção. *Revista Brasileira de Direito Público – RBDP*, Belo Horizonte, ano 8, n. 31, p.51-68, out./dez./2010.

MOREIRA NETO, Diogo de Figueiredo. *Curso de Direito administrativo*: parte introdutória, parte geral e parte especial. 15. ed. Rio de Janeiro: Forense, 2009.

——. FREITAS, Rafael Véras de. *A juridicidade da Lei Anticorrupção* – Reflexões e interpretações prospectivas. Fórum Administrativo – FA, Belo Horizonte, ano 14, n. 156, p. 1-157, fev. 2014.

——; GARCIA, Flávio Amaral. A Principiologia do Direito Administrativo Sancionador. *Revista Brasileira de Direito Público – RBDP*, Belo Horizonte, ano 11, n. 43. p. 9-28, out./dez.2013.

PACHECO, Mariana Pimentel Fischer. Lei Anticorrupção estimula redes de Governança. *Revista Síntese Direito Administrativo*, São Paulo, ano VIII, n. 93, set. 2013, p. 13.

SARDENBERG, Dalton. *O cenário e estrutura da Governança Corporativa*. Fundação Dom Cabral: Programa de Desenvolvimento em Governança Corporativa. Seminário proferido nos dias 24 e 25 de Jan. de 2014 – São Paulo/SP.

SIDOU, José Maria Othon. *Dicionário Jurídico da Academia Brasileira de Letras Jurídicas*. 6 ed., Rio de Janeiro: Forense, 2000.

SÍTIOS DA INTERNET CONSULTADOS:

CORRÊA, Rogerio Cesar Mateus. Lei 12.846/2013 – Lei Anticorrupção. Jus Navigandi, Teresina, ano 18, n. 3833, 29 dez. 2013. Disponível em: <http://jus.com.br/artigos/26245>. Acesso em: 10 jun. 2017.

COUTO, Camilo José D'Ávila. Sociedades empresárias e o acordo de leniência. Revista de Direito Empresarial – RDEmp, Belo Horizonte, ano 14, n. 01, jan./abr. 2017. Disponível em: <http://www.bidforum.com.br/PDI0006.aspx?pdiCntd=247155>. Acesso em: 29 jun. 2017.

GALRÃO, Marina Caetano Sarraf. Acordo de leniência: Lei nº 12.846/2013 e Decreto Federal nº 8.420/2015. Revista Brasileira de Estudos da Função Pública – RBEFP, Belo Horizonte, ano 6, n. 16, jan./abr. 2017. Disponível em: <http://www.bidforum.com.br/PDI0006.aspx?pdiCntd=247336>. Acesso em: 29 jun. 2017.

LESSA, Sebastião José; LESSA, Raphael Pereira. Lei Anticorrupção – Lei nº 12.846/2013. Dispõe sobre a responsabilização objetiva administrativa e civil de pessoas jurídicas pela prática de atos contra a Administração Pública, nacional ou estrangeira. Meio legal de obtenção de prova. Medida judicial – busca e apreensão. Suspensão do ato ou processo objeto da investigação. Desconsideração da personalidade jurídica. Indisponibilidade de bens, direitos e valores. Comunicação ao Ministério Público. Imputação e defesa. Direito de defesa das pessoas jurídicas e das pessoas naturais. (...). Fórum de Contratação e Gestão Pública – FCGP, Belo Horizonte, ano 16, n. 183, mar. 2017. Disponível em: <http://www.bidforum.com.br/PDI0006.aspx?pdiCntd=247063>. Acesso em: 29 jun. 2017.

MAGALHÃES, João Marcelo Rego. Aspectos relevantes da Lei Anticorrupção empresarial brasileira (Lei nº 12.846/2013). Disponível em: <https://www.tce.ce.gov.br/edicoes/revista-controle-volume-xi-n-2-dezembro-2013/send/211-revista-controle-volume-xi-n-2-dezembro-2013/2306-edicao-completa>. Acesso em: 10 jun. 2017.

MARRARA, Thiago. Lei Anticorrupção permite que inimigo vire colega. Disponível em: <http://www.conjur.com.br/2013-nov-15/thiago-marrara-lei-anticorrupcao-permite-inimigo-vire-colega>. Acesso em: 20 jun. 2017.

NASCIMENTO, Melillo Dinis do. O controle da corrupção no Brasil e a Lei nº 12.846/2013 – Lei Anticorrupção. Revista Brasileira de Direito Municipal – RBDM, Belo Horizonte,ano 17, n. 60, abr./jun. 2016. Disponível em: <http://www.bidforum.com.br/PDI0006.aspx?pdiCntd=240517>. Acesso em: 28 jun. 2017.

PACHECO, Mariana. Lei Anticorrupção estimula redes de governança. Disponível em: <http://www.conjur.com.br/2013-ago-15/mariana-pacheco-lei-anticorrupcao-estimula-formacao-redes-governanca>. Acesso em: 15 jun. 2017.

Revista Veja. Disponível em: <http://veja.abril.com.br/noticia/brasil/lei-anticorrupcao-ainda-aguarda-regulamentacao>. Acesso em: 22 jun. 2017.

SILVEIRA, Daniel Barile da; SILVA, Tiago Nunes da. Algumas reflexões sobre aplicabilidade da Lei nº 12.846/2013 (Lei Anticorrupção) em relação às empresas estatais. Interesse Público – IP, Belo Horizonte, ano 19, n. 103, maio/jun. 2017. Disponível em: <http://www.bidforum.com.br/PDI0006.aspx?pdiCntd=247795>. Acesso em: 29 jun. 2017.

TRANSPARÊNCIA Internacional. Disponível em: <https://www.transparency.org/what-is-corruption/>. Acesso em: 22 jun. 2017.

— 6 —

Compliance e Lei Anticorrupção – importância de um programa de integridade no âmbito corporativo e setor público

CARLO HUBERTH LUCHIONE

CLAUDIO CARNEIRO

Colaboradores: **Juliana Villas Boas** e **João Gabriel Menezes Costa Melo**

Advogados da Luchione Advogados

Sumário: 1. O *compliance* no ambiente corporativo; 2. O *compliance* na administração pública e a Lei 13.303/16; 2.1. Boa governança no setor público; 2.2. A Lei 13.303/16; Referências.

1. O *compliance* no ambiente corporativo

Em 1997, a OCDE (Organização para a Cooperação Econômica e o Desenvolvimento),[1] através da Convenção sobre o Combate da Corrupção de Funcionários Públicos Estrangeiros em Transações Comerciais Internacionais, determinou que em todos os Estados signatários passasse a ser delito criminal o oferecimento, a promessa ou a doação de vantagem pecuniária ou de outra natureza indevida a um funcionário público estrangeiro, direta ou indiretamente, no intuito de que, por meio de ação ou omissão no desempenho de suas funções oficiais, esse funcionário realize ou dificulte transações ou obtenha outras vantagens ilícitas na condução de negócios internacionais.

---

[1] A OCDE – Organização Para a Cooperação e Desenvolvimento Econômico –, tem sede em Paris, França, e é uma organização internacional composta de diversos países considerados desenvolvidos, que tem como objetivo a pesquisa e estudos para o aperfeiçoamento das políticas públicas nas mais diversas áreas e à troca de experiências entre países-membros e parceiros, permitindo que os especialistas governamentais possam se encontrar com suas contrapartes de outros países-membros ou associados para comparar as políticas públicas em cada área com as melhores práticas disponíveis internacionalmente. A cooperação entre o Brasil e a OCDE vem ganhando densidade em um amplo conjunto de temas, entre eles o combate à corrupção, conduta empresarial responsável e governança corporativa.

O compliance como instrumento de prevenção e combate à corrupção

O Brasil foi signatário da Convenção, que se tornou um marco internacional na área de prevenção e repressão ao delito de corrupção, tendo sido ratificada e promulgada em nosso país no ano 2000. Porém, apenas em 2013 foi sancionada a Lei Anticorrupção brasileira (Lei 12.846),[2] passando a vigorar a partir de janeiro de 2014 com muitas polêmicas, pois foi sancionada a toque de caixa em meio aos protestos de grande mobilização no país, só vistos anteriormente quando do *impeachment* do então Presidente Fernando Collor de Mello, fazendo com que tivesse críticas de todos os setores, até que sobreveio a regulamentação, através do Decreto 8.420/2015, precedida de uma Medida Provisória (MP 703) que não chegou a virar Lei, perdendo sua eficácia.[3]

Conhecida também como Lei da Empresa Limpa, a Lei Anticorrupção brasileira preencheu uma lacuna legislativa consistente na responsabilização objetiva das pessoas jurídica, administrativa e judicial, que vão desde pesadas multas no âmbito administrativo, que podem chegar ao patamar de 20% sobre o faturamento bruto do ano anterior à prática da corrupção, até a extinção da empresa no âmbito judicial, além da proibição de transacionar com a administração pública por até cinco anos, e de ter o nome da empresa incluído no CNEP – Cadastro Nacional de Empresas Punidas –[4] e no CEIS – Cadastro de Empresas Inidôneas e Suspensas –,[5] o que significa, em muitos casos, a quebra da Empresa.

Temos hoje, nos notórios processos da denominada Operação "Lava Jato", diversas empresas já em processo de responsabilização administrativa e judicial, tendo, até o momento, sido declaradas inidôneas 6 (seis) empresas, entre elas uma grande construtora, em razão de Processo Administrativo de Responsabilização (PAR)[6] aberto pela CGU, e diversas outras negociando eventuais acordos de leniência para não incorrerem nas pesadas sanções cíveis e administrativas impostas pela Lei Anticorrupção.

O principal fator de redução das sanções está previsto no Decreto 8.420/15, em seu art. 18, inciso V,[7] e é justamente a existência de um programa efetivo

---

[2] A Lei 12.846/2013 é originária do Projeto de Lei 6.826/2010, gestado pela CGU – Controladoria-Geral da União – e encaminhado pela Chefia do Poder Executivo Federal para a Câmara dos Deputados em 18 de fevereiro de 2010.

[3] A Medida Provisória 703/2015, que modificou as regras para os acordos de leniência entre a administração pública e empresas acusadas de cometer irregularidades, teve o prazo de tramitação encerrado no dia 29 de maio de 2016. O ato declaratório do Congresso Nacional que comunica a perda de validade foi publicado no dia 31 de maio de 2016.

[4] O Cadastro Nacional de Empresas Punidas (CNEP) é um banco de informações mantido pela Controladoria-Geral da União (CGU) que tem como objetivo consolidar a relação das empresas que sofreram qualquer das punições previstas na Lei nº 12.846/2013 (Lei Anticorrupção).

[5] O Cadastro Nacional de Empresas Inidôneas e Suspensas (CEIS) é um banco de informações mantido pela Controladoria-Geral da União que tem como objetivo consolidar a relação das empresas e pessoas físicas que sofreram sanções das quais decorra como efeito restrição ao direito de participar em licitações ou de celebrar contratos com a Administração Pública.

[6] Publicado no Diário Oficial de 28/04/2016. PAR nº 00190.025826/201403.

[7] Decreto 8.420/15 – Art. 18. Do resultado da soma dos fatores do art. 17 serão subtraídos os valores correspondentes aos seguintes percentuais do faturamento bruto da pessoa jurídica do último exercício anterior ao da instauração do PAR, excluídos os tributos: V – um por cento a quatro por cento para comprovação de

de *Compliance* (ou de Integridade), sendo que o percentual a ser atenuado dependerá se este programa já existia na empresa, e com qual efetividade, ou se estava em implantação quando da descoberta do ilícito.

Embora o programa de integridade não tenha obrigatoriedade legal de ser implantado nas empresas, em que pese a sua existência de forma efetiva incorrer na redução de percentual das sanções impostas pela Lei 12.846/13, ele se torna obrigatório nos casos em que são feitos acordos de leniência junto aos órgãos competentes, pois é exigido para a celebração do acordo que as empresas passem a atuar dentro de padrões de integridade e *Compliance*.

Acrescidas a todas essas gravíssimas consequências administrativas e cíveis para as empresas que incorrerem em algum dos atos lesivos elencados na Lei Anticorrupção,[8] e em que pese esta não ser uma Lei penal, há nela diversas implicações de natureza penal, uma vez que a responsabilização objetiva da pessoa jurídica acontece em razão de ilícitos cometidos justamente pelas pessoas físicas, da alta direção da empresa ou colaboradores, que cometem crimes ligados a corrupção, licitação fraudulenta, contra a ordem econômica, entre outras fraudes que envolvem o mundo corporativo.

A criação do Programa Integral de *Compliance* e de Prevenção a atos de Corrupção e de Lavagem de Dinheiro precisa estar adequada às exigências impostas na legislação nacional, sobretudo pelas modificações legislativas promovidas pela Lei nº 12.683/2013 na Lei nº 9.613/1998, que dispõe sobre Crimes de Lavagem de Dinheiro,[9] e pela Lei nº 12.846/13 e seu Decreto regulamentador nº 8.420/15, bem como pelas regras internacionais de prevenção a atos de corrupção estabelecidas pelo FCPA – *Foreign Corrupt Practices Act* (Lei de Prevenção à Corrupção Estrangeira, do Departamento de Justiça dos Estados Unidos),[10] devendo balizar também com as regras da ABNT – Associação Brasileira de Normas Técnicas –,[11] que publicou a ISO 19.600 (Diretrizes

---

[8] Constituem atos lesivos à administração pública, nacional ou estrangeira, os elencados no art. 5º da Lei 12.846/13.

[9] Foi publicada no dia 09/07/2012 a Lei 12.683/12, que alterou os dispositivos da Lei de Lavagem de Dinheiro – Lei 9613/98. Uma das principais novidades introduzidas pela nova lei se refere aos crimes antecedentes. Antes da modificação legislativa, o crime de lavagem de dinheiro estava vinculado a um rol taxativo de infrações penais, então previstas nos incisos do art. 1º, o que acabava por engessar a atuação do Ministério Público em casos não previstos pela Lei. Com a alteração ficou determinado ainda que determinadas pessoas jurídicas "deverão adotar políticas, procedimentos e controles internos", ou seja, um programa de *Compliance* Antilavagem.

[10] O *Foreign Corrupt Practices Act* (FCPA) é uma lei federal norte-americana, promulgada em 1977, que visa a combater a corrupção transnacional por determinadas pessoas ou entidades relacionadas aos EUA. O FCPA possui duas disposições principais: as disposições Contábeis e as disposições Antissuborno. A primeira trata dos requisitos de transparência contabilística sob a Lei de Valores Mobiliários de 1934, e a segunda torna ilegal o pagamento de propinas a funcionários públicos estrangeiros com a finalidade de obtenção ou manutenção de negócios.

[11] A Associação Brasileira de Normas Técnicas (ABNT) é o órgão responsável pela normalização técnica no Brasil, fornecendo insumos ao desenvolvimento tecnológico brasileiro. Trata-se de uma entidade privada e sem fins lucrativos e de utilidade pública, fundada em 1940.

a pessoa jurídica possuir e aplicar um programa de integridade, conforme os parâmetros estabelecidos no Capítulo IV.

de Sistema de Gestão de *Compliance*, cuja matriz foi elaborada em parceria com o IBC – Instituto Brasileiro de *Compliance*[12]) e a ABNT NBR ISO 37.001 (Diretrizes de Sistema de Gestão Antissuborno), além das próprias diretrizes definidas pela CGU – Controladoria-Geral da União.[13]

Dessa forma, as empresas que possuírem e aplicarem um programa de *Compliance*, além de trazer credibilidade reputacional, estarão aptas a disputar com as melhores práticas nos mercados nacional e internacional, que hoje exigem transparência e conformidade com a legislação e os regulamentos vigentes, trazendo um ambiente mais propício à realização de negócios de forma íntegra.

2. O *compliance* na administração pública e a Lei 13.303/16

Inicialmente, pode causar estranheza associar o *Compliance* com a Administração Pública enquanto destinatária de tais normas, pois teoricamente este instituto teria nascido para adequar as sociedades (empresas) privadas à conformidade legislativa vigente. Ocorre que essa visão é equivocada, pois o Poder Público não só deve se submeter à legislação em comento, como deve dar o exemplo de boa-fé, legalidade e boa governança.

A corrupção vem assolando o mundo moderno, em especial o Brasil. Esse cenário vem exigindo uma mudança comportamental por parte das empresas e não poderia ser diferente com o Poder Público. Nesse sentido, nasceram no Brasil as normas antissuborno e anticorrupção, e no caso específico das "estatais", a Lei 13.303, editada no ano de 2016, dispondo sobre o estatuto jurídico da empresa pública, da sociedade de economia mista e de suas subsidiárias, abrangendo todas as empresas que pertençam à União, aos Estados, ao Distrito Federal e aos Municípios e que explorem atividade econômica de produção ou comercialização de bens ou de prestação de serviços, ainda que a atividade econômica esteja sujeita ao regime de monopólio da União, ou seja, de prestação de serviços públicos essenciais. Ademais, tais medidas visam a evitar, detectar e sanar qualquer tipo de desvio, seja um ato ilícito, fraudes ou simplesmente irregularidades administrativas que estejam em desconformidade com o novo modelo de combate à corrupção e ao suborno.

É bem verdade que a Constituição da República de 1988 já trazia expressamente em seu artigo 37 os princípios que regem a Administração Pública, isto é, a legalidade, a impessoalidade, a moralidade, a publicidade e a eficiência. Além desses, outros princípios também influenciam direta ou indiretamente o

---

[12] O IBC – Instituto Brasileiro de Compliance – foi criado em 2016 com o objetivo de assumir a liderança nacional no fomento da cultura de *Compliance* no Brasil, através da disseminação das regras de integridade e ética voltadas ao universo corporativo e instituições públicas (http://www.ibcompliance.com.br).

[13] A CGU – Controladoria-Geral da União – mantém em seu *site* oficial as Diretrizes para um Programa de Integridade para Empresas Privadas (http://www.cgu.gov.br/Publicacoes/etica-e-integridade/arquivos/programa-de-integridade-diretrizes-para-empresas-privadas.pdf).

Poder Público, como por exemplo, a ética, a transparência e a integridade. Não é à toa que o Sistema de Gestão de *Compliance* também é chamado de Programa de Integridade.

2.1. Boa governança no setor público

Ao longo de décadas, presenciamos escândalos que culminaram de diversas formas, mas em todos eles o dinheiro público foi o principal alvo. A História mundial fez com que diversos países passassem a se preocupar com aspectos relacionados à governança. Nesse contexto, várias Organizações Internacionais entraram em cena com o objetivo de promover a Boa Governança, como, por exemplo, o Banco Mundial e o Fundo Monetário Internacional (FMI).

No Brasil, ainda que tardiamente,[14] o interesse pelo tema surgiu com mais intensidade sobre o setor privado. Contudo, percebeu-se que o interesse pela Governança Corporativa tinha que partir do próprio setor público onde foram detectados diversos "ralos de corrupção". Dessa forma, tanto no setor público quanto no privado, passaram a existir iniciativas de melhoria da governança.

A ideia de governança pública se originou da governança corporativa *(corporate governance)*. Segundo a Organização para Cooperação e Desenvolvimento Econômico (OECD), a governança corporativa é definida como o conjunto de relações entre a administração de uma empresa, seu conselho de administração, seus acionistas e outras partes interessadas. Significa dizer que é um conjunto de práticas que têm por objetivo regular a administração e o controle das instituições. O Instituto Brasileiro de Governança Corporativa (IBGC) define:[15]

> Governança Corporativa é o sistema pelo qual as organizações são dirigidas, monitoradas e incentivadas, envolvendo os relacionamentos entre proprietários, conselho de administração, diretoria e órgãos de controle. As boas práticas de governança corporativa convertem princípios em recomendações objetivas, alinhando interesses com a finalidade de preservar e otimizar o valor da organização, facilitando seu acesso ao capital e contribuindo para a sua longevidade.

A lei brasileira em comento trouxe, como um de seus pilares, normas sobre a Boa Governança por parte da Administração Pública em todas as esferas de Governo (Federal, Estadual e Municipal). Como já visto, a palavra *Governança* deriva do termo *Governo* e pode ter várias interpretações, dependendo do enfoque que lhe é dado. Dessa forma, deixamos consignado, desde já, que adotamos o contexto de Governança como observância das normas de boa con-

---

[14] Em 2001, foi publicada a Lei 10.303/2001, que alterou a Lei 6.404/76 (sociedades por ações), buscando reduzir riscos ao investidor minoritário e garantir sua participação no controle da empresa. Da mesma forma, em 2002, a Comissão de Valores Mobiliários (CVM) publicou recomendações sobre governança. No mesmo período, no âmbito internacional, foram publicados em 2001 pela *International Federation of Accountants* textos sobre Boa Governança no setor público. Em 2003, foi publicado pela *Australian National Audit Office* o Guia de melhores práticas para a governança no setor público, ratificando os princípios dispostos pelo diploma anterior da IFAC, acrescentando a liderança, o compromisso e a integração.

[15] Instituto Brasileiro de Governança Corporativa – IBGC. Código das melhores práticas de governança corporativa. 4. ed. Instituto Brasileiro de Governança Corporativa. São Paulo: IBGC, 2009.

duta para a Administração Pública, bem com o respeito às medidas adotadas pelas leis para governar o país em questão dentro de uma política ética e de combate à corrupção, ao suborno e às irregularidades administrativas. Entre as principais características para se alcançar a ideia de boa governança podemos citar, como exemplo, a transparência, a integridade, a equidade, a responsabilidade dos gestores e da alta administração e, sobretudo, a transparência e a prestação de contas.

Nesse sentido, a Lei, no § 7º do artigo 1º, afirmou que na participação em sociedade empresarial em que a empresa pública, a sociedade de economia mista e suas subsidiárias não detenham o controle acionário, essas deverão adotar, no dever de fiscalizar, práticas de governança e controle proporcionais à relevância, à materialidade e aos riscos do negócio do qual são partícipes.

Segundo os conceitos de governança corporativa estabelecidos pelo PSC/IFAC,[16] temos os seguintes princípios de governança corporativa no setor público: a) Transparência; b) Integridade; e c) *Accountability*.

Em apertada síntese, podemos afirmar que Governança no Setor Público diz respeito a um conjunto de mecanismos práticos de controle que envolvem temas afetos à liderança, estratégia e informação, com o objetivo de executar quatro etapas que visam à adequação dos instrumentos para a concretização de políticas públicas e à prestação de serviços de interesse da sociedade: a) Identificar as questões sensíveis; b) Tratar os dados (informações) obtidos; c) Redimensionar o sistema, corrigindo as falhas e implementando os modelos pendentes; d) Monitoramento periódico.

Por fim, podemos dizer que a governança no setor público deve ser analisada sob algumas perspectivas que otimizarão o campo de observação e que proporcionarão a eficácia no cumprimento das etapas a serem seguidas: a) A sociedade (destinatário) e Estado (agente); b) Federalização – A implementação do *Compliance* Público carece ser adaptada de acordo com a realidade dos entes federativos; (c) Órgãos estruturantes e entidades envolvidas no processo de gestão.

A Instrução Normativa Conjunta do MP/CGU nº 1 (Ministério do Planejamento, Orçamento e Gestão e a Controladoria-Geral da União) em seu artigo 1º dispõe que os órgãos e entidades do Poder Executivo federal deverão adotar medidas para a sistematização de práticas relacionadas à gestão de riscos,[17] aos controles internos, e à governança no âmbito do Poder Executivo federal.[18]

---

[16] *International Federation of Accountants* – PSC/IFAC. Study 13. Governance in the Public Sector: A Governing Body Perspective. 2001 – <www.ifac.org>.

[17] Ver ISO 31.000 sobre Gestão de Riscos.

[18] Com base no artigo segundo da referida Instrução Normativa, considera-se: I – *accountability*: conjunto de procedimentos adotados pelas organizações públicas e pelos indivíduos que as integram que evidenciam sua responsabilidade por decisões tomadas e ações implementadas, incluindo a salvaguarda de recursos públicos, a imparcialidade e o desempenho das organizações; II – apetite a risco: nível de risco que uma organização está disposta a aceitar; III – auditoria interna: atividade independente e objetiva de avaliação e de consultoria, desenhada para adicionar valor e melhorar as operações de uma organização. Ela auxilia a organização

A organização (expressão usada pelas Normas ISO), ao pretender atingir os seus objetivos, se depara com "eventos", isto é, incidentes ou situações criadas através de fontes internas ou externas, que podem ter impacto negativo, positivo ou ambos. Os eventos que produzem impacto negativo acarretam risco que, segundo o COSO,[19] é a *"possibilidade de um evento ocorrer e afetar negativamente a realização dos objetivos"*. MOELLER[20] e SEGAL[21] afirmam que uma técnica utilizada para a identificação rápida do risco de acordo é o debate, isto é, juntar equipes de vários níveis ou unidades da instituição para identificá--los e solucioná-los.

A Lei 13.303/16, isto é, o Estatuto das Estatais (da empresa pública, da sociedade de economia mista e de suas subsidiárias) determina que estas devem observar regras de governança corporativa, de transparência e de estruturas, práticas de gestão de riscos e de controle interno, composição da administração e, havendo acionistas, mecanismos para sua proteção.

Dessa forma, mostra-se relevante a contextualização entre os dois institutos. A experiência brasileira segue a aplicação da Lei *Sarbanes Oxley*, importante legislação aplicada nos Estados Unidos da América, que vem servindo de referência para o Brasil. Nesse sentido, as empresas brasileiras compreenderam que o risco deve ser a base de suas ações. Dito de outra forma, ao tentar identificar previamente os riscos e, com isso, afastá-los ou mitigá-los, a empresa aumenta sua credibilidade econômica, financeira e social. Com o Poder Público, ou seja, com as empresas estatais, tal visão não pode ser diferente, pois uma boa gestão do risco é essencial para o mercado concorrencial.

Não é por acaso que o art. 9º da Lei 13.303/16 prevê que a empresa pública e a sociedade de economia mista adotarão regras de estruturas e práticas de gestão de riscos e controle interno que abranjam: I – ação dos administradores e empregados, por meio da implementação cotidiana de práticas de controle interno; II – área responsável pela verificação de cumprimento de obrigações e de gestão de riscos; III – auditoria interna e Comitê de Auditoria Estatutário.

---

a realizar seus objetivos, a partir da aplicação de uma abordagem sistemática e disciplinada para avaliar e melhorar a eficácia dos processos de gerenciamento de riscos, de controles internos, de integridade e de governança. As auditorias internas no âmbito da Administração Pública se constituem na terceira linha ou camada de defesa das organizações, uma vez que são responsáveis por proceder à avaliação da operacionalização dos controles internos da gestão (primeira linha ou camada de defesa, executada por todos os níveis de gestão dentro da organização) e da supervisão dos controles internos (segunda linha ou camada de defesa, executada por instâncias específicas, como comitês de risco e controles internos). Compete às auditorias internas oferecer avaliações e assessoramento às organizações públicas, destinadas ao aprimoramento dos controles internos, de forma que controles mais eficientes e eficazes mitiguem os principais riscos de que os órgãos e entidades não alcancem seus objetivos;

[19] COSO, *Enterprise Risk Management – Integrated Framework Comment*. Period for COSO ERM Framework Update Closed Written Comments. Disponível erm.coso.org. Acesso em: dez. 2015.

[20] Moeller, R. R. (2011). COSO *Enterprise Risk Management: establishing effective governance, risk, and compliance processes* (2ª ed.). Wiley corporate F&A.

[21] Segal, S. (2011). *Corporate Value of Enterprise Risk Management*: the next step in business management. Wiley corporate F&A.

2.2. A Lei 13.303/16

A Lei 13.303/16, também chamada de Estatuto das Estatais, traz uma única vez em seu texto, no § 4º do seu artigo 9º, a palavra *Compliance*, ao determinar que o estatuto social deverá prever a possibilidade de que a área de *Compliance* se reporte diretamente ao Conselho de Administração em situações em que se suspeite do envolvimento do diretor-presidente em irregularidades ou quando este se furtar a obrigação de adotar medidas necessárias em relação à situação a ele relatada.

A principal função do *Compliance* é a de "garantir que a própria pessoa jurídica atinja a sua função social, mantenha intactas a sua imagem e confiabilidade e garanta a própria sobrevida com a necessária honra e dignidade".[22]

Vale lembrar que as empresas públicas, sociedades de economia mista e suas subsidiárias, apesar de serem classificadas como estatais, são pessoas jurídicas de direito privado. Dessa forma, em virtude do disposto no artigo 173 da Constituição da República de 1988, todas as entidades privadas que explorem atividade econômica devem ter o mesmo tratamento e, por isso, as estatais, com muito mais razão, devem estar inseridas nas práticas de *Compliance* e Auditoria Interna.

Desde já, é importante destacar que a temática não se esgota na Lei 13.303/2016, pois também foram editados os seguintes diplomas: a) Código de Ética Profissional do Servidor Público Civil do Poder Executivo Federal (Decreto 1.171, de 22 de junho de 1994); b) Lei de Responsabilidade Fiscal (Lei Complementar 101, de 4 de maio de 2000); c) Programa Nacional de Gestão Pública e Desburocratização (GesPública), instituído em 2005; d) Lei nº 12.527, de 18 de novembro de 2011, chamada de Lei do Acesso à Informação; e) Lei nº 12.813, de 16 de maio de 2013, chamada de Lei de Conflito de Interesses no exercício de cargo ou emprego do Poder Executivo Federal; f) Lei n.º 12.846 de 1º de agosto de 2013, intitulada Lei Anticorrupção, com seu respectivo Decreto regulamentador de nº 8.420, de 18 de março de 2015 e; g) Decreto 8.793, de 29 de junho de 2016, que institui a Política Nacional de Inteligência. Vale ressaltar que o rol não é exaustivo, pois dispositivos de outros diplomas também devem ser invocados para compor todo o ordenamento pertinente à matéria.

A realidade fática em que vivemos, sobretudo com a exposição midiática das operações policiais que desvelam grandes escândalos de corrupção como, por exemplo, a Operação "Lava Jato", deixa clara a necessidade de reavaliar as ações do poder público que visam a combater a corrupção nos planos normativo e fático. Alguns países como a Inglaterra e os Estados Unidos vêm ao longo dos anos, investindo em novos modelos de gestão estratégica da informação e

---

[22] PLETI, Ricardo Padovini; FREITAS, Paulo César de. A pessoa jurídica de direito privado como titular de direitos fundamentais e a obrigatoriedade de implementação dos sistemas de "compliance" pelo ordenamento jurídico brasileiro. XXIV Encontro Nacional do CONPEDI – UFS DIREITO, CONSTITUIÇÃO E CIDANIA: contribuições para os objetivos de desenvolvimento do Milênio. Disponível em: <http://www.conpedi. org.br/publicacoes/c178h0tg/o9e87870/OS7Xu83I7c851IGQ> Acesso em: 10 nov. 2016. p. 06 e seguintes.

em programas[23] governamentais voltados a minimizar a corrupção no seio das estruturas corporativas. Apesar do índice de corrupção ainda estar longe do ideal, as experiências bem-sucedidas[24] no ambiente privado desses países inspirou o Poder Público a se espelhar nesses modelos privados e trazê-los para a esfera pública, fazendo nascer o chamado *Compliance* Público.

O artigo 1º da Lei 13.303/16 estabelece a amplitude da norma que dispõe sobre o estatuto jurídico da empresa pública, da sociedade de economia mista e de suas subsidiárias, abrangendo toda e qualquer empresa pública e sociedade de economia mista da União, dos Estados, do Distrito Federal e dos Municípios que explore atividade econômica de produção ou comercialização de bens ou de prestação de serviços, ainda que a atividade econômica esteja sujeita ao regime de monopólio da União, ou seja, de prestação de serviços públicos.

Em seus §§ 5º e 6º, afirmou o legislador[25] que também se submetem ao regime previsto nesta Lei a empresa pública e a sociedade de economia mista que participem de consórcio, conforme disposto no art. 279 da Lei nº 6.404, de 15 de dezembro de 1976, na condição de operadora e, ainda, a de propósito específico, que seja controlada por empresa pública ou sociedade de economia mista abrangidas no *caput*.

A Convenção das Nações Unidas contra a Corrupção, adotada pela Assembleia-Geral das Nações Unidas em 31 de outubro de 2003, foi ratificada pelo Brasil através do Decreto 5.687/06.[26] A finalidade da Convenção é promover e fortalecer as medidas para prevenir e combater mais eficaz e eficientemente a corrupção; promover, facilitar e apoiar a cooperação internacional e a assistência técnica na prevenção e na luta contra a corrupção, incluída a recuperação de ativos; e promover a integridade, a obrigação de render contas e a devida gestão dos assuntos e dos bens públicos.

---

[23] DUBOIS, Richard. *Inovações na gestão pública*. São Paulo: Saint Paul, 2012, p. 19 e ss.

[24] MORATO GARCÌA, Rosa. *Incumplimiento de los códigos de conducta y potestade disciplinaria de empresário*. Madrid: La Ley, 2011, p. 414 e ss. Instrumento regulatório que contém o sistema de orientações para que a empresa adote como forma de integração de valores e de práticas estratégicas para sua melhor organização, visando principalmente à incorporação de princípios fundamentais para a efetivação de sua função no meio social. Todas as regras de qualquer Código de Conduta empresarial estão intimamente relacionadas com práticas éticas na condução negocial de qualquer natureza. Uma corporação empresarial que tenha um efetivo Código de Conduta, aliás, uma exigência já em várias políticas internacionais como em várias legislações locais, como forma de combate a corrupção, está fortalecida, principalmente pela transparência, confiabilidade e segurança de como atua no mercado.

[25] O § 1º traz exceções, *in verbis*: "§ 1º O Título I desta Lei, exceto o disposto nos arts. 2º, 3º, 4º, 5º, 6º, 7º, 8º, 11, 12 e 27, não se aplica à empresa pública e à sociedade de economia mista que tiver, em conjunto com suas respectivas subsidiárias, no exercício social anterior, receita operacional bruta inferior a R$ 90.000.000,00 (noventa milhões de reais)". Ressalta ainda o § 3º que os Poderes Executivos poderão editar atos que estabeleçam regras de governança destinadas às suas respectivas empresas públicas e sociedades de economia mista que se enquadrem na hipótese do § 1º. A não edição dos atos de que trata o § 3º no prazo de 180 (cento e oitenta) dias a partir da publicação desta Lei submete as respectivas empresas públicas e sociedades de economia mista às regras de governança previstas no Título I desta Lei.

[26] Promulga a Convenção das Nações Unidas contra a Corrupção, adotada pela Assembleia-Geral das Nações Unidas em 31 de outubro de 2003 e assinada pelo Brasil em 9 de dezembro de 2003.

O artigo 5º, que trata das políticas e práticas de prevenção da corrupção, determina que cada Estado formulará, aplicará ou manterá em vigor políticas coordenadas e eficazes contra a corrupção que promovam a participação da sociedade e reflitam os princípios do Estado de Direito, a devida gestão dos assuntos e bens públicos, a integridade, a transparência e a obrigação de render contas.

O artigo 8º do diploma aborda a implementação de Códigos de Conduta para servidores públicos que visam a combater preventivamente a corrupção, através do desenvolvimento institucional de princípios relacionados à integridade, à honestidade e à responsabilidade do agente estatal.

É importante frisar que a orientação da Convenção em comento nada mais é do que a determinação de que o setor público crie mecanismos eficazes de controle interno. Dito de outra forma, é um sistema realmente capaz de garantir a legalidade e transparência na função pública, principalmente no que concerne à contratação por parte da Administração.

Da mesma forma, a Convenção Interamericana contra a Corrupção, de 29 de março de 1996, foi ratificada pelo Brasil através do Decreto 4.410/02. Os propósitos desta Convenção são: promover e fortalecer o desenvolvimento, por cada um dos Estados-Partes, dos mecanismos necessários para prevenir, detectar, punir e erradicar a corrupção; e promover, facilitar e regular a cooperação entre os Estados-Partes a fim de assegurar a eficácia das medidas e ações adotadas para prevenir, detectar, punir e erradicar a corrupção no exercício das funções públicas, bem como os atos de corrupção especificamente vinculados a seu exercício.

A Lei 13.303/16 se preocupou também com uma das principais formas de desvio de verbas públicas, ou seja, a dispensa e a inexigibilidade de licitação. O art. 28 da Lei 13.303/16 se preocupou em prever que os contratos com terceiros destinados à prestação de serviços às empresas públicas e às sociedades de economia mista, inclusive de engenharia e de publicidade, à aquisição e à locação de bens, à alienação de bens e ativos integrantes do respectivo patrimônio ou à execução de obras a serem integradas a esse patrimônio, bem como à implementação de ônus real sobre tais bens, serão precedidos de licitação nos termos desta Lei, ressalvadas as hipóteses previstas nos arts. 29 e 30.[27]

Em dezembro de 2016, foi editado o Decreto 8.945 que regulamenta, no âmbito da União, a Lei 13.303/16 e trouxe definições[28] que se mostram relevan-

---

[27] Da mesma forma, o artigo 71 do Decreto 8.945/16 que regulamenta a referida lei, tratou do tema da seguinte forma: Art. 71. O regime de licitação e contratação da Lei nº 13.303, de 2016, é autoaplicável, exceto quanto a: I – procedimentos auxiliares das licitações, de que tratam os art. 63 a art. 67 da Lei nº 13.303, de 2016; II – procedimento de manifestação de interesse privado para o recebimento de propostas e projetos de empreendimentos, de que trata o § 4º do art. 31 da Lei nº 13.303, de 2016; III – etapa de lances exclusivamente eletrônica, de que trata o § 4º da art. 32 da Lei nº 13.303, de 2016; IV – preparação das licitações com matriz de riscos, de que trata o inciso X do caput do art. 42 da Lei nº 13.303, de 2016; V – observância da política de transações com partes relacionadas, a ser elaborada, de que trata o inciso V do *caput* do art. 32 da Lei nº 13.303, de 2016; e VI – disponibilização na internet do conteúdo informacional requerido nos art. 32, § 3º, art. 39, art. 40 e art. 48 da Lei nº 13.303, de 2016.

[28] O Decreto 8.945/16 regulamenta também o tratamento diferenciado para empresas estatais de menor porte. Vejamos os artigos correlatos: "Art. 51. A empresa estatal de menor porte terá tratamento diferenciado

tes. O referido Decreto regulamentador determina, ainda, que as obrigações[29] e responsabilidades que a empresa estatal[30] assuma em condições distintas às do setor em que atua deverão: I – estar claramente definidas em lei ou regulamento e estarem previstas em contrato, convênio ou ajuste celebrado com o ente público competente para estabelecê-las, observada a ampla publicidade desses instrumentos; e II – ter seu custo e suas receitas discriminados e divulgados de forma transparente, inclusive no plano contábil.

Assim, diante da breve abordagem realizada, percebe-se que o tratamento legal regulamentando as Empresas Estatais está em linha de convergência com o tratamento dado às demais empresas de direito privado. Afinal, o objetivo a ser alcançado, tanto em uma como na outra, é evitar os grandes esquemas de corrupção e de suborno e, através de uma análise mais ampla, combater todos os tipos de infrações, sejam elas administrativas ou penais. Os tempos são outros, e a influência de leis estrangeiras é cada vez mais forte e se mostra urgente e necessária.

Referências

BADARÓ, Gustavo Henrique. *Lavagem de dinheiro*: aspectos penais e processuais penais: comentários à Lei 9.613/1998, com alterações da Lei 12.683/2012/ Pierpaolo Cruz Bottini. 3. ed. São Paulo: Editora Revista dos Tribunais, 2016.

CARNEIRO, Claudio. *Compliance Tributário*. Disponível em http://ibcompliance.com.br/index.php/2016/09/22/compliance-tributario/ Acesso: 20 de abril de 2017.

COSO, Enterprise Risk Management – Integrated Framework Comment. Period for COSO ERM Framework Update Closed Written Comments Available on erm.coso.org through Dec. 15.

DUBOIS, Richard. *Inovações na gestão pública*. São Paulo: Saint Paul Editora, 2012.

INSTITUTO Brasileiro de Governança Corporativa – IBGC. Código das melhores práticas de governança corporativa. 4.ed. / Instituto Brasileiro de Governança Corporativa. São Paulo, SP: IBGC, 2009. 73 p. Disponível em: Acesso em: 10 novembro de 2016.

INTERNATIONAL Federation of Accountants – PSC/IFAC. Study 13. Governance in the Public Sector: A Governing Body Perspective. 2001. Disponível em: Acesso em: 10 nov. 2016.

MOELLER, R. R.. COSO Enterprise Risk Management: establishing effective governance, risk, and compliance processes (2ªed.). Wiley corporate F&A. 2011.

---

apenas quanto aos itens previstos neste Capítulo.§ 1º Considera-se empresa de menor porte aquela que tiver apurado receita operacional bruta inferior a R$ 90.000.000,00 (noventa milhões de reais) com base na última demonstração contábil anual aprovada pela assembleia geral. § 2º Para fins da definição como empresa estatal de menor porte, o valor da receita operacional bruta: I – das subsidiárias será considerado para definição do enquadramento da controladora; e II – da controladora e das demais subsidiárias não será considerado para definição da classificação de cada subsidiária. § 3º A empresa estatal de menor porte que apurar, nos termos dos § 1º e § 2º, receita operacional bruta igual ou superior a R$ 90.000.000,00 (noventa milhões de reais) terá o tratamento diferenciado cancelado e deverá promover os ajustes necessários no prazo de até um ano, contado do primeiro dia útil do ano imediatamente posterior ao do exercício social em que houver excedido aquele limite".

[29] Além das obrigações aqui contidas, as empresas estatais com registro na CVM sujeitam-se ao regime de informações e às regras de divulgação estabelecidas por essa Autarquia.

[30] As subsidiárias poderão cumprir as exigências estabelecidas por este Decreto por meio de compartilhamento de custos, estruturas, políticas e mecanismos de divulgação com sua controladora.

MORATO GARCÌA, Rosa. Incumplimiento de los códigos de conducta y potestade disciplinaria de empresário. Madrid: La Ley, 2011.

PLETI, Ricardo Padovini; DE FREITAS, Paulo César. A pessoa jurídica de direito privado como titular de direitos fundamentais e a obrigatoriedade de implementação dos sistemas de "compliance" pelo ordenamento jurídico brasileiro. XXIV Encontro Nacional do CONPEDI – UFS DIREITO, CONSTITUIÇÃO E CIDANIA: contribuições para os objetivos de desenvolvimento do Milênio. Disponível em: <http://www.conpedi.org.br/publicacoes/c178h0tg/o9e87870/OS7Xu83l7c851IGQ>. Acesso: 10 nov. 2016.

SEGAL, S. *Corporate Value of Enterprise Risk Management:* the next step in business management. Wiley corporate F&A. 2011.

SILVEIRA, Renato de Mello Jorge. *Compliance, direito penal e lei anticorrupção.* Eduardo Saad-Diniz. São Paulo: Saraiva, 2015.

SIRAQUE, Vanderlei. *O controle social da função administrativa do Estado: possibilidades e limites na Constituição de 1988.* 2004. Dissertação (Mestrado) – Pontifícia Universidade Católica de São Paulo.

— 7 —

Corrupção: um dos pilares da insegurança jurídica no desenvolvimento empresarial nacional

CESAR LUIZ PASOLD JÚNIOR
Sócio da Marcelo Tostes Advogados

Sumário: 1. Legalidade – pilar social – e a natureza humana; 2. A legalidade como busca de segurança jurídica; 3. A corrupção e a insegurança jurídica; 4. Considerações finais; Referências.

1. Legalidade – pilar social – e a natureza humana

Antes de se adentrar na avaliação personalíssima a que esse estudo se propõe, se é que tal análise pessoal pode ser chamada de "estudo" (talvez "considerações acerca do tema" fosse mais adequado), faz-se necessário tecer alguns comentários breves acerca da teoria que permeia uma sociedade regulada por Leis, considerando a natureza humana.

Um dos pilares da segurança social é o princípio constitucional da Legalidade, insculpido no art. 5º, II, da Constituição da República Federativa do Brasil (CRFB): ninguém será obrigado a fazer ou deixar de fazer alguma coisa senão em virtude de lei. Não é o único pilar, evidentemente, mas de todos os princípios sociais norteadores, chama a atenção o fato de ser basilar para a efetivação de praticamente todos os demais – dos positivados, ao menos.

Tomem-se, por exemplos, o princípio do devido processo legal (Art. 5º, LIV, CRFB), o princípio do livre acesso à justiça (Art. 5º, XXXV, CRFB) ou do contraditório e ampla defesa (Art. 5º, LV, CRFB): todos são efetivados a partir de leis que os asseguram ou a partir de leis que não os restringem. E eles próprios são princípios positivados.

Há outros princípios constitucionais que, por suas particularidades, se materializam na Legislação existente, ainda que a eles não haja menção e que não haja a relação direta e evidente – Dignidade da Pessoa Humana, por exemplo, é princípio motivador e essencial de toda a produção legislativa.

Fato é que, por impossibilidade de se confiar na bondade e dignidade humana, a legislação faz-se necessária como guia condutor, substituindo o que a ética e a moral deveriam fazer. E como guia condutor máximo, a Lei Máxima (Constituição) assegura que a Lei é guia e condutor social. Há uma Lei para assegurar a validade da Lei.

Tal cenário não é fruto da sociedade contemporânea, ou moderna, ou brasileira. Não se pode deixar de pensar que os 10 mandamentos se traduzem, independentemente de qualquer conotação religiosa, em ditames de conduta visando à estabilidade social: não matar, não roubar e até mesmo não cobiçar a mulher do próximo são positivações do direito à vida (busca da garantia de sobrevivência em sociedade), direito de propriedade (buscando o estímulo ao desenvolvimento pela garantia da propriedade do resultado do trabalho) e busca da paz social a partir da paz (ou ao menos da estabilidade) familiar.

Ao invés de possuir um mandamento que expressamente obrigue a obediência aos demais, há a máxima de "amar a Deus sobre todas as coisas", ou seja, a autoridade que impõe a normativa a ser seguida deve ser amada acima de tudo e, por isso, suas leis devem ser respeitadas. O fundamento de obediência da norma máxima está na norma, e por ela se materializa.

Não bastou a palavra: os princípios religiosos tiveram que ser escritos, sob a forma de Lei, para que fossem cumpridos, e sua função social, alcançada.

Ou, ao menos, para que houvesse um reforço ao seu cumprimento.

Tendo-se tal realidade em mente, adota-se a constatação de Maquiavel acerca dos homens: "Com efeito, dos homens em geral, pode-se dizer isto: que são ingratos, volúveis, simuladores e dissimuladores, temerosos dos perigos, ávidos de ganho".[1]

Napoleão Bonaparte, ao comentar tal trecho de "O Príncipe", sabiamente anotou: "Pretendiam enganar os príncipes os que diziam que todos os homens são bons".[2]

A Legalidade vem, então, ao impor ou proibir condutas, tentar combater excessos decorrentes da avidez de ganhos dos homens em geral, gerando a segurança social necessária ao bom convívio e ao progresso.

Quando a avidez de ganhos ganha a batalha contra a legalidade, tem-se a corrupção. Com a corrupção, tem-se a insegurança social.

Como não podia deixar de ser, com a corrupção e a insegurança social tem-se também a insegurança jurídica.

---

[1] MAQUIAVEL, Nicolau. *O Príncipe*. Trad. Gilson Cesar Cardoso de Souza. São Paulo: Livraria Editora Germape, 2003. p.107.

[2] MACHIAVELLI, Niccolò. *O príncipe*: com as notas de Napoleão Bonaparte. Trad. J. Cretella Jr. e Agnes Cretella. 3. ed. São Paulo: Revista dos Tribunais, 2003. p. 107.

2. A legalidade como busca de segurança jurídica

Como mencionado, tem-se a legalidade como um fundamental pilar social e foco de segurança. Sua violação gera a insegurança social, acompanhada da insegurança jurídica.

Evoluindo-se na análise teórica, faz-se importante tecer algumas considerações sobre o papel que a Lei deve exercer e deve garantir aos que a ela se subordinam – inclusive o próprio Estado e seus agentes.

A legalidade, por óbvio, visa também à segurança jurídica, além da segurança social. Os princípios anteriormente citados (devido processo legal, contraditório, etc.) visam igualmente a dar a segurança jurídica necessária para a atividade lícita e o desenvolvimento social: a atuação no ambiente social deve acontecer de tal modo que a obediência legal – que inclui a faculdade de agir dentro do que a lei não proíbe – assegurará a respeitabilidade do resultado alcançado e a sua imposição frente aos demais.

A partir dessa noção de segurança, os homens podem investir seus bens, seu trabalho, sua dedicação, abdicando do ócio e, por vezes, do lazer, sabedores de que seu risco vem de sua própria capacidade ou incapacidade de gerar o resultado, a partir da escolha da atividade realizada (com os riscos econômicos a ela inerentes). O contrato firmado dentro dos ditames legais deve ser respeitado.

A empreitada iniciada prevista em lei terá seus frutos validados. O retorno do investimento feito dentro dos ditames legais será respeitado – se frutífero ou não, dependerá somente da capacidade de seus agentes e dos fatores lícitos do mercado ou ambiente em que se atua. Ao menos é o que se espera dentro de um cenário de segurança jurídica.

O Princípio da Legalidade é ainda mais forte dentro da Administração Pública e de seus entes. O art. 37 da Constituição da República Federativa do Brasil pauta a Administração Pública e vincula seus entes e agentes aos princípios da legalidade, impessoalidade, moralidade, publicidade e eficiência.

Assim, em se tratando da Administração Pública, a legalidade se pauta não só na questão de agir pelo que a Lei não proíbe, mas sim agir dentro do que a Lei prevê para a atuação, sob pena de verdadeira invalidade do ato. Não há liberdade de atuação, posto que o poder de agir e a validade da consequência da ação do ente público e do agente público são estritamente definidos na Lei que os rege.

Interessante notar que a moralidade é um princípio positivado para a administração pública. Sem a previsão legal da moralidade, o ente público é um ser "amoral".

Os mesmos princípios, e alguns adicionais, são encontrados na Lei 9.784/99, que regulamenta o processo administrativo federal.

Então, tem-se que não só as relações entre entes privados são regidas pela Legalidade como a relação entre o público e o privado é também regida pela Legalidade. Isto porque o ente privado deve ter a segurança de que o ente público irá agir dentro do que a Lei prevê, reconhecendo e providenciando a consequência legal do ato privado, contanto que atendidas as prerrogativas legais na sua execução ou agindo de modo não proibido pela legislação, no caso privado.

O ente privado deve se sentir seguro e estimulado a atender a todas as demandas legislativas – requisitos formais, materiais e investimento financeiro em tributos e atendimento às normas correlatas, como as trabalhistas, por exemplo – posto que o ente público, quando invocado, deve agir igualmente dentro da legalidade e reconhecer, assim, a legitimidade do investimento feito e da ação executada.

O art. 2º da Consolidação das Leis do Trabalho (CLT) define Empregador como aquele que *"assumindo os riscos da atividade econômica*, admite, assalaria e dirige a prestação pessoal de serviço" (grifou-se).

A legislação deve assegurar terreno fértil para o desenvolvimento seguro da atividade empresarial. O risco a ser assumido deve ser *unicamente o da atividade econômica*, ou seja, o risco da flutuação de mercado do ramo de atividade escolhido, da valorização ou não do trabalho desenvolvido, *enfim, os riscos decorrentes das escolhas particulares de desenvolvimento do empreendimento – das escolhas particulares de investimento de capital e trabalho.*

O Código Civil brasileiro, ao definir *empresário*, acaba por trabalhar mais a função social do empresário e sua finalidade do que o conceito em si (*Art. 966. Considera-se empresário quem exerce profissionalmente atividade econômica organizada para a produção ou a circulação de bens ou de serviços*). O Projeto de Lei 1.572/2011, referente ao novo Código Comercial, apresenta definição similar (*Art. 2º. Empresa é a atividade econômica organizada para a produção ou circulação de bens ou serviços*[3]).

O conceito celetista e os de natureza civil não são, de modo algum, incompatíveis, pelo contrário: são complementares, e deixam claro o valor fundamental que o empresário, o empreendedor, possui para o desenvolvimento nacional. É no empreendimento em busca da geração de bens e serviços que se desenvolve a empregabilidade, a geração de riquezas e o desenvolvimento social. Afinal, é fundamento do Estado Democrático de Direito que é a República Federativa do Brasil o valor social do trabalho e da livre iniciativa (art. 1º, IV, CRFB).

Atendida a legislação pelo empreendedor, a segurança jurídica do empreendimento deve ser reconhecida e assegurada, a segurança econômica do empreendimento é o risco a ser assumido. A segurança ou insegurança jurídica

---

[3] Conforme disponível em: <http://www.camara.gov.br/proposicoesWeb/prop_mostrarintegra;jsessionid=02 17887CEEBBFF862B9159B838A59F1D.proposicoesWeb1?codteor=888462&filename=PL+1572/2011>. Fontes acessadas em 23.06.2017.

de um empreendimento lícito não pode ser considerada risco a ser assumido pelo empreendedor.

Evidentemente, o empreendedor que opta por não atender a legislação pode e deve sofrer as consequências – não há que se falar em segurança jurídica em um empreendimento ilegal. Trata-se de ilicitude, com consequências punitivas penais e cíveis, de natureza indenizatória – não se trata de pensar em "risco", mas sim em consequência de ato ilícito.

A legislação então deve atender a esse propósito: deve tanto basilar os atos do empreendedor, dando segurança jurídica a quem atende a Lei, como basilar os atos dos agentes públicos no atendimento e relacionamento com o empreendedor.

O empreendedor – ou empresário – que trata com o Poder Público e seus agentes deve, uma vez atendida a legislação, ter a resposta adequada. Isto dá segurança jurídica à relação direta empreendedor-Estado.

Ao menos esta é a teoria que, na opinião particular do presente estudo, permeia nosso Ordenamento Jurídico.

3. A corrupção e a insegurança jurídica

O início da insegurança jurídica dá-se quando não há respeitabilidade às normas postas.

A corrupção surge, então, como um forte elemento gerador de desrespeito às normas jurídicas.

Adota-se por corrupção, para fins deste estudo, o conceito livre e simplista da atitude ilícita de descumprimento legislativo (seja de regras, seja de princípios, entendendo-se ambos como Norma *lato sensu*[4]) pelos agentes públicos, com a finalidade de atender interesses privados dos referidos agentes. Trata-se de uma inversão ilegal e ilegítima que coloca o interesse privado do agente acima do interesse público.

No cenário de corrupção, tem-se o corruptor e o corrompido. Nem sempre o corrompido é inocente – pode-se dizer que ele nunca (ou raramente) é. A corrupção pode ter a iniciativa do próprio corrompido – agente público. E para ser caracterizada, o corruptor deve anuir com o processo da corrupção.

O agente público atende o interesse privado do corruptor, visando sempre a um benefício seu: prestígio, valores ou reforço de segurança na sua condição atual. O corrompido atende um interesse particular seu, ainda que esse interesse seja uma defesa ideológica sua ou de moral (distorcida ou não) sua, contrariando o que prevê a Legislação.

---

[4] Como amplamente tratado em CANOTILHO, J. J. Gomes. *Direito Constitucional e Teoria da Constituição*. Coimbra: Almedina, s/d.

Não se pode chamar, ao menos no entendimento do presente estudo, de "corrupção" a ilegalidade cometida decorrente de ameaça irresistível ao homem médio. Não se pode chamar de corrupto aquele que, temente de sua segurança ou da segurança daqueles que tem por valiosos e fundamentais, age em desconformidade com a Lei. Este não é corrompido, mas sim coagido, de modo que não se lhe pode imputar má-fé ou egoísmo. Temer pela própria vida não deve ser, sob o ponto de vista deste estudo, ato de egoísmo. A luta contra a natureza humana é interrompida pelo instinto de sobrevivência da espécie.

Interessante anotar que o agente público que age contra a moralidade também está agindo contra a Lei, sempre: a moralidade é um princípio devidamente positivado para os Entes Públicos. Não se distingue a imoralidade da ilegalidade, posto que a moralidade está abarcada pela Lei. Quando temos um agente público imoral, ele estará sendo "ilegal".

Percebem-se dois ciclos de insegurança jurídica envolvendo a questão da corrupção.[5]

O primeiro ciclo pode ser definido como decorrente da desobediência habitual pelos entes públicos da legislação vigente, ou seja, atuam em desconformidade ou em não conformidade (omissão) ao que é previsto.

Tal situação de insegurança jurídica estimula a corrupção por iniciativa (ainda que indireta) do corruptor: a fim de se conseguir eficiência e o atendimento à demanda legitimamente posta junto ao ente da administração pública, surgem as figuras do corruptor e do corrupto. Trata-se da corrupção que busca a atuação da administração pública naquilo que já deveria, naturalmente, atender. É o cenário da insegurança jurídica gerando a corrupção.

O segundo ciclo é o que se inicia diretamente no corrompido, como ente da administração pública, que passa a ter papel ativo direto na corrupção, independente do primeiro ciclo, inclusive com ele próprio também no papel de corruptor: a fim de obter vantagem ilícita, promove a alteração do procedimento legislativo/normativo padrão a fim de privilegiar interesse privado específico, seu ou de terceiros.

A corrupção gera, nesse caso, a insegurança jurídica – não necessariamente para o corruptor ou para o corrompido, mas para o terceiro empreendedor, concorrente de boa-fé no ramo de atividade que, atendendo a tudo que a legislação prevê, não vê o ente público atender à legalidade e se vê injustamente prejudicado.

---

[5] Como trabalhado em diversos textos, inclusive disponíveis *on line*, dos quais destacam-se: 1)MACHADO, Sulamita Crespo Carrilho: *Aspectos jurídicos da prevenção e do controle da corrupção*. Acessado em: <http://www.eg.fjp.mg.gov.br/index.php/docman/publicacoes-2008/71-td2-aspectos-juridicos-da-prevencao-e-do-controle-da-corrupcao/file>; 2) FERREIRA, Alexandre Henrique Salema. *Corrupção política e a atividade tributária*. Acessado em: <http://www.google.com.br/url?sa=t&rct=j&q=&esrc=s&frm=1&sourc e=web&cd=7&ved=0CEMQFjAG&url=http%3A%2F%2Frevista.uepb.edu.br%2Findex.php%2Fdatavenia %2Farticle%2Fdownload%2F498%2F290&ei=irAPVKSVLMW_ggSao4HYBg&usg=AFQjCNGYI1LXC x_Ev1_kihbfT_-L5Qu9BQ>. Fontes consultadas em 09.09.2014.

Ambos os ciclos estão interligados – de fato, eles se retroalimentam. O terceiro prejudicado passa a ter a visão de que a corrupção se sobrepõe à normatização; passa a ser, então, o corruptor ativo, a fim de reequilibrar a situação – geralmente, o corruptor que corrompe visando unicamente a que o ente público faça o seu papel legal. Passa, então, a prejudicar um terceiro, que vira corruptor, e os ciclos se misturam quando outro ente privado passa a se questionar se vale realmente a pena investir em legalidade se a corrupção resolve.

A corrupção, então, entra como fator de insegurança: investir em um mercado corrupto afasta a segurança da legalidade, pois há o fator paralelo da corrupção.

A partir do momento em que a obediência normativa não é suficiente porque a corrupção é um fator relevante, tem-se a insegurança do investimento, a insegurança do retorno e, pior ainda, a insegurança jurídica, posto que não há a garantia da ação estatal coibitiva eficaz.

Quando não há demonstração da efetiva atuação do Estado na coibição dessa espécie de ato, não se pode esperar outra situação senão a insegurança jurídica. Sem temer penalidade, os homens cedem mais facilmente à ganância.

O Estado brasileiro possui diversas formas de penalização criminal envolvendo corrupção – corruptor e corrompido. A tais penalidades vieram se juntar as sanções administrativas e civis previstas na Lei 12.846/2013.

Não é o objetivo do presente estudo adentrar nas especificidades das normas em questão, mas convém destacar um aspecto da referida Lei: a responsabilização do ente privado em atos de corrupção é objetiva, conforme estabelecido no art. 1º da referida Lei.

De fato, todo o Capítulo I, artigos 1º ao 4º, trata da responsabilização objetiva do empreendimento – o que implica efetivamente a responsabilização objetiva do empreendedor, afetando diretamente o seu patrimônio.

Cita-se:[6]

Art. 1º Esta Lei dispõe sobre a responsabilização objetiva administrativa e civil de pessoas jurídicas pela prática de atos contra a administração pública, nacional ou estrangeira.

Parágrafo único. Aplica-se o disposto nesta Lei às sociedades empresárias e às sociedades simples, personificadas ou não, independentemente da forma de organização ou modelo societário adotado, bem como a quaisquer fundações, associações de entidades ou pessoas, ou sociedades estrangeiras, que tenham sede, filial ou representação no território brasileiro, constituídas de fato ou de direito, ainda que temporariamente.

Art. 2º As pessoas jurídicas serão responsabilizadas objetivamente, nos âmbitos administrativo e civil, pelos atos lesivos previstos nesta Lei praticados em seu interesse ou benefício, exclusivo ou não.

Art. 3º A responsabilização da pessoa jurídica não exclui a responsabilidade individual de seus dirigentes ou administradores ou de qualquer pessoa natural, autora, coautora ou partícipe do ato ilícito.

---

[6] Disponível em: <http://www.planalto.gov.br/ccivil_03/_ato2011-2014/2013/lei/l12846.htm>. Acesso em 23.06.2017.

§ 1º A pessoa jurídica será responsabilizada independentemente da responsabilização individual das pessoas naturais referidas no caput.

§ 2º Os dirigentes ou administradores somente serão responsabilizados por atos ilícitos na medida da sua culpabilidade.

Art. 4º Subsiste a responsabilidade da pessoa jurídica na hipótese de alteração contratual, transformação, incorporação, fusão ou cisão societária.

§ 1º Nas hipóteses de fusão e incorporação, a responsabilidade da sucessora será restrita à obrigação de pagamento de multa e reparação integral do dano causado, até o limite do patrimônio transferido, não lhe sendo aplicáveis as demais sanções previstas nesta Lei decorrentes de atos e fatos ocorridos antes da data da fusão ou incorporação, exceto no caso de simulação ou evidente intuito de fraude, devidamente comprovados.

§ 2º As sociedades controladoras, controladas, coligadas ou, no âmbito do respectivo contrato, as consorciadas serão solidariamente responsáveis pela prática dos atos previstos nesta Lei, restringindo-se tal responsabilidade à obrigação de pagamento de multa e reparação integral do dano causado.

Isso implica dizer que qualquer ato de corrupção praticado por qualquer agente vinculado à empresa levará a dita empresa a ser responsabilizada por ele, tenha a sua gestão – o empreendedor – ciência ou aprovação de tal ato ou não. As medidas paliativas que a Lei prevê são a demonstração, pelo empreendedor, da adoção de medidas visando à inexistência (ou a impossibilidade) de corrupção, e a colaboração na apuração dos fatos, dentre outras enumeradas no art. 7º, como porte econômico do infrator e a consumação ou não da infração – a tentativa também é punida.[7]

Tais medidas não isentam de responsabilidade o gestor, ao menos a princípio – a jurisprudência ainda terá que se manifestar, bem como os critérios de avaliação das medidas paliativas serão definidos em regulamento ainda a ser editado.

Tais medidas, respeitando-se todos os entendimentos contrários, não trazem segurança jurídica. Pelo contrário: têm potencial para trazer insegurança ao investimento.

A existência da Lei, por si só, já é sintoma de falha estatal: inexistindo a eficiência concreta no combate à corrupção, através da aplicação das leis – sobretudo as penais – já existentes, veio mais uma norma que facilita a punição estatal, estabelecendo uma modalidade de responsabilidade que a Lei penal não aceitaria jamais, impondo ao empreendedor, independente de sua vontade, uma responsabilidade que efetivamente lhe foge ao controle.

---

[7] Destaca-se: Art. 7º Serão levados em consideração na aplicação das sanções: I – a gravidade da infração; II – a vantagem auferida ou pretendida pelo infrator; III – a consumação ou não da infração; IV – o grau de lesão ou perigo de lesão; V – o efeito negativo produzido pela infração; VI – a situação econômica do infrator; VII – a cooperação da pessoa jurídica para a apuração das infrações; VIII – a existência de mecanismos e procedimentos internos de integridade, auditoria e incentivo à denúncia de irregularidades e a aplicação efetiva de códigos de ética e de conduta no âmbito da pessoa jurídica; IX – o valor dos contratos mantidos pela pessoa jurídica com o órgão ou entidade pública lesados; eX – (VETADO). Parágrafo único. Os parâmetros de avaliação de mecanismos e procedimentos previstos no inciso VIII do caput serão estabelecidos em regulamento do Poder Executivo federal.

Como já mencionado, o risco do empreendedor – do empresário – deve ser o da atividade. Ampliar esse risco para o risco da responsabilização também pelos atos praticados pelos seus funcionários, de um modo que torna impossível o ressarcimento, é afastar investimentos. É tornar absolutamente inseguro um investimento.

A nova lei prevê a impossibilidade de contratação com o Estado como penalidade extrema, por exemplo, que gera a seguinte situação: uma empresa regular, com contratos vigentes com o Estado, é identificada como tendo fraudado uma licitação, através da corrupção de um dos envolvidos, tendo como corruptor um agente da empresa.

A Lei prevê, em seu artigo 16, o acordo de leniência com a autoridade máxima como modo de evitar a impossibilidade de contratação. Dentre os requisitos para firmar o Acordo está a assunção de participação no ilícito, eliminando qualquer possibilidade de discussão acerca das consequências financeiras do ato praticado – tenha o empreendedor conhecimento e autorizado o ato ou não!

A Lei prevê algo realmente inusitado: "pena de morte" para a Pessoa Jurídica, uma vez que a penalidade prevista no art. 19, IV, é a dissolução compulsória da personalidade jurídica.

Independente se a ideia partiu do empreendedor ou não, tendo ele sido beneficiado – e sendo incapaz de provar a contento, o que é bem subjetivo, a adoção de medidas preventivas e de controle – poderá perder todos os seus contratos e levar à falência seu empreendimento por uma iniciativa ilícita de um funcionário seu. Poderá ter encerrada a sua empresa, em verdadeira "pena de morte" jurídica.

A legislação civil prevê a ação de regresso – cobrar os prejuízos do verdadeiro culpado. Numa situação como esta, alguém terá o suficiente para sanar o prejuízo causado? O agente autônomo de ponta, o verdadeiro corruptor, terá como indenizar tal situação? Provavelmente não. Tem-se aí risco e insegurança. Ou seja: além da insegurança jurídica decorrente da corrupção já existente, tem-se que a corrupção individual, de livre iniciativa, passa a ter o potencial – tenha culpa ou não – de também prejudicar um empreendimento ou empreendedor.

Claro, a legislação é nova, falta regulamentação, e a jurisprudência há de se pronunciar como foco definidor dos parâmetros de aplicação da Lei, mais ainda do que a regulamentação, como de costume.

O problema é que tal assertiva – "a jurisprudência há de se pronunciar" – não é solução, mas parte do problema.

Quando uma norma editada necessita de definições a partir da jurisprudência, tem-se um claro problema de insegurança jurídica. Mesmo com o regulamento – que não deixará de ser um ato administrativo normativo infralegal – ter-se-á sempre o crivo jurisprudencial interpretativo.

O compliance como instrumento de prevenção e combate à corrupção

Hoje a variabilidade das decisões dos Tribunais é um dos principais fatores de insegurança jurídica. O melhor exemplo é a alteração de Súmulas dos Tribunais Superiores.

Súmula é interpretação normativa – não é norma, ao menos em seu conceito dentro do ordenamento jurídico. Como tal, não está sujeita a vários princípios normativos, inclusive o da retroatividade. Ou seja, alterada a Súmula, a princípio, ela passa a valer como interpretação aplicável a casos em andamento, e não situações criadas a partir de sua edição.

Assim, processos em curso passam a ser julgados pela nova redação da Súmula. No âmbito trabalhista, a alteração da Súmula 244 do Tribunal Superior do Trabalho, em 25.09.2012, é exemplo claro.

O art. 10, II, *b*, dos Atos das Disposições Constitucionais Transitórias estabelece a estabilidade da gestante, vedando a despedida arbitrária ou sem justa causa.

A jurisprudência era pacífica, aplicando a norma em questão para contratos por prazo indeterminado – contratos a termo, como o contrato de experiência, não envolvem "despedida", mas simplesmente o seu término, e portanto não haveria estabilidade.

Com a alteração da Súmula em 2012, houve a inclusão do inciso II, que estabelece que: "A empregada gestante tem direito à estabilidade provisória prevista no art. 10, inciso II, alínea "b", do Ato das Disposições Constitucionais Transitórias, mesmo na hipótese de admissão mediante contrato por tempo determinado".

Os empregadores que não haviam renovado por prazo indeterminado o contrato de experiência de funcionárias gestantes – legitimamente – nos dois anos que antecederam a alteração da Súmula estão sendo sistematicamente obrigados a indenizar o período de estabilidade – ao qual as referidas ex-funcionárias não possuíam direito quando do término do contrato de experiência em questão.

Cita-se, como exemplo:

ESTABILIDADE PROVISÓRIA. GESTANTE. CONTRATO DE EXPERIÊNCIA. DEFERIMENTO. A empregada gestante tem direito à estabilidade provisória prevista no artigo 10, inciso II, alínea "b", do Ato das Disposições Constitucionais Transitórias mesmo na hipótese de admissão mediante contrato por tempo determinado. Inteligência da Súmula n. 244, III, do TST. (TRT 12 – Processo: Nº 0003354-41.2013.5.12.0059 – Rel. Des. Juiz Garibaldi T. P. Ferreira – Publicado no TRTSC/DOE em 07-05-2014)

Tal mudança de posicionamento, destaca-se, ao que se tem notícia – e não há por que pensar diferente – nada teve de envolvimento com qualquer ato de corrupção: trata-se efetivamente de uma mudança de opinião jurídica.

Assim, quando é editada uma norma visando a coibir a corrupção – mas que faz isso imputando a responsabilidade ao empreendedor independente de dolo ou culpa – tem-se uma insegurança jurídica clara: as modalidades paliativas de punição estarão ao crivo do Judiciário, que muda seu posicionamento sem mudança legal, sem que haja uma clara definição do que deve o empreendedor fazer para evitar o risco, que não é do negócio, definitivamente.

O que ocorre de fato é a transferência de uma responsabilidade fiscalizatória e punitiva do Estado dos atos de seus agentes para o ente privado, que possui bem mais a perder pela imoralidade e ilegalidade do agente público do que o Estado, a curto prazo.

A longo prazo, o Estado também perde com essa insegurança, podendo ocorrer duas situações: adequação à moralidade a partir da aplicação da nova norma ou seletividade punitiva que passe a gerar desconfiança e insegurança ainda maiores, prejudicando investimentos.

Infelizmente, qualquer garantia apresentada na normatização ao investidor e empreendedor não é de aplicabilidade garantida.

A corrupção, que gerava primordialmente a insegurança jurídica decorrente da concorrência desleal – fora da legalidade, no presente contexto – amplia seu escopo de atuação e passa a punir o empreendedor excessivamente, por atos isolados de seus agentes de ponta, independentemente de dolo ou culpa.

Assim, tem-se a corrupção gerando a insegurança jurídica; a insegurança jurídica gerando a corrupção; e a medida legal preventiva gerando insegurança jurídica. Tudo em prejuízo do empreendedorismo.

4. Considerações finais

Retornando, então, às características gerais do homem, segundo Maquiavel, e acrescentando à análise destas todo o exposto, podem-se extrair algumas conclusões.

O fato de o homem ser ávido por ganhos pode ser extremamente positivo. E a legislação possui um papel fundamental para que isso ocorra.

Ao colocar como fundamento legal o valor social do trabalho e da livre iniciativa, ao embasar as vedações e permissibilidades em Lei, ao colocar ao empreendedor o risco do negócio, pode-se gerar um ambiente no qual a busca por ganhos venha por meio do investimento lícito, da geração de empregos, do fomento social deles decorrente e do ciclo saudável da cadeia produtiva.

A partir daí, tem-se a geração de riquezas sustentáveis passíveis de distribuição, não pelo mero assistencialismo, mas sim, pela fomentação, num cenário de verdadeira segurança jurídica, de condições reais e legítimas de crescimento e desenvolvimento próprio, por meio do investimento da força de trabalho.

Para proteger (ou assegurar), então, a ganância saudável, deve haver leis que coíbam os demais aspectos do homem, como ingratidão, simulação e dissimulação. Essas leis devem ser obedecidas, reforçadas, favorecidas acima de qualquer interesse privado (a ideologia é, também, um perigoso interesse privado, e que muitas vezes tem substituído a Lei), com sanções severas aos que a ela transgridam, pois o homem também é regido pelo temor ao perigo.

Veem-se, em tempos recentes, diversas iniciativas no sentido de estabelecer tal cenário no Brasil. Várias críticas podem ser feitas a tais iniciativas – e o foram no presente estudo – mas é fato que a jurisprudência já pune o corruptor e o corrupto com uma frequência maior do que no passado, e normas vêm sendo editadas visando a uma maior punibilidade.

O que não pode acontecer é a punibilidade – normativa e jurisprudencial – afastar-se do contraditório, da ampla defesa, do devido processo legal – todos princípios positivados, dentro do princípio da Legalidade – e não pode implicar uma insegurança maior simplesmente pelo afã condenatório.

Embora a dignidade da pessoa humana seja princípio basilar, não pode ser usada como marco interpretativo subjetivo para se romper com a legalidade estrita: toda norma goza da presunção de obediência ao princípio da dignidade da pessoa humana, e toda Lei emanada do povo por seus representantes eleitos deve ser respeitada. Mas é fato que muitas vezes a invocação inadequada em decisões judiciais de princípios constitucionais para um casuísmo específico acaba por colocar um interesse privado acima do público, gerando a insegurança jurídica e prejudicando a coletividade. Prejudicar o empreendedorismo retirando a segurança jurídica do ato legítimo do empreendedor é gerar insegurança jurídica e prejudicar a coletividade.

Não basta a edição normativa, então: muito do que se viu de reforma legislativa recente é decorrente de aplicabilidade falha das normas pretéritas. Já há leis penais que punem o corrupto e o corruptor. Há a necessidade de mais uma norma administrativa que pune aquele que, por vezes, não influenciou no ato em si?

Aplicadas adequadamente as normas já existentes, haveria a necessidade de criar uma a mais?

Não se trata de punir muito ou pouco, mas de punir certo e respeitar a segurança do ato praticado – dar segurança jurídica.

O Poder Judiciário tem um papel fundamental – e o Poder Judiciário somente é um verdadeiro pilar democrático quando não se sobrepõe às Leis, mas as aplica.

E o Poder Legislativo somente é legítimo quando, na construção legislativa, tem como máxima a busca do aprimoramento social e desenvolvimento social. O que não se pode fazer é permitir que subjetividades gerem inadequado pré-conceito casuístico de ilegitimidade.

Um dos pilares do desenvolvimento social é a segurança jurídica; a corrupção é um dos seus principais opositores, é um pilar da insegurança. É um verdadeiro desestímulo ao investimento e desenvolvimento produtivo. E deve ser adequadamente combatida, sob pena de gerar o efeito perverso de afastar o investimento.

A solução, evidentemente, não é simples. E o problema deve ser debatido com serenidade e sabedoria.

Sem segurança para empreender, sem igualdade de condições perante a Lei, sem valorizar que busca fazer o certo, não há estabilidade social. E o Empreendedor não pode desanimar frente às adversidades. Deve lutar, inclusive judicialmente, pela busca da segurança jurídica, inclusive a partir do seu exemplo. Ceder ao caos e à corrupção não pode ser nunca uma opção. Como dito, a busca de ganhos, de modo lícito e responsável, através do empreendedorismo, é pilar social e fundamental ao desenvolvimento de qualquer País.

Referências

MAQUIAVEL, Nicolau. *O Príncipe*. São Paulo: Trad. Gilson Cesar Cardoso de Souza. Livraria Editora Germape, 2003.

MACHIAVELLI, Niccolò. *O príncipe*: com as notas de Napoleão Bonaparte. São Paulo: Editora Revista dos Tribunais, 2003. 3.ed. Trad. J. Cretella Jr. e Agnes Cretella. P.107

PLANALTO: <http://www.planalto.gov.br/ccivil_03/_ato2011-2014/2013/lei/l12846.htm>. Fontes consultadas em 23.06.2016.

CANOTILHO, J. J. Gomes. *Direito Constitucional e Teoria da Constituição*. Coimbra: Almedina, s/d.

MACHADO, Sulamita Crespo Carrilho: *Aspectos jurídicos da prevenção e do controle da corrupção*. Acessado em: <http://www.eg.fjp.mg.gov.br/index.php/docman/publicacoes-2008/71-td2-aspectos-juridicos-da-prevenco-e-do-controle-da-corrupcao/file>. Fonte consultada em 09.09.2014.

FERREIRA, Alexandre Henrique Salema. *Corrupção política e a atividade tributaria*. Acessado em: <http://www.google.com.br/url?sa=t&rct=j&q=&esrc=s&frm=1&source=web&cd=7&ved=0CEMQFjAG&url=http%3A%2F%2Frevista.uepb.edu.br%2Findex.php%2Fdatavenia%2Farticle%2Fdownload%2F498%2F290&ei=irAPVKSVLMW_ggSao4HYBg&usg=AFQjCNGYI1LXCx_Ev1_kihbfT_-L5Qu9BQ>. Fonte consultada em 09.09.2014.

CÂMARA <http://www.camara.gov.br/proposicoesWeb/prop_mostrarintegra;jsessionid=0217887CEEBBFF862B9159B838A59F1D.proposicoesWeb1?codteor=888462&filename=PL+1572/2011>. Fonte consultada em 23.06.2016

— 8 —

Dos limites à aplicação da medida de ressarcimento ao erário

LIS CAROLINE BEDIN

Sócia fundadora do Bedin, Schreiner & Advogados Associados e da Bedin,
Crocetti & Advogados Associados. Especialista em Direito Administrativo e Aduaneiro

Sumário: 1. Introdução; 2. Da delimitação do conceito de dano ao erário; 3. Dos limites: prescrição; 4. Dos limites: a necessidade de efetiva ocorrência de dano; 5. Dos limites: a individualização precisa das condutas e da proporcionalidade na dosimetria das sanções; 6. Conclusão; Bibliografia.

1. Introdução

Têm-se observado, com grande frequência, exageros cometidos na propositura de ações de improbidade nas diversas alçadas. Muitas vezes as pretensões condenatórias são exorbitantes; em outras, não é feita a individualização precisa da conduta de cada um dos acusados, sendo imputada a todos indistintamente a responsabilidade pelo eventual ressarcimento ao erário. Via de regra, ainda é requerido o bloqueio de bens dos acusados em valor suficiente para cobrir inclusive valores a título de dano moral que vierem a ser fixados em sentença, o que acaba sendo deferido diante de interpretação duvidosa do artigo 7º da Lei de Improbidade.[1]

No afã de punir e dar respostas à sociedade em meio a uma das maiores crises morais vivenciadas pelo Estado brasileiro, várias regras e garantias constitucionais acabam esquecidas ou mesmo atropeladas. Este artigo dedica-se a examinar a quais limites se sujeita a pretensão de ressarcimento ao erário nos casos de condenação por improbidade administrativa.

---

[1] Art. 7º Quando o ato de improbidade causar lesão ao patrimônio público ou ensejar enriquecimento ilícito, caberá à autoridade administrativa responsável pelo inquérito representar ao Ministério Público, para a indisponibilidade dos bens do indiciado. Parágrafo único. A indisponibilidade a que se refere o caput deste artigo recairá sobre bens que assegurem o integral ressarcimento do dano, ou sobre o acréscimo patrimonial resultante do enriquecimento ilícito.

2. Da delimitação do conceito de dano ao erário

O ressarcimento de dano ao erário é medida decorrente da prática de ato de improbidade, estando prevista na Lei 8.429/92, conhecida como Lei de Improbidade, e no art. 37 da Constituição Federal.

O termo *erário* se refere à reunião de bens e direitos da fazenda pública. Remete à noção de patrimônio público, que é o conjunto de bens corpóreos e incorpóreos pertencentes ao Estado. Nas palavras de Lúcia Valle Figueiredo, "Bens públicos são todos aqueles, quer corpóreos, quer incorpóreos, portanto imóveis, moveis, semoventes, créditos, direito e ações, que pertençam, a qualquer título, à União, Estados, Municípios, respectivas autarquias e fundações de direito público".[2]

Já o dano, a seu turno, é o prejuízo sofrido por esse rol de bens e direitos. Para Pontes de Miranda: "Dano Patrimonial é o dano que atinge o patrimônio do ofendido; dano não patrimonial é o que, só atingindo o devedor como ser humano, não lhe atinge o patrimônio."[3]. Ou, ainda, dano patrimonial "é aquele que atinge bens que compõem o patrimônio de uma pessoa, cuja avaliação em dinheiro é sempre possível".[4] [5]

A referência ao dano ao erário é feita em especial pela lei de improbidade (Lei 8429/92), quando faz alusão em seu artigo 10 à "perda patrimonial, desvio, apropriação, malbaratamento e dilapidação". Dessa feita, como esclarece Waldo Fazzo Junior, "se o erário perder patrimônio, for dilapidado, tiver seus bens e haveres desviados ou deles for indevidamente desapropriado, por ação imputável ao prefeito, este poderá ser destinatário da persecução por lesão à Fazenda Pública municipal".[6]

Como decorrência dos conceitos acima, dano ao erário a que refere a lei de improbidade é aquele prejuízo que atinge bens públicos, implicando perda patrimonial efetiva ao Estado, decorrente da prática de atos de improbidade.[7]

---

[2] FIGUEIREDO, Lucia Valle. *Curso de Direito Administrativo*, 6. ed., São Paulo: Malheiros, 2003. p. 407.

[3] MIRANDA, Pontes de. *Tratado de Direito Privado*. 1959. Tomo XXVI, p. 30.

[4] MONTENEGRO, Antonio Lindbergh C. *Ressarcimento de Danos*. 8. ed. Rio de Janeiro: Lumen Juris, 2005. p. 21.

[5] "A perda *in natura* que o lesado sofreu, em conseqüência de certo facto, nos interesses (materiais, espirituais ou morais) que o direito violado ou a norma infringida visam tutelar". VARELA, João de Matos Antunes. *Das Obrigações em Geral*, Vol. I. 10 ed. Coimbra: Almedina, 2000. p. 598.

[6] FAZZO JÚNIOR, Waldo. *Improbidade Administrativa e Crimes de Prefeitos*, São Paulo, Atlas, 2000. p. 114. O autor esclarece ainda: "Perda patrimonial significa que o Município conhece desfalque, privação, extravio de bens de seu patrimônio. Desvio traduz mudança de direção, desvirtuamento ou alteração da destinação de bem ou valor. Apropriação é apoderamento, usurpação, inversão da posse, permitindo que outrem transforme em seu bem o que é do Município. Malbaratamento é desperdício, venda com prejuízo, gasto mal feito. Dilapidação é esbanjamento, desbaratamento às expensas do erário municipal. O legislador é bem expressivo: são essas as formas de lesionar". p. 117-118.

[7] "Lesão patrimonial é o prejuízo ao erário em razão do ato de improbidade cometido pelo ente público, servidor ou não". FERRACII, Luiz Alberto. *Improbidade Administrativa* – Teoria, Prática e Jurisprudência. Julex, 1997. p. 28.

Não abrange nesta acepção os danos ao patrimônio social, cultural, que não possam ser facilmente expressos monetariamente, já que estes apresentam outras ferramentas de tutela.

3. Dos limites: prescrição

A Constituição Federal define, em seu artigo 37, § 5º, que: "A lei estabelecerá os prazos de prescrição para ilícitos praticados por qualquer agente, servidor ou não, que causem prejuízos ao erário, ressalvadas as respectivas ações de ressarcimento".

Por muito tempo decorreu deste dispositivo o entendimento de que as ações de ressarcimento ao erário seriam imprescritíveis (tese ainda refletida em muitas decisões até os dias de hoje). Contudo, uma análise mais detida da própria Constituição levará a entendimento diferente.

Decorre do princípio constitucional a segurança jurídica que todos os atos são prescritíveis, para que se garanta a estabilidade das relações jurídicas. Eis a regra geral, essencial ao Estado Democrático de Direito.

Para que uma exceção à regra da segurança jurídica seja admitida, é imperial que seja ela no mínimo expressa. Tal foi feito pela Constituição em três situações distintas: a primeira, quando determina ser o crime de racismo imprescritível; a segunda, quando estabelece a mesma regra para os crimes decorrentes de ação de grupos armados, civis ou militares contra o Estado Democrático de Direito; e a terceira, sobre a ação incidente relativa aos direitos originários sobre terras indígenas .Note-se que, nas duas primeiras hipóteses, a hipótese é voltada à esfera penal, cuja pena não se prolonga infinitamente por encontrar limites na própria duração da vida.

Nas três exceções demonstradas no caso anterior, o legislador foi muito claro e preciso, não oferecendo margem a interpretações das disposições dos textos constitucionais. Quando se trata, contudo, da regra do § 5º do artigo 37, não há a mesma literalidade e clareza na legra da Lei. Ao mesmo tempo em que se pode extrair a regra da imprescritibilidade das ações de ressarcimento, há também outro entendimento absolutamente viável: o da independência dos prazos de prescrição do ilícito em si e da propositura de sua correspondente ação de ressarcimento.

Ora, se há duas interpretações distintas para o mesmo dispositivo, sendo uma delas integrada aos princípios constitucionais e outra violadora da segurança jurídica, é aquela, evidentemente, a que revela maior adequação ao Ordenamento, e que deve ser prestigiada.

O entendimento do dispositivo constitucional que leva à imprescritibilidade das ações de ressarcimento implica a utilização de interpretação extensiva, incompatível com o princípio da segurança jurídica e com o devido processo legal. Ademais, importaria no reconhecimento da imprescritibilidade até mesmo das ações de execução fiscal, visto que constituem instrumento para a devida recomposição de danos sofridos pelo erário. Criar-se-ia assim uma evidente antinomia em nosso sistema legal, que a todo custo é rechaçada.

Sendo, portanto, prescritíveis, qual o prazo prescricional aplicável às ações de ressarcimento decorrentes de dano ao erário, na esfera civil? Ora, o mesmo aplicável nas ações contra a Administração Pública, previstos tanto na Lei 8.429/92, como também no Decreto-Lei nº 20.910/32 (ações contra a Fazenda), na Lei 9.873/99 (aplicação do poder de polícia), e especialmente na Lei 4.717/65 (ações populares): 5 anos.

Evidenciando a flexibilização do entendimento tradicional acerca da imprescritibilidade das ações de ressarcimento ao erário, o Ministro Cesar Peluso, em voto no julgamento do Mandado de Segurança nº 26.210, no Pleno do Supremo Tribunal Federal, esposou entendimento no sentido de que esta imprescritibilidade seria justificável tão somente nos casos de prática de ilícito penal.

Referida decisão já repercute inclusive nos outros tribunais pátrios, dentre eles o Tribunal de Justiça do Estado de São Paulo, e do Estado de Santa Catarina, renovando radicalmente o entendimento clássico do artigo 37, § 5º, havido desde a promulgação da Constituição de 1988.

4. Dos limites: a necessidade de efetiva ocorrência de dano

O artigo 11 da Lei de 8.429/92[8] trata do ato de improbidade que viola os princípios da administração pública, como, por exemplo, o da moralidade, honestidade, imparcialidade e legalidade. Em seguida, a mesma lei dispõe caber para os casos previstos no artigo 11 a reparação do dano, "se houver".[9] Situação

---

[8] Art. 11. Constitui ato de improbidade administrativa que atenta contra os princípios da administração pública qualquer ação ou omissão que viole os deveres de honestidade, imparcialidade, legalidade, e lealdade às instituições, e notadamente: I – praticar ato visando fim proibido em lei ou regulamento ou diverso daquele previsto, na regra de competência; II – retardar ou deixar de praticar, indevidamente, ato de ofício; III – revelar fato ou circunstância de que tem ciência em razão das atribuições e que deva permanecer em segredo; IV – negar publicidade aos atos oficiais; V – frustrar a licitude de concurso público; VI – deixar de prestar contas quando esteja obrigado a fazê-lo; VII – revelar ou permitir que chegue ao conhecimento de terceiro, antes da respectiva divulgação oficial, teor de medida política ou econômica capaz de afetar o preço de mercadoria, bem ou serviço.

[9] Art. 12. Independentemente das sanções penais, civis e administrativas previstas na legislação específica, está o responsável pelo ato de improbidade sujeito às seguintes cominações, que podem ser aplicadas isolada ou cumulativamente, de acordo com a gravidade do fato: (Redação dada pela Lei nº 12.120, de 2009). I – na hipótese do art. 9º, perda dos bens ou valores acrescidos ilicitamente ao patrimônio, ressarcimento integral do dano, quando houver, perda da função pública, suspensão dos direitos políticos de oito a dez anos, pagamento de multa civil de até três vezes o valor do acréscimo patrimonial e proibição de contratar com o Poder Público ou receber benefícios ou incentivos fiscais ou creditícios, direta ou indiretamente, ainda que por intermédio de pessoa jurídica da qual seja sócio majoritário, pelo prazo de dez anos; II – na hipótese do art. 10, ressarcimento integral do dano, perda dos bens ou valores acrescidos ilicitamente ao patrimônio, se concorrer esta circunstância, perda da função pública, suspensão dos direitos políticos de cinco a oito anos, pagamento de multa civil de até duas vezes o valor do dano e proibição de contratar com o Poder Público ou receber benefícios ou incentivos fiscais ou creditícios, direta ou indiretamente, ainda que por intermédio de pessoa jurídica

diferente do artigo 10 do mesmo diploma, que traz especificamente casos em que tenha havido lesão ao erário.

Somando-se ao artigo 11 da Lei de Improbidade, o artigo 4º da Lei de Ação Popular traz a noção de presunção de lesividade, quando dispõe serem nulos todos os atos praticados nas condições que especifica.[10] Ou seja, sua nulidade, a despeito do que estabelece o artigo 2º da mesma norma,[11] independe da verificação da ocorrência de dano ao patrimônio público ou enriquecimento ilícito da parte.

Com a conjugação das duas normas acima citadas, criou-se uma figura legal em que haveria a caracterização de improbidade administrativa dotada de uma presunção de dano ao erário, a demandar o respectivo ressarcimento. De acordo com Lúcia Valle Figueiredo, a regra esculpida na lei de ação popular traz em si uma presunção de direito de que há a ocorrência de lesão ao erário, e por isso seria ensejadora de sanção.[12]

da qual seja sócio majoritário, pelo prazo de cinco anos; III – na hipótese do art. 11, ressarcimento integral do dano, se houver, perda da função pública, suspensão dos direitos políticos de três a cinco anos, pagamento de multa civil de até cem vezes o valor da remuneração percebida pelo agente e proibição de contratar com o Poder Público ou receber benefícios ou incentivos fiscais ou creditícios, direta ou indiretamente, ainda que por intermédio de pessoa jurídica da qual seja sócio majoritário, pelo prazo de três anos.

[10]Art. 4º São também nulos os seguintes atos ou contratos, praticados ou celebrados por quaisquer das pessoas ou entidades referidas no art. 1º. I – A admissão ao serviço público remunerado, com desobediência, quanto às condições de habilitação, das normas legais, regulamentares ou constantes de instruções gerais. II – A operação bancária ou de crédito real, quando: a) for realizada com desobediência a normas legais, regulamentares, estatutárias, regimentais ou internas; b) o valor real do bem dado em hipoteca ou penhor for inferior ao constante de escritura, contrato ou avaliação. III – A empreitada, a tarefa e a concessão do serviço público, quando: a) o respectivo contrato houver sido celebrado sem prévia concorrência pública ou administrativa, sem que essa condição seja estabelecida em lei, regulamento ou norma geral; b) no edital de concorrência forem incluídas cláusulas ou condições, que comprometam o seu caráter competitivo; c) a concorrência administrativa for processada em condições que impliquem na limitação das possibilidades normais de competição. IV – As modificações ou vantagens, inclusive prorrogações que forem admitidas, em favor do adjudicatário, durante a execução dos contratos de empreitada, tarefa e concessão de serviço público, sem que estejam previstas em lei ou nos respectivos instrumentos. V – A compra e venda de bens móveis ou imóveis, nos casos em que não cabível concorrência pública ou administrativa, quando: a) for realizada com desobediência a normas legais, regulamentares, ou constantes de instruções gerais; b) o preço de compra dos bens for superior ao corrente no mercado, na época da operação; c) o preço de venda dos bens for inferior ao corrente no mercado, na época da operação. VI – A concessão de licença de exportação ou importação, qualquer que seja a sua modalidade, quando: a) houver sido praticada com violação das normas legais e regulamentares ou de instruções e ordens de serviço; b) resultar em exceção ou privilégio, em favor de exportador ou importador. VII – A operação de redesconto quando sob qualquer aspecto, inclusive o limite de valor, desobedecer a normas legais, regulamentares ou constantes de instruções gerais. VIII – O empréstimo concedido pelo Banco Central da República, quando: a) concedido com desobediência de quaisquer normas legais, regulamentares,, regimentais ou constantes de instruções gerias: b) o valor dos bens dados em garantia, na época da operação, for inferior ao da avaliação. IX – A emissão, quando efetuada sem observância das normas constitucionais, legais e regulamentadoras que regem a espécie.

[11] Art. 2º São nulos os atos lesivos ao patrimônio das entidades mencionadas no artigo anterior, nos casos de: a) incompetência; b) vício de forma; c) ilegalidade do objeto; d) inexistência dos motivos; e) desvio de finalidade.(...)

[12] De acordo com Lúcia Valle Figueiredo, "Há, nessa hipótese, presunção de lesividade juris et de jure. Vale dizer: se algum contrato for pactuado sem licitação, quando esta for exigível, teremos ato nulo (embora não costumemos utilizar a nomenclatura ' ato nulo' , ora empregada por estar assinalada na Lei da Ação Popular), pois por presunção á seria lesivo e, de conseguinte, deveria merecer sanção". Lucia Valle Figueiredo, Curso de Direito Administrativo, 6ª. Ed., São Paulo: Malheiros, 2003. p. 413.

Em decorrência destes dispositivos, é que há um sem número de decisões condenando seus respectivos réus a ressarcirem prejuízos que jamais ocorreram aos cofres públicos. É o caso aqui, por exemplo, de um contrato de prestação de serviços firmado e executado com o poder público, declarado nulo, em que o magistrado condena o particular a devolver todos os valores recebidos, sem se importar em verificar se houve ou não a correspondente prestação de serviços.

A condenação a ressarcimento de dano presumido ao erário viola princípios basilares do Ordenamento Jurídico, sendo eles: a) presunção da inocência; b) segurança jurídica; à c) razoabilidade e d) proporcionalidade.

Não basta para a aplicação da pena de ressarcimento ao erário que haja um ato ilegal que a embase; é necessário também que referido ato tenha gerado efetivo prejuízo. E caso isso não seja cabalmente demonstrando no processo administrativo ou judicial em que se pretender a aplicação da penalidade, com a delimitação precisa da responsabilidade de cada um dos agentes acusados, por conta do art. 5.º, LVII, da Constituição Federal, não poderá haver a respectiva condenação.

Trata-se do princípio da presunção de inocência, estabelecendo uma garantia de que ninguém será considerado culpado até o trânsito em julgado de sentença penal condenatória. Levando-se em conta que o instrumento de dar-se o benefício ao réu é utilizado para garantir o princípio da presunção da inocência,[13] ele só poderá ser ilidido com robusta e suficiente prova em contrário.[14]

A obrigação de ressarcir dano presumido também é agressiva à segurança jurídica. O Código Civil estabelece a impossibilidade de enriquecimento de um à custa de outro, sem uma justa causa.[15] Caso tal circunstância se verifique, estabelece ser imperiosa a devida devolução.[16]

Uma vez prestada qualquer benesse, que foi devidamente recebida pela Administração Pública, deverá por ela pagar. Se assim não o fosse, estaria a Administração Pública beneficiando-se da própria torpeza ao furtar-se ao pagamento de dívida, que incorreria em benefício patrimonial em detrimento do prestador da benesse.[17]

---

[13] MORAES, Alexandre de. *Constituição do Brasil Interpretada*. São Paulo: Atlas, 2002, p. 388.

[14] Nesse sentido, "Ato lesivo é todo aquele portador de dano efetivo e concreto ao patrimônio de alguém. É preciso examinar o ato tal como ocorrido, tratando-se em seguida de saber se dele decorreu dano. Para se ter um ato cmo lesivo, e portanto indenizável, é necessário que ele já tenha causado dano. Logo, há que se deixar de lado exercícios de futurologia". DINAMARCO, Pedro da Silva. *Ação Civil Pública*. São Paulo: Saraiva, 2001. p. 291.

[15] Art. 884. Aquele que, sem justa causa, se enriquecer à custa de outrem, será obrigado a restituir o indevidamente auferido, feita a atualização dos valores monetários. Parágrafo único. Se o enriquecimento tiver por objeto coisa determinada, quem a recebeu é obrigado a restituí-la, e, se a coisa não mais subsistir, a restituição se fará pelo valor do bem na época em que foi exigido.

[16] Art. 885. A restituição é devida, não só quando não tenha havido causa que justifique o enriquecimento, mas também se esta deixou de existir.

[17] "Ao Poder Público pertencem todas as prerrogativas necessárias ao bom asseguramento do interesse público, de sorte que pode adotar providências requeridas para tanto, ainda que impliquem alterações no regime inicial. Também não há evadir-se à conclusão de que nunca por nunca poderá a Administração esquivar-se

A presunção de um enriquecimento sem causa agride ao direito, que o afasta em prol da segurança jurídica. Assim, a condenação ao ressarcimento de danos ao erário exige a prova do efetivo prejuízo, que não pode ser presumido, mas líquido e certo.

Não há correlação lógica entre se atribuir a alguém o direito de ser ressarcido por aquilo que não perdeu. Se for o caso de aplicação de alguma pena pela improbidade desacompanhada de dano efeito, poderá ser a de multa, restrição de liberdade, ou qualquer outra prevista em lei, mas certamente não a de recomposição de dano que não houve.

Por isso, é evidente que para que uma pena de ressarcimento seja aplicada, o dano (que não se presume) precisa ser efetivamente demonstrado.

Após um longo período de rigidez da aplicação da lei de improbidade e da lei de ação popular, foi exatamente este o entendimento esposado pelo Superior Tribunal de Justiça, em voto da lavra do Ministro Luiz Fux:[18] "A lesividade que impõe o ressarcimento é aquela que onera, sem benefícios, o erário público."

De acordo com o julgado, ainda que em um caso determinado esteja caracterizada a improbidade administrativa por violação, por exemplo, ao princípio da moralidade, se houve a prestação efetiva de serviços pelo particular, a remuneração a este é devida. E se a remuneração é devida, não há que se falar em lesão ao erário e, consequentemente, muito menos em pena de ressarcimento.

Dando lastro a esta orientação do STJ, diversos tribunais passaram a decidir no mesmo sentido.[19] Dentre eles o Tribunal de Justiça do Estado do Paraná, que, muito embora tenha reconhecido a ilegalidade em um dado contrato firmado entre empresa privada e Município, tendo como objeto serviços de iluminação pública, reconheceu o direito de o particular receber pelos serviços prestados, sob pena de haver o enriquecimento ilícito da Administração Pública.

Em outros termos, foi garantido à empresa o direito de receber pelos serviços que executou, ainda que estes apresentem contratação eivada de vício.[20]

à contrapartida delas, isto é, ao cabal ressarcimento dos gravames resultantes para o contratante privado". BANDEIRA DE MELLO, Celso Antonio. *Curso de Direito Administrativo*, 14. ed. São Paulo: Malheiros, 2002, p. 561.

[18] STJ. Rel. Min. Luiz Fux, Resp. nº 407075/MG, 1ª T., *DJ* de 23 set. 2002. p. 244.

[19] TRF 1ª Região, Acórdão 199301275716/DF, 3ª T. S., Rel. Juiz Leão Aparecido Alves, DJU 22.02.2002, p. 33; . TJMG, Acórdão 000234327-5/00, 1ª Câmara Cível, Relator Des. Orlando Carvalho, J. 27.11.2001; TJRO, ADGJ 01.001305-9, Câmara Especial, Relator Des. Eliseu Fernandes de Souza, J. 16.05.2001; TJRS, Apelação Cível 598606515, 1ª Câmara Cível Especial, Relator Des. Genaro José Baroni Borges, J. 17.08.2000; TJPR, Acórdão 0090922-8, 3ª Câmara Cível, Relator Des. Jesus Sarrão, DJPR 16.04.2001; TJSP, Acórdão 25.953-5, Campinas, 3ª CDPúb, Rel. Des. Rui Stocco, J. 05.08.1999, v.u.; TJRJ, DGJ 265/1999, Acórdão05101999, 18ª Câmara Cível, Rel. Des. Nascimento Povoas Vaz, J. 31.08.1999; TJMG Acórdão 000.210.650-8/00, 3ª Câmara Cível, Rel. Des. Isalino Lisboa, J. 06.09.2001; TJMG, Acórdão 000.223.386-4/00, 1ª Câmara Cível, Rel. Des. Orlando Carvalho, J. 18.09.2002; e TJRO, Acórdão 01.002258-9, Câmara Especial, Rel. Des. Eliseu Fernandes de Souza, J. 29.08.2001.

[20] TJ/PR, 4ª C.C., Apelação Cível e Reexame Necessário nº 399995-3.

O compliance como instrumento de prevenção e combate à corrupção

5. Dos limites: a individualização precisa das condutas e da proporcionalidade na dosimetria das sanções

É decorrência dos mais elementares princípios de justiça que apenas seja obrigado a reparar prejuízo aquele que a ele tenha dado causa, e na exata medida de sua culpabilidade.

Para que o dispositivo possa ser efetivo, é fundamental que haja, em cada ação de improbidade proposta, a descrição precisa da individualização das condutas de cada um dos acusados. É necessário descrever seus atos, grau de participação, assim como as consequências efetivas e potenciais deles originadas. Só assim será possível ao magistrado avaliar com verdadeira justiça a necessidade de imposição de eventual medida de ressarcimento ao erário, e o seu exato montante.

Uma vez individualizadas com precisão as condutas e suas respectivas consequências, e declarada a sua ilegalidade qualificada (considerando aqui requisito da improbidade a ilegalidade qualificada pela má-fé ou, no mínimo, culpa grave), é que se pode passar à dosimetria da pena. Esta, por sua vez, também tem limites a serem observados.

Para que a dosimetria da pena seja feita de forma legal e satisfatória, precisa ser analisada à luz dos princípios da razoabilidade[21] e da proporcionalidade. Estes, além de terem lugar cativo no campo da Teoria Geral do Direito, encontram-se normatizados no artigo 2° da Lei 9.784/99, que trata do processo administrativo.[22]

O princípio da razoabilidade, para Hely Lopes Meirelles, proíbe o cometimento de excessos, por meio do equilíbrio entre os objetivos que se busca alcançar e os meios utilizados para tanto, evitando restrições desnecessárias e até abusivas aos particulares.[23]

---

[21] "O princípio da razoabilidade, na origem, mais que um princípio jurídico, é uma diretriz de senso comum ou, mais exatamente, de bom-senso, aplicada ao Direito. Esse 'bom-senso jurídico' se faz necessário à medida que as exigências formais que decorrem do princípio da legalidade tendem a reforçar mais o texto das normas, a palavra da lei, que o seu espírito. A razoabilidade formulada como princípio jurídico, ou como diretriz de interpretação das leis e atos da Administração, é uma orientação que se contrapõe ai formalismo vazio, à mera observância dos aspectos exteriores da lei, formalismo esse que descaracteriza o sentido finalístico do Direito". BUCCI, Maria Paula Dallari. O princípio da razoabilidade em apoio à legalidade. In: *Cadernos de Direito Constitucional e Ciência Política* 16, São Paulo, RT, 1996, p. 173.

[22] Art. 2°. A Administração Pública obedecerá, dentre outros, aos princípios da legalidade, finalidade, motivação, razoabilidade, proporcionalidade, moralidade, ampla defesa, contraditório, segurança jurídica, interesse público e eficiência. Parágrafo único. Nos processos administrativos serão observados, entre outros, os critérios de: (...) VI – adequação entre meios e fins, vedada a imposição de obrigações, restrições e sanções em medida superior àquelas estritamente necessárias ao atendimento do interesse público; VII – indicação dos pressupostos de fato e de direito que determinarem a decisão; (...)

[23] Em suas próprias palavras: "Sem dúvida, pode ser chamado de princípio da proibição de excesso, que, em última análise, objetiva aferir a compatibilidade entre os meios e os fins, de modo a evitar restrições desnecessárias ou abusivas por parte da Administração Pública, com lesão aos direitos fundamentais". MEIRELLES, Hely Lopes. *Direito Administrativo Brasileiro*, 24. ed., São Paulo: Malheiros, 1999, p. 86.

A identificação de quando uma situação viola a razoabilidade e é, portanto, não apenas ilegal quanto ilegítima, é bem sintetizada por Weida Zancaner, que estabelece três hipóteses:

> Em suma: um ato não é razoável quando 1) não existiram os fatos em que se embasou; 2) quando os fatos, embora existentes, não guardam relação lógica com a medida tomada; 3) quando, mesmo existente alguma relação lógica, não há adequada proporção entre uns e outros; 4) quando se assentou em argumentos ou em premissas, explícitas ou implícitas, que não autorizam, do ponto de vista lógico, a conclusão deles extraída.[24]

Diante destes princípios, as medidas de ressarcimento, quando fixadas, devem ser feitas de modo individual, e em montantes diretamente proporcionais ao dano efetivamente provado e ocasionado pelos atos de cada parte acusada.

A própria Lei de Improbidade atribui o valor de eventual decretação de indisponibilidade ou ressarcimento àquele correspondente ao dano ou a enriquecimento ilícito comprovado.[25] Por conta disso, em seu artigo 12, parágrafo único, estabeleceu a necessidade de o Juiz, ao fixar as respectivas penas, levar em conta a extensão do dano causado, assim como o proveito patrimonial obtido pelo agente público ou pelo terceiro beneficiado.

> Art. 12. Independentemente das sanções penais, civis e administrativas, previstas na legislação específica, está o responsável pelo ato de improbidade sujeito às seguintes cominações: (...)
> Parágrafo único. Na fixação das penas previstas nesta lei o juiz levará em conta a extensão do dano causado, assim como o proveito patrimonial obtido pelo agente.[26]

Portanto, a precisa delimitação das condutas ilegais interpretadas à luz dos princípios da razoabilidade e proporcionalidade constitui um instrumento de fundamental valor para a celebração da Justiça. Justiça esta tanto em relação a cada um daqueles condenados à medida de ressarcimento ao erário, quanto à própria sociedade.

6. Conclusão

É necessário que a severidade e a rigidez residentes na forma com que inicialmente se deu a aplicação da pena de ressarcimento ao erário percam espaço para uma interpretação mais condizente com uma noção sistêmica do Direito. Não é mais admissível que a pena de ressarcimento seja aplicada indiscriminadamente.

---

[24] Razoabilidade e moralidade "princípio concretizadores do perfil constitucional do Estado Social e Democrático de Direito". In: Estudos em Homenagem a Geraldo Ataliba. *Direito Administrativo e Constitucional*, v. 2. São Paulo: Malheiros, 1997, p. 623.

[25] Art. 7º Quando o ato de improbidade causar lesão ao patrimônio público ou ensejar enriquecimento ilícito, caberá a autoridade administrativa responsável pelo inquérito representar ao Ministério Público, para a indisponibilidade dos bens do indiciado. Parágrafo único. A indisponibilidade a que se refere o caput deste artigo recairá sobre bens que assegurem o integral ressarcimento do dano, ou sobre o acréscimo patrimonial resultante do enriquecimento ilícito.

[26] Exemplos de artigos constantes na Lei nº 8.429/92 que reiteram a importância da verificação do dano e do enriquecimento ilícito.

A imprescritibilidade das ações de ressarcimento ao erário não é compatível com o Estado Democrático de Direito. Para admitir-se exceção à regra geral das prescrições, a previsão da Constituição precisa ser expressa e taxativa, o que não ocorreu no dispositivo inserido em seu artigo 37, § 5º. Se a redação dá margem a interpretações, e dentre estas há uma que se compatibiliza com o princípio da segurança jurídica, é esta que deverá ser adotada pelo aplicador do Direito, a fim de se evitar antinomias em nosso Sistema Legal.

Também não é possível a determinação de ressarcimento a casos em que não tenha havido caracterização de prejuízo efetivo ao erário; mesmo em caso de dano presumido decorrente de previsão legal. Aceitar tal possibilidade violaria os princípios da presunção de inocência, segurança jurídica, razoabilidade, proporcionalidade, e implicaria o enriquecimento ilícito do Estado. O que não significa dizer que o ato ilegal do qual não resultou lesão efetiva ao erário não seja digno de reprimenda; apenas que a pena de ressarcimento ao erário a este fim não se presta.

Há limites rígidos que precisam ser observados ao se determinar o ressarcimento ao erário, que passam necessariamente pela individualização precisa das condutas e da proporcionalidade na dosimetria das sanções. Só assim poderão ser resguardados princípios basilares como o da legalidade e da segurança jurídica, bem como a própria Justiça.

As temáticas envolvendo a aplicação da pena de ressarcimento ao erário demonstram efetivamente que o Ordenamento Jurídico é dinâmico, em especial no que toca à sua interpretação.

Bibliografia

BOBBIO, Norberto. *Teoria Geral do Direito*. São Paulo: Martins Fontes, 2007.

BANDEIRA DE MELLO, Celso Antonio. *Curso de direito* administrativo, 27. ed. São Paulo: Malheiros, 2010.

——. *Curso de Direito Administrativo*, 14. ed. São Paulo: Malheiros, 2002.

BUCCI,,Maria Paula Dallari. O princípio da razoabilidade em apoio à legalidade. In: *Cadernos de Direito Constitucional e Ciência Política* 16, São Paulo, RT, 1996.

DINAMARCO, Pedro da Silva, *Ação Civil Pública*. São Paulo: Saraiva, 2001.

FAZZO JÚNIOR, Waldo. *Improbidade Administrativa e Crimes de Prefeitos*, São Paulo: Atlas, 2000.

FERRACINI, Luiz Alberto. Improbidade Administrativa – Teoria, Prática e Jurisprudência. Julex, 1997.

FIGUEIREIDO, Lucia Valle. *Curso de Direito Administrativo*, 6. ed., São Paulo: Malheiros, 2003.

GRINOVER, Ada Pellegrini. Ação de improbidade administrativa – decadência e prescrição, *Revista Interesse Público* 33/60-65.

MEIRELLES, Hely Lopes, *Direito Administrativo Brasileiro*, 24. ed., São Paulo: Malheiros, 1999.

MIRANDA, Pontes de. *Tratado de Direito Privado*. 1959. Tomo XXVI.

MONTENEGRO, Antonio Lindbergh C. *Ressarcimento de Danos*. 8. ed. Rio de Janeiro: Lumen Juris, 2005.

MORAES, Alexandre de. *Constituição do Brasil Interpretada*. São Paulo: Atlas, 2002.

MUKAI, Toshio, *Administração Pública na Constituição de 1988*. 2. ed. São Paulo: Saraiva, 1999.

VARELA, João de Matos Antunes. *Das Obrigações em Geral*, Vol. I. 10. ed. Coimbra: Almedina, 2000.

ZANCANER, Weida. Razoabilidade e moralidade "princípio concretizadores do perfil constitucional do Estado Social e Democrático de Direito. In Estudos em Homenagem a Geraldo Ataliba Direito Administrativo e Constitucional v. 2, São Paulo: Malheiros, 1997.

— 9 —

Lei Anticorrupção: a importância do programa de *compliance* no cenário atual

FLÁVIA SAFADI UBALDO
Sócia do Marcelo Tostes Advogados

Sumário: 1. Introdução; 2. *Compliance*; 3. A Lei Anticorrupção, o *compliance* e regulamentos específicos; 4. Conclusão; Referências.

1. Introdução

Com a abertura comercial incrementada nacionalmente, na década de 90, o Brasil buscou alinhar-se com o mercado mundial da alta competitividade e, simultaneamente, os órgãos reguladores aumentaram sua preocupação em implementar novas regras de segurança para as instituições financeiras e regulamentar o mercado interno em aderência às regras internacionais.

Internacionalmente, desde os primórdios dos anos 70, com a criação do Comitê da Basileia para Supervisão Bancária, procurou-se fortalecer o Sistema Financeiro por meio da maior conceituação sistemática de suas atividades, parametrizando-as pelas boas práticas financeiras e munindo-as de procedimentos prudenciais na sua atuação. Iniciava-se o processo para a tentativa de saneamento do Sistema Financeiro Internacional.

Em paralelo a esse cenário, as instituições financeiras brasileiras continuaram a enfrentar uma acirrada disputa interna por uma fatia cada vez mais representativa do mercado. Essa competitividade contribuiu para a quebra de algumas instituições que, entre outros fatores, não adequaram seu ambiente de controles internos de acordo com o risco do seu segmento.

Fatos relevantes no cenário mundial, como o ato terrorista nos EUA em 2001 e os escândalos financeiros em Wall Street em 2002, despertaram a necessidade de regulamentações ainda mais efetivas e rapidamente aplicáveis em todos os países, a fim de gerir os riscos aos quais as instituições estão sujeitas.

Com isso, as instituições financeiras foram compelidas a iniciar um ciclo de mudanças cada vez mais radicais, com reestruturações estratégicas, organi-

O compliance como instrumento de prevenção e combate à corrupção

zacionais e tecnológicas, para construir uma imagem forte da instituição financeira perante clientes e fornecedores.[1]

Atualmente, resta claro que a corrupção, ainda que disseminada em diversos países, instituições, empresas e culturalmente, compromete a segurança do sistema financeiro, trazendo riscos e impedimento de investimentos, impulsionando diversas organizações internacionais a desenvolverem tratados buscando a prevenção e o combate à corrupção.

Nesse cenário, a redução dos níveis de corrupção no Brasil tornou-se também uma questão fundamental para fortalecer as instituições democráticas e para viabilizar o crescimento econômico do país, assim, o Brasil ratificou três convenções internacionais contra corrupção: a Convenção das Nações Unidas contra a Corrupção (CNUCC), da Organização das Nações Unidas (ONU); a Convenção Interamericana contra a Corrupção, da Organização dos Estados Americanos (OEA); e a Convenção sobre o Suborno de Funcionários Públicos Estrangeiros em Transações Comerciais Internacionais, da Organização para Cooperação e Desenvolvimento Econômico (OCDE). A celebração desses compromissos internacionais corrobora o argumento de que a corrupção não é um problema local, mas sim mundial.[2]

Num movimento contínuo de elaboração e aprimoramento legislativo na busca por um desenvolvimento da política de combate à corrupção, destacam-se a Lei de Improbidade Administrativa (Lei 8.429/92), a Lei Geral de Licitações e Contratos (Lei 8.666/93), a Lei de acesso à informação (Lei 12.527/2011), a criminalização da corrupção internacional no Código Penal e por fim a aprovação da Lei Anticorrupção (Lei 12.846/2013).

Nesse contexto, ante a busca pela prevenção contra as más práticas, surge o *compliance,* que está diretamente relacionado com o combate à corrupção. Motivo pelo qual, as normas anticorrupção e de combate à lavagem de dinheiro, tanto no exterior quanto as recentemente editadas no país, têm reservado especial atenção à exigência do *compliance* como mecanismo de prevenção a ser adotado pelos agentes públicos e privados.

O *compliance* ganhou fortalecimento com a promulgação da FCPA (*Foreign Corrupt Practices Act*) em 1977, buscando o combate às práticas de corrupção, impulsionado pelas investigações do caso *Watergate,* sendo considerada a primeira lei anticorrupção aprovada. E em 2010, foi promulgado no Reino Unido o *U.K. Bribery Act* (UKBA), também utilizado de parâmetro para a nossa atual lei anticorrupção, prevendo, inclusive, a penalização para a corrupção corporativa ou também conhecida como "*kickback*".

No Brasil, *compliance* ganhou significância após a promulgação da Lei Anticorrupção (Lei n 12.846, de 1º de agosto de 2013) ou Lei do *Compliance,*

---

[1] Disponível em: <http://www.abbi.com.br/download/funcaodecompliance_09.pdf>. Acesso em: 22/06/2017.

[2] Disponível em: <http://www.cgu.gov.br/Publicacoes/etica-e integridade/arquivos/manualrespsocialempresas_baixa.pdf >. Acesso em:26/06/2017.

120

cujo instrumento normativo dispõe sobre a responsabilização administrativa e civil de pessoas jurídicas, de qualquer natureza ou formato societário, pela prática de atos contra a administração pública nacional ou estrangeira.[3]

Além das inovações legislativas, atualmente o que se observa no Brasil é um amadurecimento institucional e crescimento da autonomia dos órgãos e entidades públicas responsáveis por promover a fiscalização e o combate à corrupção, assim como uma intensificação nas investigações e punições.

2. *Compliance*

O termo *compliance* é oriundo do verbo em inglês *to comply*, que significa sujeitar-se a, estar de acordo, corresponder a, obedecer.[4] cumprir, executar, satisfazer ou realizar. Estar em *compliance* é estar em conformidade com leis, regulamentos externos e internos e princípios corporativos que garantem transparência e ética na condução dos negócios.

Em suma, *compliance* pode ser definido como uma série de medidas internas a serem adotadas para prevenir ou minimizar os riscos de violação às leis que disciplinam a atividade desenvolvida ou caso alguma violação seja identificada, ter a capacidade de corrigi-la de forma imediata.

O *compliance* tem a função de monitorar e assegurar que todos os envolvidos com uma empresa estejam de acordo com as práticas de conduta da mesma. Essas práticas devem ser orientadas pelo Código de Conduta e pelas Políticas da Companhia, cujas ações estão especialmente voltadas para o combate à corrupção.

Um programa de *compliance* visa a estabelecer mecanismos e procedimentos que tornem o cumprimento da legislação parte da cultura corporativa. Ele não pretende, no entanto, eliminar completamente a chance de ocorrência de um ilícito, mas sim minimizar as possibilidades de que ele ocorra, e criar ferramentas para que a empresa rapidamente identifique sua ocorrência e lide da forma mais adequada possível com o problema.[5]

Empresas, associações e sindicatos são fundamentais para a criação de um ambiente íntegro e competitivo. A compreensão de que a responsabilidade pela criação desse ambiente era apenas do Estado está hoje ultrapassada. Há um reconhecimento internacional de que a atuação das empresas e de outros agentes privados também é essencial para o desenvolvimento de mercados livres de más práticas, como a corrupção de autoridades públicas e formação de

---

[3] ANTONIK, Luis Roberto.*Compliance, ética, responsabilidade social e empresarial*: uma visão prática – Rio de Janeiro, RJ:Alta Books, 2016, p. 50

[4] COMPLY. *Dicionário inglês Michaelis*. Disponível em: <http://michaelis.uol.com.br/moderno/ingles/index.php?lingua=inglesportugues&palavra=comply>. Acesso em: 22/06/2017

[5] MENDES, Francisco Schertel; CARVALHO, Vinicius Marques de. *Compliance*: concorrência e combate à corrupção. São Paulo: Trevisan Editora, 2017, p. 31

cartéis. Programas de *compliance* são instrumentos relevantes nesse contexto, pois permitem que agentes econômicos contribuam para o combate à corrupção e ao abuso de poder econômico.[6]

3. A Lei Anticorrupção, o *compliance* e regulamentos específicos

A Lei Anticorrupção foi promulgada em 1º de agosto de 2013,[7] quando o Brasil se viu pressionado externamente a aplicar os tratados internacionais contra corrupção dos quais é signatário e internamente diante das investigações em 2013 desencadeadas com as construções para a Copa do Mundo.

A referida lei não se trata de uma legislação penal, prevê multas e sanções no âmbito civil e administrativo, trazendo em seu escopo a responsabilidade objetiva da pessoa jurídica pelos atos praticados contra a administração pública.

Dentre os inúmeros aspectos relevantes da Lei, destaca-se a implementação do programa de *compliance* na busca da prevenção e combate à corrupção, sendo considerado no cálculo das sanções pecuniárias impostas às pessoas jurídicas condenadas no âmbito da lei, nos seguintes termos:

> Art. 7º Serão levados em consideração na aplicação das sanções:
>
> (...)
>
> VIII – a existência de mecanismos e procedimentos internos de integridade, auditoria e incentivo à denúncia de irregularidades e a aplicação efetiva de códigos de ética e de conduta no âmbito da pessoa jurídica.

A Lei Anticorrupção foi regulamentada depois de um ano da sua promulgação através do Decreto nº 8.420/2015 como uma das medidas do Pacote Anticorrupção, cujo objetivo é criar ambiente para coibição de atos ilícitos, reforçando o papel da Controladoria-Geral da União (CGU) no controle de processos administrativos.[8]

O Decreto nº 8.420/2015[9] esclarece, inclusive, que a multa aplicada pode ser reduzida se o programa de integridade estiver em conformidade com os parâmetros exigidos e o define nos seguintes termos:

> Para fins do disposto neste Decreto, programa de integridade consiste, no âmbito de uma pessoa jurídica, no conjunto de mecanismos e procedimentos internos de integridade, auditoria e incentivo à denúncia de irregularidades e na aplicação efetiva de códigos de ética e de conduta, políticas e

---

[6] MENDES, Francisco Schertel; CARVALHO, Vinicius Marques de. *Compliance*: concorrência e combate à corrupção – São Paulo: Trevisan Editora, 2017. p. 125.

[7] Disponível em: <http://www.planalto.gov.br/ccivil_03/_ato2011-2014/2013/lei/l12846.htm>. Acesso em: 27/06/2017.

[8] ANTONIK, Luis Roberto.*Compliance, ética, responsabilidade social e empresarial*: uma visão prática – Rio de Janeiro, RJ:Alta Books, 2016, p. 52.

[9] Disponível: <http://www.planalto.gov.br/ccivil_03/_ato2015-2018/2015/decreto/d8420.htm>. Acesso em: 27/06/2017.

diretrizes com objetivo de detectar e sanar desvios, fraudes, irregularidades e atos ilícitos praticados contra a administração pública, nacional ou estrangeira.

O programa de integridade previsto na lei anticorrupção tem, assim, o objetivo central de encorajar providências concretas de governança empresarial focadas na prevenção, detecção e reparo dos atos lesivos ao patrimônio público.

Medidas de *compliance* focadas em anticorrupção não eram, até a promulgação da lei, disseminadas no Brasil. Eram apenas observadas em empresas que realizavam negócios internacionais, por isso adotavam práticas que se alinhassem às exigências da legislação de outros países, ou naquelas com programas voltados à observância de normas legais que não a de anticorrupção, mas as de defesa da concorrência, por exemplo.[10]

Além de prever que a estrutura do programa deve ser avaliada em conformidade com cada pessoa jurídica, observando seu porte, complexidade da hierarquia, setor do mercado, localização, países em que atua, características e riscos da atividade desempenhada, grau de interação com o setor público e constante treinamento e aprimoramento, o Decreto prevê como parâmetros do programa:

(i) comprometimento da alta direção da pessoa jurídica, incluídos os conselhos, evidenciado pelo apoio visível e inequívoco ao programa;

A alta administração da empresa deve trilhar os mesmos padrões éticos que busca no Programa de *Compliance* e precisa ter participação ativa nesse processo, conferindo credibilidade ao programa.

A participação ativa da alta direção é tão importante que a CGU, em seu guia sobre Programas de Integridade direcionado às empresas privadas, considera tal engajamento como um dos pilares indispensáveis a qualquer programa efetivo de *compliance*:

O comprometimento da alta direção da empresa com a integridade nas relações público-privadas e, consequentemente, com o Programa de Integridade, é a base para a criação de uma cultura organizacional em que funcionários e terceiros efetivamente prezem por uma conduta ética. Possui pouco ou nenhum valor prático um Programa que não seja respaldado pela alta direção.[11]

(ii) padrões de conduta, código de ética, políticas e procedimentos de integridade, aplicáveis a todos os empregados e administradores, independentemente de cargo ou função exercidos;

O código varia em conformidade com cada organização, setor e riscos envolvidos na atividade, podendo tratar de questões gerais e outras específicas para cada setor. O mais relevante é deixar claro a todos os funcionários, colabo-

---

[10] MENDES, Francisco Schertel; CARVALHO, Vinicius Marques de. *Compliance*: concorrência e combate à corrupção – São Paulo: Trevisan Editora, 2017. p. 116.

[11] Idem. p. 129.

radores, diretores que não se trata tão somente de um documento inócuo e sem utilidade, mas de suma relevância para toda a organização.

(iii) padrões de conduta, código de ética e políticas de integridade estendidas, quando necessário, a terceiros, tais como, fornecedores, prestadores de serviço, agentes intermediários e associados;

Redigir um código de conduta estendendo suas políticas de integridade a terceiros permite, além da difusão da cultura de integridade, também a mitigação do risco na contratações com esses terceiros.

(iv) treinamentos periódicos sobre o programa de integridade;

Os treinamentos são cruciais para a efetividade do programa e propagação da cultura de *compliance* dentro das organizações e pode-se dar através de palestras, cartilhas, exposições periódicas. O fundamental é deixar claro que o programa auxilia no desempenho e na segurança da organização e que não seja visto como um empecilho.

(v) análise periódica de riscos para realizar adaptações necessárias ao programa de integridade;

Para a elaboração do Programa de *Compliance* há a necessidade de um diagnóstico prévio dos riscos inerentes àquela organização, e posteriormente à implementação essa análise precisa ser refeita periodicamente.

Essa também é uma questão bem complexa, haja vista as peculiaridades de cada organização e envolve dentre outros pontos a serem aplicados de acordo com a atividade ou setor que a empresa opera, a juízo do especialista que orientará a análise de riscos : (a) a análise das áreas que já apresentaram problemas anteriormente, envolvendo eventual prática de oferta ou pagamento de suborno, solicitação de presentes, pagamento de multas etc.; (b) identificação de todas as situações, reais ou prováveis, de contato com servidores públicos ou de envolvimento direito ou por meio de prepostos com os diversos órgãos da Administração Pública; (c) grau de dependência da empresa com capital e recursos públicos; (d) reputação ou precedentes ocorridos no setor em que a empresa atua, em termos de ocorrência de corrupção; (e) grau de exame de referências de integridade nas contratações de parceiros e colaboradores; (f) eficiência dos controles internos que possibilitam verificar se as operações de pagamento, baixa de estoque, autorizações etc. estão sendo feitas de forma correta;

(vi) registros contábeis que reflitam de forma completa e precisa as transações da pessoa jurídica;

(vii) controles internos que assegurem a pronta elaboração e confiabilidade de relatórios e demonstrações financeiros da pessoa jurídica;

(viii) procedimentos específicos para prevenir fraudes e ilícitos no âmbito de processos licitatórios, na execução de contratos administrativos ou em qualquer interação com o setor público, ainda que intermediada por

terceiros, tal como pagamento de tributos, sujeição a fiscalizações, ou obtenção de autorizações, licenças, permissões e certidões;

(ix) independência, estrutura e autoridade da instância interna responsável pela aplicação do programa de integridade e fiscalização de seu cumprimento;

Os responsáveis na empresa em auxiliar na elaboração do programa precisam ter autonomia, independência, imparcialidade, recursos materiais, humanos e financeiros para o pleno funcionamento, com possibilidade de acesso direto, quando necessário, ao mais alto corpo decisório da empresa.

(x) canais de denúncia de irregularidades, abertos e amplamente divulgados a funcionários e terceiros, e de mecanismos destinados à proteção de denunciantes de boa-fé;

Os canais de denúncia devem passar segurança e confiabilidade para os denunciantes, trazendo confidencialidade e acima de tudo agilidade em apurar os fatos e tomar as medidas cabíveis.

(xi) medidas disciplinares em caso de violação do programa de integridade;

É importante para a credibilidade do programa que as medidas disciplinares sejam aplicadas irrestritamente a todos dentro da organização, independente do nível hierárquico.

(xii) procedimentos que assegurem a pronta interrupção de irregularidades ou infrações detectadas e a tempestiva remediação dos danos gerados;

Remediar possíveis danos causados por condutas ilícitas é uma preocupação que deve fazer parte do programa de *compliance.* Para além de demonstrar seriedade e comprometimento, a remediação pode auxiliar a empresa até mesmo em termos financeiros se violações vierem a ocorrer.

Remediação não deve ser confundida com punição. Uma empresa pode ser punida e multada por uma conduta, mas isso não a isentará de remediar os danos causados.[12]

(xiii) diligências apropriadas para contratação e, conforme o caso, supervisão, de terceiros, tais como, fornecedores, prestadores de serviço, agentes intermediários e associados;

A organização tem que ser criteriosa na seleção de seus parceiros, pois a Lei Anticorrupção é clara ao determinar a responsabilidade objetiva da pessoa jurídica, ou seja, sem necessidade de apuração de culpa ou dolo na violação da lei.

(xiv) verificação, durante os processos de fusões, aquisições e reestruturações societárias, do cometimento de irregularidades ou ilícitos ou da existência de vulnerabilidades nas pessoas jurídicas envolvidas;

---

[12] MENDES, Francisco Schertel, Vinicius Marques de Carvalho. Compliance: concorrência e combate à corrupção – São Paulo: Trevisan Editora, 2017. p. 149.

O *compliance* como instrumento de prevenção e combate à corrupção

(xv) monitoramento contínuo do programa de integridade visando a seu aperfeiçoamento na prevenção, detecção e combate à ocorrência dos atos lesivos previstos no art. 5° da Lei n° 12.846, de 2013;

O Programa de Integridade necessita fazer parte da rotina da empresa e atuar de maneira integrada com outras áreas correlacionadas, tais como recursos humanos, departamento jurídico, auditoria interna e departamento contábil--financeiro.

(xvi) transparência da pessoa jurídica quanto a doações para candidatos e partidos políticos.

Com o intuito de avaliar os programas de integridade, a CGU editou a Portaria n° 909/2015,[13] estabelecendo três faces de análise no cumprimento dos requisitos:

(i) a empresa deverá comprovar que o programa de integridade foi construído de acordo com o seu tamanho, perfil de atuação e posicionamento no mercado;

(ii) deverá ficar comprovado o histórico de aplicação do programa com resultados alcançados anteriormente na prevenção de atos lesivos;

(iii) a terceira linha de avaliação será a demonstração de que o programa foi aplicado no próprio ato lesivo em questão, tendo funcionado como prevenção contra um dano maior ou na reparação do prejuízo causado.

Essa avaliação é crucial para que seja identificado se o programa implementado é efetivo ou não, e consequentemente, se poderá ser utilizado para beneficiar a pessoa jurídica com a redução da multa.

Assim há que se buscar a implementação de um programa eficiente reconhecido e validado pelas autoridades competentes, e não apenas formalizar regulamentos com validade apenas no papel, conforme prevê o § 2° do art. 5° do Decreto:

Art. 5º A avaliação do programa de integridade, para a definição do percentual de redução que trata o inciso V do art. 18 do Decreto nº 8.420, de 2015, deverá levar em consideração as informações prestadas, e sua comprovação, nos relatórios de perfil e de conformidade do programa.

(...)

§ 2º O programa de integridade meramente formal e que se mostre absolutamente ineficaz para mitigar o risco de ocorrência de atos lesivos da Lei nº 12.846, de 2013, não será considerado para fins de aplicação do percentual de redução de que trata o *caput*.

Vale destacar que, caso se constate a criação de um programa de *compliance* de fachada pela empresa – em outras palavras, um programa feito única e exclusivamente para que ela se beneficie de descontos, sem qualquer intenção de que as orientações sejam seguidas por seus funcionários – as autoridades podem, em vez de diminuir a pena, aumentá-la, dado que a presença ou não de

---

[13] Disponível em: <http://www.cgu.gov.br/sobre/legislacao/arquivos/portarias/portaria_cgu_909_2015.pdf>. Acesso em: 27/06/2017.

boa-fé é sempre um fator avaliado na dosimetria da pena, tanto na defesa da concorrência, quanto na Lei Anticorrupção.[14]

4. Conclusão

A busca atual pela ética social empresarial permeia as organizações numa constante busca pela sua imagem e reputação e esse movimento traz uma conscientização cada vez maior das pessoas sobre sua missão e obrigação como cidadãos.

Utilizar a corrupção hoje como parte do negócio passou a custar caro, pois as punições imediatas passaram a atingir o patrimônio e a vida de empresas e de executivos, assim como a imagem das companhias.

O desenvolvimento da atividade econômica num mundo globalizado, o aumento na edição de diferentes e complexas leis a serem obedecidas pelos agentes econômicos, bem como o aumento das sanções em caso de descumprimento da regulação, que podem gerar prejuízos não só financeiros, mas também de ordem reputacional, são excelentes impulsionadores para o investimento na construção de um programa de *compliance* robusto e efetivo.

O Brasil, em consonância com todos esses anseios, amadureceu muito institucionalmente, e a Lei Anticorrupção e seus normativos é um excelente exemplo dessa evolução, introduzindo a chamada responsabilidade objetiva, sendo o *compliance* de fundamental importância para todas as empresas no país, independentemente do setor.

A Lei Brasileira Anticorrupção contempla o *compliance* como mecanismo de prevenção da prática de atos lesivos contra a administração pública nacional ou estrangeira e prevê que a existência de um Programa de Integridade estruturado de acordo com o que determinam as normas legais servirá como atenuante, caso a empresa, ainda que involuntariamente, esteja envolvida em atos de corrupção, praticados por algum de seus *steakholders*. Assim, em que pese não afastar completamente a aplicação da penalidade, o programa de integridade pode implicar sim a redução das penalidades, da mesma forma que feito de forma incorreta ou apenas para atender formalidades causar o agravamento das sanções.

Mesmo em empresas que já possuem um Programa de *Compliance* e aplicam medidas, sobretudo para atender a legislação antissuborno estrangeira, devem atentar-se para a necessidade de adaptá-las à nova lei brasileira.

Por fim, tem-se que o investimento e desenvolvimento de um Programa de *Compliance* na atualidade brasileira representa uma necessidade concreta face aos riscos a que uma organização pode estar submetida; evitando, portan-

---

[14] MENDES, Francisco Schertel; CARVALHO, Vinicius Marques de. *Compliance*: concorrência e combate à corrupção. São Paulo: Trevisan Editora, 2017. p. 160.

to, a imposição de sanções e redução de eventuais penalidades; facilitando a realização de acordos com autoridades regulatórias (acordos de leniência, delação premiada) e impactando positivamente na reputação da empresa.

Referências

ANTONIK, Luis Roberto. *Compliance, ética, responsabilidade social e empresarial*: uma visão prática. Rio de Janeiro: Alta Books, 2016.

COMPLY. Dicionário inglês Michaelis. Disponível em: <http://michaelis.uol.com.br/moderno/ingles/index.php?lingua=inglesportugues&palavra=comply>. Acesso em: 22/06/2017.

MENDES, Francisco Schertel; CARVALHO, Vinicius Marques de. *Compliance*: concorrência e combate à corrupção São Paulo: Trevisan Editora, 2017.

Sites:

<http://www.abbi.com.br/download/funcaodecompliance_09.pdf >. Acesso em: 22/06/2017.

<http://www.cgu.gov.br/Publicacoes/etica-e integridade/arquivos/manualrespsocialempresas_baixa.pdf >. Acesso em: 26/06/2017.

<http://www.planalto.gov.br/ccivil_03/_ato2011-2014/2013/lei/l12846.htm >. Acesso em: 27/06/2017.

<http://www.planalto.gov.br/ccivil_03/_ato2015-2018/2015/decreto/d8420.htm>. Acesso em: 27/06/2017.

<http://www.cgu.gov.br/sobre/legislacao/arquivos/portarias/portaria_cgu_909_2015.pdf_>. Acesso em: 27/06/2017.

<http://www.cgu.gov.br/Publicacoes/etica-e-integridade/arquivos/programa-de-integridade-diretrizes-para-empresas-privadas.pdf>. Acesso em: 27/06/2017.

— 10 —

Norma ABNT NBR ISO 37001: Sistemas de Gestão Antissuborno

RAECLARA DRUMMOND RAMOS
Sócia do PMRA | Porto, Miranda, Rocha & Advogados

Sumário: 1. Introdução; 2. A normalização como ferramenta de gestão antissuborno; 3. Implantação de um Sistema de Gestão Antissuborno; 4. Orientações para implantação do Sistema de Gestão Antissuborno; 5. Conclusão; Referências bibliográficas.

1. Introdução

A corrupção não é problema presente apenas nas instituições brasileiras, embora o assunto esteja sob os holofotes da mídia nacional.

Instituições públicas e privadas de todos os países convivem com o suborno, prática ligada historicamente à existência das sociedades e fortalecida com o surgimento do capitalismo.

Entretanto, a corrupção e a prática de suborno diminuem a confiança nas instituições e a segurança dos negócios.

O papel dos Governos no combate a essa prática está em constante discussão, mas o debate sobre o papel das empresas na manutenção de um ambiente confiável é recente.

Quais são as medidas adotadas pelas corporações para evitar o suborno em suas negociações e em seu ambiente interno? Quais são as ações adotadas caso os funcionários e colaboradores de uma empresa se deparem com a prática em suas atividades? Como essas situações podem ser evitadas pelas empresas? Como alterar a cultura da instituição para proporcionar um ambiente confiável e íntegro?

Exatamente neste escopo de trabalho que uma equipe da *International Organization for Standartization*, que reuniu profissionais de 37 (trinta e sete) países, durante 4 (quatro) anos, elaborou em 2014 a ISO 37001.[1]

---

[1] CARTAXO, Nina. O ISO 37001 e sua publicação. LEC – Legal EthicsCompliance. 2016.

A publicação, embora não seja a primeira a tratar sobre o assunto e a propor um sistema de gestão antissuborno voltado para empresas, certamente difunde o tema de forma abrangente e o fortalece.[2]

Para reconhecimento da norma no Brasil como oficial, a Associação Brasileira de Normas Técnicas – ABNT –, através de uma Comissão de Estudo Especial Antissuborno, publicou, em março de 2017, a ABNT NBR ISO 37001, espelho nacional da norma internacional.

Como será abordado nos tópicos seguintes, a norma aponta meios para implementação de medidas que evitem e detectem a prática de suborno, além de possíveis condutas responsivas.

A implementação da norma e eventual certificação por terceira parte, ainda que não signifique a inexistência de suborno na organização, possibilita a criação de parâmetros de confiabilidade e valorização de práticas corretas.

Sobre o tema, ressalta-se no trabalho em apreço a importância da adoção dessas práticas nas empresas brasileiras. Especialmente, quando se considera a suscetibilidade desses ambientes às práticas de suborno.

O contato direto com agentes públicos em muitos dos ramos de atuação cria uma atmosfera propícia e reconhecidamente suscetível à corrupção. Assim, importante que as sugestões apontadas pela norma em comento sejam consideradas na criação de procedimentos e sistemas de gestão desses profissionais, favorecendo e valorizando políticas globais de *compliance.*

Dessa forma, necessária uma análise detida dos principais pontos abordados pela norma e como podem ser aplicados diretamente nas organizações.

2. A normalização como ferramenta de gestão antissuborno

A normalização passou a ser uma demanda de mercado a partir da Revolução Industrial, com o surgimento da produção em série, implementando a padronização de produtos e serviços.[3]

A Associação Brasileira de Normas Técnicas salienta que:

As normas asseguram as características desejáveis de produtos e serviços, como qualidade, segurança, confiabilidade, eficiência, intercambiabilidade, bem como respeito ambiental – e tudo isto a um custo econômico.[4]

A importância e os objetivos da normalização podem ser identificados como soluções de caráter repetitivo, como ferramenta na autodisciplina do mercado.[5]

---

[2] Cita-se em especial o FCPA –ForeignCorruptPracticesAct.

[3] Sebrae Nacional, 2016.

[4] ABNT, 2014.

[5] ABNT, 2014.

Para eficácia desse padrão, devem ser criados procedimentos para orientação dos colaboradores e responsáveis pela gestão, sendo a principal fonte de verificação dos requisitos a serem atendidos.

Assim, a ABNT NBR ISO 37001 viabiliza a criação de padrões de comportamento e gestão do negócio, utilizando procedimentos como ferramentas para a gestão antissuborno das organizações.

O cumprimento de normas técnicas, por sua vez, é objeto das avaliações de conformidade, que visam a confirmar o atendimento aos requisitos aplicáveis àquele produto ou serviço.

Uma das possibilidades de análise da conformidade é a certificação, instrumento de avaliação realizado por instituição com competência técnica, que verifica o atendimento aos requisitos de determinada norma. É em razão dessas características que se considera a certificação como um método com alto grau de confiança.

A certificação em uma norma internacional, como é o caso da ISO 370001, agrega valor ao serviço ou produto oferecido, tornando-se um grande diferencial de mercado.

Entretanto, a certificação é um método que envolve altos custos para a empresa, inclusive para sua manutenção.

Destaca-se que o atendimento aos requisitos não está vinculado unicamente à certificação. A implantação de procedimentos que objetivem o cumprimento da norma implica a criação de evidências desse cumprimento.

Ou seja, não é suficiente que se cumpra a norma, esse cumprimento deve ser evidenciado, ainda que não seja a empresa submetida a um processo de certificação.

Essas evidências podem ser verificadas através de auditorias internas da própria organização, que identifica riscos, eventuais não conformidades e ações corretivas.

Destaca-se que, nos termos da norma, sobre a implementação de uma auditoria interna:

> Não significa que uma organização seja obrigada a ter sua própria função de auditoria interna separada. É requerido que a organização indique uma função ou pessoa adequada, competente e independente, com responsabilidade para conduzir esta auditoria.[6]

Quando todo o processo está lastreado, o cumprimento da norma pode ser comprovado e verificado por clientes e fornecedores, agregando, dessa forma, valor ao produto ou serviço oferecido, independente de certificação de reconhecimento internacional.

---

[6] ABNT NBR ISO 37001. Anexo A – item A.16.1.

3. Implantação de um Sistema de Gestão Antissuborno

A primeira parte do texto da ABNT NBR ISO 37001 identifica quais os pontos necessários para a implantação de um sistema de gestão antissuborno.

Um dos principais temas abordados é o de compreensão do contexto da organização.

Assim, para aplicação da norma, deve-se considerar o número de empregados e colaboradores, o volume de negociações, os valores negociados, os parceiros de negócio, o ramo da atividade, escala e complexidade das operações, extensão das interações com agentes públicos, legislação aplicável, entre outros cenários que podem definir a exposição às práticas de suborno.

Ainda que o tópico pareça intuitivo para implantação de um sistema de gestão, algumas características inerentes à atividade da organização podem ser cruciais na delimitação dos riscos e possibilidades de ação.

Como exemplo, o constante contato com agentes públicos determina um alto risco de exposição ao suborno na advocacia. Entretanto, o ramo de especialidade, os honorários cobrados, os clientes atendidos e o número de colaboradores também podem significar considerável variação desse risco.

Ressalta-se que a variação do risco é proporcional à complexidade das medidas para evitar a prática, para detectá-la e corrigi-la.

Outro ponto importante definido no texto é o de avaliação dos riscos, que depende de uma série de fatores, mas significa o sucesso do sistema implantado. Caso esses riscos não sejam corretamente mapeados, as medidas definidas para detecção e controle serão falhas, assim como toda a cadeia envolvida na política de *compliance*.

O papel da alta direção também é destacado pela norma, em relação às expectativas, que refletem as da própria organização, e em relação à adoção de medidas em que a eficácia está diretamente relacionada à postura dos ocupantes desses cargos.

A própria decisão de implantar esse tipo de sistema parte, geralmente, da alta direção da organização e, quando não o é, para que seja eficaz, deve ser apoiada e encorajada por esses gestores, que terão importante encargo e responsabilidade na aplicação das ações.

Nesta seara, destaca-se que para cumprimento dos diversos pontos estabelecidos pela norma, é lógica a premissa de que deverão ser destinados recursos da organização para esse fim, o que significa ainda mais comprometimento dos gestores com o objetivo dessas ações.

Para sucesso na implantação de qualquer sistema de gestão, as lideranças devem estar bem definidas, assim como as respectivas responsabilidades. Isso deve ser evidente não apenas em relação aos diretores da empresa, mas para todos os envolvidos na implantação e manutenção do sistema.

Isso significa que no caso de exposição a uma prática de suborno, interna ou externa, o colaborador, além de saber a conduta correta que deve assumir, deve saber exatamente a quem recorrer dentro da organização, tendo certeza de que medidas serão tomadas em relação ao fato.

A impressão de que as atitudes tomadas em conformidade com o estabelecido no sistema não são valorizadas, ou não surtem efeito, significa problema no planejamento e grande possibilidade de fracasso.

O planejamento de ações e objetivos são exigências da norma. Assim, o que deve ser feito, bem como a motivação dessas ações, é *conditio sine qua non* para a sua eficácia.

As medidas de aplicação do sistema devem englobar a totalidade de operações da empresa, como a contratação de funcionários e fornecedores e as operações financeiras.

Merece destaque o fato de que toda a operação do sistema de gestão antissuborno deve ser documentada, uma vez que são exigidas evidencias da aplicação e eficácia.

Em alguns ramos de atividades, especialmente aqueles que por tradição adotam outros sistemas de gestão, a documentação das operações e armazenamento de evidências pode parecer lógico. No entanto, para ramos como a advocacia, que tradicionalmente não seguem outros padrões de normalização, essa tarefa pode ser árdua.

Muitas vezes são adotados procedimentos relacionados apenas à gestão e ao acompanhamento de processos, deixando grande parte da operação sem parâmetro para avaliação da qualidade.

Exemplificando, as exigências e métodos para contratação de pessoal raramente seguem critérios diferentes dos de formação acadêmica. Com raras exceções, aspectos psicológicos não são avaliados, diferente de outros ramos, que incluem a aplicação de testes e entrevistas lideradas por profissionais qualificados para determinar características não evidenciadas no currículo ou prova escrita do processo seletivo.

Isso envolve uma série de riscos, entre eles, o de contratação de funcionários que comprometem a integridade ética da empresa e trazem riscos para toda a política da organização.

Ao abordar essa questão, a ABNT NBR ISO 37001 destaca a importância de procedimentalização da contratação de funcionários, buscando evidenciar neste momento tendências à prática de suborno. Este é o tema do item A.8.1 do "Anexo A" da norma, que prevê que a organização, ao proceder a *Due diligence* nos processos seletivos, pode adotar medidas razoáveis para determinar se o potencial candidato se envolveu com subornos.

Ressalta-se que o sucesso do sistema de gestão está diretamente relacionado à comunicação da empresa, interna e externa, envolvendo os treinamentos para efetivação dos procedimentos, comunicação entre colaboradores, gestores e responsáveis pela política de *compliance* antissuborno, assim como a efetivada com fornecedores e clientes.

As possíveis práticas de suborno devem ser sempre investigadas pela organização, como destaca o texto da norma em referência, salientando que a investigação deve ser realizada buscando preservar as atividades da empresa e possíveis situações em que o ilícito de fato não tiver sido cometido.

Como todo e qualquer procedimento de gestão, o monitoramento é essencial, assim como a adoção de medidas corretivas eficazes quando a não conformidade é verificada.

Uma política de transparência adotada pelas empresas significa cumprimento dos procedimentos e regras internas, mas também manutenção do ambiente de segurança do negócio. Assim, caso seja hábito de determinados funcionários a ocultação de erros e problemas, um sistema como esse deve identificar as falhas, os riscos envolvidos com essa prática e possíveis responsáveis. A exigência de evidências, *Double checks* e um sistema coeso de liderança são essenciais para a implantação do sistema e garantem seu cumprimento.

Importante salientar que uma das funções da implementação da norma de um sistema de gestão antissuborno é prevenir, mais que isso, documentar a prevenção, diante de um universo que aplica a responsabilidade objetiva para as empresas nos casos de corrupção, como determina o art. 3º da Lei 12.846/13, *in verbis:*

> Art. 2º As pessoas jurídicas serão responsabilizadas objetivamente, nos âmbitos administrativo e civil, pelos atos lesivos previstos nesta Lei praticados em seu interesse ou benefício, exclusivo ou não." (BRASIL, 2013).

Essas evidências do atendimento à norma contribuem para destacar a boa--fé da organização e na construção de um arcabouço probatório, ressaltando que a prática de eventuais atos de corrupção se deu de forma contrária aos interesses da empresa.

4. Orientações para implantação do Sistema de Gestão Antissuborno

Todos os tópicos anteriormente destacados são identificados pela ABNT NBR ISO 37001 como determinantes na aplicação do sistema de gestão antissuborno. Entretanto, considerando as especificidades de cada ramo de atividade e empresa, as considerações devem ser relativizadas para uma implantação eficaz, que cumpra os requisitos ressaltados.

Em alguns momentos, esse fato pode evidenciar a forma genérica de apresentação desse tipo de norma, mas garante que um número diversificado de interessados possa implantar esse mesmo sistema de gestão.

As orientações para efetivação do sistema proposto são dispostas no "Anexo A" da norma em análise. Entre esses apontamentos, destacam-se os processos de avaliação de riscos de suborno e, dessa forma, propõe-se o quadro abaixo como modelo exemplificativo de aplicação da determinação em setor comercial de empresa privada, considerando:

- menos de 15 colaboradores;
- elaboração de propostas comerciais;
- interação com agentes públicos;
- contato direto com o cliente;
- recusa de presentes de clientes e fornecedores;
- realização de prestação de contas;
- contratação direta de fornecedores.

Tabela 1 – Avaliação de Risco para Setor Comercial de Empresa Privada

Característica/Risco	Alto	Médio	Baixo
Número de colaboradores			X
Elaboração de propostas comerciais	X		
Interação com agentes públicos		X	
Contato com o cliente	X		
Recusa de presentes de clientes e fornecedores			X
Realização de prestação de contas			X
Contratação de fornecedores	X		

Fonte: Elaborada pela autora

Uma das lideranças essenciais na aplicação do sistema de gestão é a responsável pelo *compliance* antissuborno e são almejadas algumas características para cumprimento desse encargo, como por exemplo, competência, livre acesso e bom relacionamento com a alta direção, experiência prévia em procedimentos de investigação e não estar constantemente exposta a práticas de suborno.

A definição de uma pessoa que dedicasse a integralidade de seu tempo de serviço às responsabilidades de *compliance* antissuborno seria o ideal, no entanto, essa definição não é possível em empresas menores e mais diversificadas. Importante, dessa forma, a manutenção da independência dessa liderança e o livre acesso de comunicação entre ela e os demais colaboradores da organização.

Destaca-se, novamente, como é perceptível que a eficácia da implantação do sistema de gestão antissuborno está intimamente relacionada com a comunicação da empresa.

Tal fato também pode ser corroborado pela necessidade de treinamento de todos os envolvidos. Salienta-se que os treinamentos devem ser feitos na implantação, quando da contratação de um novo funcionário, na manutenção e quando verificada uma não conformidade.

Outra ferramenta eficaz para verificação da funcionalidade do sistema é a realização de auditorias internas e externas. A criação de um calendário de auditorias mantém os envolvidos engajados e em constante avaliação, permitindo que possíveis falhas sejam verificadas antes da ocorrência de uma prática de suborno.

Uma questão relevante diz respeito à verificação da possível origem da espécie de corrupção em comento. A prática pode acontecer quando um funcionário da empresa oferece suborno em nome da organização e pode, também, ocorrer quando um terceiro oferece suborno para um colaborador.

As duas possibilidades envolvem a prática de suborno, mas exigem medidas de prevenção, detecção e correção distintas e devem, portanto, estar previstas no sistema normatizado pela ABNT NBR ISO 37001.

Na primeira origem, ou seja, um funcionário oferecendo suborno em nome da organização, muitas vezes a prevenção é feita através dos controles e procedimentos na contratação de pessoal, a detecção através de auditoria e verificação do controle financeiro da empresa e a correção envolve o desligamento desse funcionário.

A segunda origem, por sua vez, que envolve o oferecimento de suborno por um terceiro a um colaborador, a prevenção está no procedimento e controle de parceiros do negócio, a detecção através dos canais de comunicação criados na empresa e a correção, pelo encerramento de contratos com fornecedor e denúncia às autoridades competentes.

Assim sendo, o mapeamento dos riscos e das possibilidades significa a consideração do maior número possível de hipóteses que envolva a prática de suborno dentro da organização e suas implicações.

Além disso, a compreensão das operações da organização e das atribuições dos colaboradores que exercem, ou não, cargos de liderança, e, principalmente, a procedimentalização dessas operações, é indispensável na implantação de qualquer sistema de gestão.

Importante esclarecer que nas auditorias são verificadas exatamente as operações, através das evidências de cumprimento.

Outro ponto que deve ser valorizado é a escolha de parceiros de negócio que cumpram as políticas de *compliance* antissuborno. Como já anteriormente destacado, a certificação e a existência desse sistema não significa a ausência absoluta de práticas de suborno, entretanto, indicam uma organização com um bom nível de integridade.

5. Conclusão

Diante do cenário político brasileiro, especialmente em relação à discussão acerca de políticas de *compliance,* a publicação da ABNT NBR ISO 37001 evidencia uma preocupação do mercado, uma busca por confiança e segurança nos negócios, que irá destacar as organizações que evidenciarem esse comprometimento ético.

Destaca-se, ainda, que como todo sistema de gestão, o sistema de gestão antissuburno envolve uma série de práticas e controles operacionais que, por si só, determinam uma redução dos riscos, independente do fato de a organização se submeter a um processo de certificação.

A atividade empresarial, por sua vez, com suas características especificas, atrai historicamente a prática de atos de corrupção, o que deve indicar um especial interesse pela norma em apreço.

Muitas das exigências destacadas, embora não sejam tradicionalmente cumpridas por esses profissionais, podem favorecer os contratos já existentes e possibilitar uma gama maior de novas contratações, que valorizem a definição dessas prioridades.

De uma forma geral, é preciso que se definam os papéis das organizações no combate à corrupção, inclusive de valorização desse ambiente de integridade e segurança, sendo, dessa forma, a publicação da ABNT NBR ISO 37001 um grande passo para a difusão desse tipo de sistema e procedimento.

Referências bibliográficas

ABNT NBR ISO 37001, *Sistemas de Gestão Antissuborno.*

ABNT. Conceito de Normalização. 2014. Disponível em: <http://www.abnt.org.br/normalizacao/o-que-e/o-que-e>. Acesso em: 18 jun. 2017.

CARTAXO, Nina. *O Iso 370001 e sua publicação.* LEC – Legal EthicsCompliance. 02 dez. 2016. Disponível em: <http://www.lecnews.com/artigos/2016/12/02/o-iso-37001-e-sua-publicacao/>. Acesso em: 18 jun. 2017.

FOREIGN CORRUPT PRACTICES Act – FCPA. Criminal Division of the U.S. Department of Justice andthe Enforcement Division of the U.S. Securities and Exchange Commission. 2012. Disponível em: <https://www.justice.gov/sites/default/files/criminal-fraud/legacy/2015/01/16/guide.pdf>. Acesso em: 18 jun. 2017.

SEBRAE NACIONAL. *Entenda a importância da normalização para o seu negócio.* 2016. Disponível em: < https://www.sebrae.com.br/sites/PortalSebrae/artigos/entenda-a-importancia-da-normalizacao-para-o-seu-negocio,61498b88ba73e410VgnVCM1000003b74010aRCRD>. Acesso em: 18 jun. 2017.

— 11 —

Os reflexos da Lei Anticorrupção nos escritórios de advocacia: a importância do *compliance*

BERNARDO ROCHA DE ALMEIDA
Sócio do PMRA | Porto, Miranda, Rocha & Advogados

Sumário: 1. Introdução; 2. A Lei Anticorrupção – pontos relevantes; 3. Como mitigar os riscos? O importante papel dos escritórios de advocacia no *compliance;* Etapa 1 – Concepção e implementação; Etapa 2 – Treinamento; Etapa 3 – Monitoramento; 4. Conclusão; Referência.

1. Introdução

O ano de 2013 foi marcado por diversos protestos, manifestações estas que não se viam no Brasil desde os anos noventa, quando grande parcela da população saiu às ruas pelo *Impeachment* do presidente Fernando Collor de Mello.

O povo reclamava por diversas razões, seja pelo aumento da tarifa de ônibus (Campanha dos R$ 0,20) seja pelos gastos exorbitantes para a realização da Copa do Mundo, mas sendo a luta pelo "fim da corrupção" uma das reivindicações mais comuns.

Em resposta aos protestos e reivindicações e com o objetivo de conter os ânimos da população, o governo anunciou diversas medidas. Foi neste cenário que a Lei 12.846/13, que "dispõe sobre a responsabilização administrativa e civil de pessoas jurídicas pela prática de atos contra a administração pública, nacional ou estrangeira", foi sancionada pela presidente.

Apesar de sancionada em agosto de 2013, a Lei 12.846/13, vulgarmente chamada de "Lei Anticorrupção", considerando o *vacatio legis* (180 dias) instituído em seu artigo 31, entrou em vigor apenas em 29 de janeiro de 2014, quando se verificou grande repercussão na mídia e nos escritórios de advocacia, pelo fato de a nova lei estender a punição por corrupção a todas as pessoas jurídicas, sendo necessária a criação de mecanismos de prevenção e controle destes atos ilegais.

O *compliance* como instrumento de prevenção e combate à corrupção

Ocorre que, em poucos meses, aquela repercussão se transformou em um grande "tsunami" que até hoje assola o Brasil, resultado da Operação Lava Jato, que descobriu um quadro de corrupção sistêmica instalado no Brasil e que, desde 2014, investiga crimes de corrupção ativa e passiva, gestão fraudulenta, lavagem de dinheiro, organização criminosa, obstrução da justiça, operação fraudulenta e recebimento de vantagem indevida, tendo levado à cadeia renomados políticos, funcionários públicos, executivos e empresários.

O até então desconhecido *Compliance* virou palavra comum na boca de todos os brasileiros, ganhando projeção significativa, especialmente no mundo corporativo, como forma de prevenir ou minimizar os riscos de violação às leis que disciplinam as atividades das empresas ou caso alguma violação seja identificada, seja possível, através de seus mecanismos, corrigi-la de forma imediata.

E são os escritórios de advocacia os principais responsáveis pela implementação dos programas de *Compliance* nas empresas brasileiras.

2. A Lei Anticorrupção – pontos relevantes

Nova realidade ao combate à corrupção adviria com a Lei 12.846/13, sendo de extrema importância seu conhecimento pelas pessoas jurídicas para que possam minimizar seus riscos.

A legislação inova no *caput* do artigo 1º ao prever *responsabilização objetiva administrativa e civil* às pessoas jurídicas pela prática de atos contra a administração pública, nacional ou estrangeira.

Art. 1º Esta Lei dispõe sobre a responsabilização objetiva administrativa e civil de pessoas jurídicas pela prática de atos contra a administração pública, nacional ou estrangeira.

A responsabilização que antes era de caráter subjetivo, sendo necessária a comprovação do conhecimento da empresa do ato praticado pelo seu representante para eventual responsabilização, passa a ser objetiva, ou seja, independente de verificação de culpa ou dolo, a empresa será responsabilizada por atos lesivos à Administração pública, praticados em seu interesse ou benefício, exclusivo ou não.

O parágrafo único do referido artigo demonstra que o legislador não quis deixar margens a interpretação quanto à extensão de sua aplicabilidade a todas as empresas, quando dispõe que a mesma será aplicada "às sociedades empresárias e às sociedades simples, *personificadas ou não*, independentemente da forma de organização ou modelo societário adotado, bem como a quaisquer fundações, associações de entidades ou pessoas, ou sociedades estrangeiras, que tenham sede, filial ou representação no território brasileiro, *constituídas de fato ou de direito, ainda que temporariamente*".

Ainda com relação à responsabilidade da pessoa jurídica, a lei dispõe, em seu artigo 4º, que subsistirá em caso de alteração contratual, transformação, incorporação, fusão ou cisão societária, sendo que nas hipóteses de fusão ou incorporação, a sucessora será responsável apenas pelo pagamento de multa e reparação do dano na medida do patrimônio transferido, não sendo aplicáveis as demais sanções impostas. Da mesma forma, serão responsáveis apenas pelo pagamento de multa e reparação dos danos causados, as sociedades controladoras, controladas, coligadas e consorciadas.

> Art. 4º Subsiste a responsabilidade da pessoa jurídica na hipótese de alteração contratual, transformação, incorporação, fusão ou cisão societária.
>
> § 1º Nas hipóteses de fusão e incorporação, a responsabilidade da sucessora será restrita à obrigação de pagamento de multa e reparação integral do dano causado, até o limite do patrimônio transferido, não lhe sendo aplicáveis as demais sanções previstas nesta Lei decorrentes de atos e fatos ocorridos antes da data da fusão ou incorporação, exceto no caso de simulação ou evidente intuito de fraude, devidamente comprovados.
>
> § 2º As sociedades controladoras, controladas, coligadas ou, no âmbito do respectivo contrato, as consorciadas serão solidariamente responsáveis pela prática dos atos previstos nesta Lei, restringindo-se tal responsabilidade à obrigação de pagamento de multa e reparação integral do dano causado.

Quanto à definição de atos lesivos, a legislação trouxe, em seu artigo 5º, os seguintes:

> Art. 5º
>
> (...)
>
> I – prometer, oferecer ou dar, direta ou indiretamente, vantagem indevida a agente público, ou a terceira pessoa a ele relacionada;
>
> II – comprovadamente, financiar, custear, patrocinar ou de qualquer modo subvencionar a prática dos atos ilícitos previstos nesta Lei;
>
> III – comprovadamente, utilizar-se de interposta pessoa física ou jurídica para ocultar ou dissimular seus reais interesses ou a identidade dos beneficiários dos atos praticados;
>
> IV – no tocante a licitações e contratos:
>
> a) frustrar ou fraudar, mediante ajuste, combinação ou qualquer outro expediente, o caráter competitivo de procedimento licitatório público;
>
> b) impedir, perturbar ou fraudar a realização de qualquer ato de procedimento licitatório público;
>
> c) afastar ou procurar afastar licitante, por meio de fraude ou oferecimento de vantagem de qualquer tipo;
>
> d) fraudar licitação pública ou contrato dela decorrente;
>
> e) criar, de modo fraudulento ou irregular, pessoa jurídica para participar de licitação pública ou celebrar contrato administrativo;
>
> f) obter vantagem ou benefício indevido, de modo fraudulento, de modificações ou prorrogações de contratos celebrados com a administração pública, sem autorização em lei, no ato convocatório da licitação pública ou nos respectivos instrumentos contratuais; ou
>
> g) manipular ou fraudar o equilíbrio econômico-financeiro dos contratos celebrados com a administração pública;
>
> V – dificultar atividade de investigação ou fiscalização de órgãos, entidades ou agentes públicos, ou intervir em sua atuação, inclusive no âmbito das agências reguladoras e dos órgãos de fiscalização do sistema financeiro nacional.

O compliance como instrumento de prevenção e combate à corrupção

Verifica-se que a legislação deu destaque, no inciso IV, aos atos de corrupção vinculados a licitações e contratos públicos, sendo certo que estes prescindem de comprovação, seja por provas, seja por processos administrativos, do real interesse do acusado em violar a competitividade das licitações.

No que diz respeito às sanções, a lei trouxe disposições para esfera administrativa e judicial. Na esfera administrativa, verifica-se maior responsabilização e prejuízo às empresas envolvidas no ato lesivo, quando fixada multa que pode alcançar até 20% (vinte por cento) do faturamento bruto do último exercício da empresa, e a publicidade da decisão condenatória, tendo a empresa que arcar com os custos da publicação em meios de comunicação de grande circulação, em sítio eletrônico, além de ter que afixa-la no local de exercício de sua atividade, de modo visível ao público, o que afeta diretamente sua imagem com o mercado.

> Art. 6º Na esfera administrativa, serão aplicadas às pessoas jurídicas consideradas responsáveis pelos atos lesivos previstos nesta Lei as seguintes sanções:
>
> I – multa, no valor de 0,1% (um décimo por cento) a 20% (vinte por cento) do faturamento bruto do último exercício anterior ao da instauração do processo administrativo, excluídos os tributos, a qual nunca será inferior à vantagem auferida, quando for possível sua estimação; e
>
> II – publicação extraordinária da decisão condenatória.
>
> § 1º As sanções serão aplicadas fundamentadamente, isolada ou cumulativamente, de acordo com as peculiaridades do caso concreto e com a gravidade e natureza das infrações.
>
> § 2º A aplicação das sanções previstas neste artigo será precedida da manifestação jurídica elaborada pela Advocacia Pública ou pelo órgão de assistência jurídica, ou equivalente, do ente público.
>
> § 3º A aplicação das sanções previstas neste artigo não exclui, em qualquer hipótese, a obrigação da reparação integral do dano causado.
>
> § 4º Na hipótese do inciso I do caput, caso não seja possível utilizar o critério do valor do faturamento bruto da pessoa jurídica, a multa será de R$ 6.000,00 (seis mil reais) a R$ 60.000.000,00 (sessenta milhões de reais).
>
> § 5º A publicação extraordinária da decisão condenatória ocorrerá na forma de extrato de sentença, a expensas da pessoa jurídica, em meios de comunicação de grande circulação na área da prática da infração e de atuação da pessoa jurídica ou, na sua falta, em publicação de circulação nacional, bem como por meio de afixação de edital, pelo prazo mínimo de 30 (trinta) dias, no próprio estabelecimento ou no local de exercício da atividade, de modo visível ao público, e no sítio eletrônico na rede mundial de computadores.

Além das penalidades administrativas, já em âmbito judicial, as empresas poderão ter perdimento de bens, direitos, valores, incentivos e subsídios, suspensão ou interdição parcial de suas atividades e até mesmo dissolução compulsória de sua personalidade jurídica, conforme disposto no artigo 19 da referida lei:

> Art.19º
>
> (...)
>
> I – perdimento dos bens, direitos ou valores que representem vantagem ou proveito direta ou indiretamente obtidos da infração, ressalvado o direito do lesado
>
> ou de terceiro de boa-fé;

II – suspensão ou interdição parcial de suas atividades;

III – dissolução compulsória da pessoa jurídica;

IV – proibição de receber incentivos, subsídios, subvenções, doações ou empréstimos de órgãos ou entidades públicas e de instituições financeiras públicas ou controladas pelo poder público, pelo prazo mínimo de 1 (um) e máximo de 5 (cinco) anos.

A nova legislação trouxe ainda, em seu artigo 14, a possibilidade de desconsideração da personalidade jurídica quando esta for utilizada para facilitar, encobrir ou dissimular a prática dos atos ilícitos ou utilizada para provocar confusão patrimonial, sendo estendidos todos os efeitos das sanções aplicadas à pessoa jurídica aos seus administradores e sócios com poderes de administração.

Importante ressaltar ainda a legitimação e fortalecimento da participação da Controladoria-Geral da União, Advocacia Pública e do Ministério Público nas ações e procedimentos previsto na legislação, conforme podemos verificar desde 2014 com a abertura de diversos inquéritos, processos administrativos e processos judiciais por estes órgãos.

Por fim, a nova lei trouxe duas outras inovações ao adotar o *"Compliance"* e o "Acordo de Leniência" como atenuantes às sanções previstas as pessoas jurídicas, institutos que serão apresentados no capitulo subsequente.

3. Como mitigar os riscos?
O importante papel dos escritórios de advocacia no *compliance*

Quando da promulgação e principalmente da entrada em vigor da Lei Anticorrupção, uma enxurrada de consultas e demandas recaíram sobre os escritórios de Advocacia Empresarial, sendo que a maioria dessas se concentrou na necessidade dos escritórios elaborarem Programas efetivos de *Compliance* para si e para seus clientes.

A necessidade de se criar Programas de *Compliance configurou-se quando a nova legislação trouxe no artigo 7°, inciso VII, que* dispor de programa de *Compliance* é medida legal para atenuar as penalidades em eventual ocorrência atos ilícitos, senão vejamos:

Art. 7° Serão levados em consideração na aplicação das sanções:

I – a gravidade da infração;

II – a vantagem auferida ou pretendida pelo infrator;

III – a consumação ou não da infração;

IV – o grau de lesão ou perigo de lesão;

V – o efeito negativo produzido pela infração;

VI – a situação econômica do infrator;

VII – a cooperação da pessoa jurídica para a apuração das infrações;

VIII – *a existência de mecanismos e procedimentos internos de integridade, auditoria e incentivo à denúncia de irregularidades e a aplicação efetiva de códigos de ética e de conduta no âmbito da pessoa jurídica;*

IX – o valor dos contratos mantidos pela pessoa jurídica com o órgão ou entidade pública lesados; e

X – (VETADO).

Parágrafo único. Os parâmetros de avaliação de mecanismos e procedimentos previstos no inciso VIII do caput serão estabelecidos em regulamento do Poder Executivo federal.

(grifo nosso).

Compliance é "o conjunto de disciplinas para fazer cumprir as normas legais e regulamentares, as políticas e as diretrizes estabelecidas para o negócio e para as atividades da instituição ou empresa, bem como evitar, detectar e tratar qualquer desvio ou inconformidade que possa ocorrer"[2].

Estar em *Compliance* é estar em conformidade com leis e regulamentos internos e externos, sendo, acima de tudo, uma obrigação individual de todos aqueles que agem em nome de uma pessoa jurídica.

Risco de *Compliance* é o risco de sanções legais ou regulatórias, de perda financeira ou de reputação que a pessoa jurídica pode sofrer como resultado da falha no cumprimento da aplicação de leis, regulamentos e do Código de Ética.

A implementação do *Compliance* visa a prevenir comportamentos em desacordo com as normas internas da empresa e com as leis aplicáveis, bem como orientar os colaboradores em situações de dúvidas/riscos, evitando que a pessoa jurídica, por intermédio destes colaboradores ou de terceiros, venha a praticar atos ilícitos.

Para que um programa de *Compliance* tenha eficácia, necessário o cumprimento de três etapas sucessivas e complementares, senão vejamos:

Etapa 1 – Concepção e implementação

Antes da criação do programa de *Compliance,* necessário ter o apoio e comprometimento com a sua implementação pelos sócios e diretores da pessoa jurídica, uma vez que suas atitudes e ações são seguidas pelos demais colaboradores da empresa, o que é fundamental para a credibilidade do programa.

Superado este importante requisito, verificar-se-á a existência ou não de instrumentos de gestão, em especial Códigos de Éticas e de Condutas, Cartilhas com valores e missões da empresa, e demais políticas internas que, avaliados juntamente com as leis, normas e regulamentos afetos à atividade da pessoa jurídica, trarão a base para o estabelecimento dos procedimentos e necessidades do Programa de *Compliance.*

Estabelecidas as bases e os procedimentos, a implementação do Programa se dará inicialmente com a elaboração/revisão dos instrumentos de gestão, a criação de área independente de *Compliance dotada de* infraestrutura material e pessoal suficiente para mapear, analisar riscos e ter acesso direto à diretoria ou conselho de administração, bem como a criação de mecanismos de comunicação para recebimento de denúncias de irregularidades de colaboradores internos e de terceiros, capazes de manter a confidencialidade e evitar retaliações.

Etapa 2 – Treinamento

Ultrapassada a Etapa 1, imprescindível a realização de treinamento para apresentação do Programa, os instrumentos de gestão elaborados/revisados, bem com os procedimentos e canais para comunicação de eventuais irregularidades a todos os colaboradores internos, bem como aos terceirizados, uma vez que pela nova legislação, todos podem ser agentes do ato ilícito, enquanto representantes das empresas.

Os treinamentos devem ser interativos e de fácil assimilação, customizados para cada uma das áreas da empresa, após avaliação dos riscos a elas inerentes, especialmente aquelas que mantêm contato constante com o Poder Público e seus órgãos.

A qualificação da equipe, a replicação da cultura ética da empresa e os treinamentos constantes sobre politicas e procedimentos internos, bem como sobre normas anticorrupção, são essenciais para se minimizarem os riscos.

Etapa 3 – Monitoramento

O monitoramento é ação que deve ser absorvida de forma perene pelas pessoas jurídicas, sendo responsável por acompanhar dia a dia o cumprimento do Programa de *Compliance*, identificando lacunas existentes e sugerindo melhorias, avaliando a assimilação pelos colaboradores internos e externos dos treinamentos realizados e se estes estão seguindo o Código de Conduta e as politicas internas da empresa, bem como fiscalizando se as denúncias recebidas pelos canais internos de comunicação estão sendo prontamente atendidas.

Dar conhecimento de suas ações e resultados, atualizar seus documentos e procedimentos, além de realizar treinamentos constantes, são imprescindíveis para um bom resultado.

Ocorre que, mesmo implementando e fazendo cumprir programa de *Compliance,* a pessoa jurídica poderá se ver envolvida e ser responsabilizada por atos lesivos à Administração Pública, praticados por algum de seus representantes.

Para estes casos, e desde que a pessoa jurídica tenha interesse, a lei Anticorrupção oportuniza a celebração do Acordo de Leniência.

O Acordo de Leniência é o instrumento que permite à pessoa jurídica envolvida e responsável pela prática da infração participar da investigação, com o fim de prevenir ou reparar dano de interesse coletivo.

A legislação dedicou capítulo específico sobre o instrumento, tendo o artigo 16 relacionado as condições (§1º) e benefícios (§2º) de sua celebração às pessoas jurídicas envolvidas.

Art. 16. A autoridade máxima de cada órgão ou entidade pública poderá celebrar acordo de leniência com as pessoas jurídicas responsáveis pela prática dos atos previstos nesta Lei que colaborem efetivamente com as investigações e o processo administrativo, sendo que dessa colaboração resulte:

I – a identificação dos demais envolvidos na infração, quando couber; e

II – a obtenção célere de informações e documentos que comprovem o ilícito sob apuração.

§ 1º O acordo de que trata o caput somente poderá ser celebrado se preenchidos, cumulativamente, os seguintes requisitos:

I – a pessoa jurídica seja a primeira a se manifestar sobre seu interesse em cooperar para a apuração do ato ilícito;

II – a pessoa jurídica cesse completamente seu envolvimento na infração investigada a partir da data de propositura do acordo;

III – a pessoa jurídica admita sua participação no ilícito e coopere plena e permanentemente com as investigações e o processo administrativo, comparecendo, sob suas expensas, sempre que solicitada, a todos os atos processuais, até seu encerramento.

§ 2º A celebração do acordo de leniência isentará a pessoa jurídica das sanções previstas no inciso II do art. 6o e no inciso IV do art. 19 e reduzirá em até 2/3 (dois terços) o valor da multa aplicável.

§ 3º O acordo de leniência não exime a pessoa jurídica da obrigação de reparar integralmente o dano causado.

§ 4º O acordo de leniência estipulará as condições necessárias para assegurar a efetividade da colaboração e o resultado útil do processo.

§ 5º Os efeitos do acordo de leniência serão estendidos às pessoas jurídicas que integram o mesmo grupo econômico, de fato e de direito, desde que firmem o acordo em conjunto, respeitadas as condições nele estabelecidas.

§ 6º A proposta de acordo de leniência somente se tornará pública após a efetivação do respectivo acordo, salvo no interesse das investigações e do processo administrativo.

§ 7º Não importará em reconhecimento da prática do ato ilícito investigado a proposta de acordo de leniência rejeitada.

§ 8º Em caso de descumprimento do acordo de leniência, a pessoa jurídica ficará impedida de celebrar novo acordo pelo prazo de 3 (três) anos contados do conhecimento pela administração pública do referido descumprimento.

§ 9º A celebração do acordo de leniência interrompe o prazo prescricional dos atos ilícitos previstos nesta Lei.

§ 10º A Controladoria-Geral da União – CGU é o órgão competente para celebrar os acordos de leniência no âmbito do Poder Executivo federal, bem como no caso de atos lesivos praticados contra a administração pública estrangeira.

(grifos nosso)

Conforme disposto no § 1º do artigo supracitado, o acordo de leniência somente poderá ser celebrado desde que, cumulativamente, a pessoa jurídica cumpra as seguintes condições: i) seja a primeira a se manifestar sobre seu interesse em cooperar para apuração do ato ilícito; ii) cesse completamente seu envolvimento na infração investigada a partir da data da propositura do acordo; e iii) admita sua participação no ilícito e coopere plena e permanentemente com as investigações e o processo administrativo.

Adicionalmente, é necessário que dessa colaboração resulte a identificação dos demais envolvidos na infração e a obtenção célere de informações e documentos que comprovem o ilícito sob apuração.

Por outro lado, a celebração do acordo de leniência isentará a pessoa jurídica da sanção de publicação da decisão condenatória, bem como da proibição de receber incentivos, subsídios, subvenções, doações ou empréstimos de órgãos ou entidades públicos e de instituições financeiras públicas, além de garantir a redução em até 2/3 do valor da multa aplicável.

4. Conclusão

Com o advento da Lei n° 12.846/13, uma nova realidade se impôs às pessoas jurídicas, especialmente aquelas que se relacionam diretamente com a administração pública, nacional ou estrangeira.

A criação de um Programa de *Compliance*, sua implementação e seu efetivo cumprimento, é condição básica e o mecanismo mais eficiente para que empresas mitiguem os riscos de verem seus colaboradores envolvidos em atos ilícitos, além de ser sua existência uma das atenuantes para as sanções impostas pela lei, caso a empresa se veja envolvida em algum ato ilícito.

Importante esclarecer que o programa de *Compliance* deve-se aplicar aos sócios, administradores, diretores e colaboradores das empresas, bem como aos procuradores, representantes, prestadores de serviços e terceiros que ajam em seu nome, devendo todos respeitar suas normas e diretrizes.

E por se aplicarem a todos que representam pessoas jurídicas, as bancas de advocacia, além de responsáveis por criar ou revisar os Programas de *Compliance* de seus clientes, se tornaram também possíveis atoras de ilícitos, pelos termos da lei.

Face a esta nova realidade, além de se comprometer com as regras de seus clientes, as bancas deverão criaram seus próprios Programas de *Compliance,* cientificando todos seus colaboradores internos e externos dos termos das políticas de seus clientes, como das suas, transformando em compromisso público suas práticas e medidas de promoção da ética e de prevenção à corrupção, por ser ator fundamental em todas as fases do processo.

Como podemos observar, a Nova Lei Anticorrupção demandará grande envolvimento dos escritórios de advocacia para promover as medidas preventivas e corretivas de forma a evitar a ocorrência de atos de corrupção e as sanções daí decorrentes.

Referência

Brasil – Lei 12. 12.846, de 1º de agosto de 2013, que dispõe sobre a responsabilização administrativa e civil de pessoas jurídicas pela prática de atos contra a administração pública, nacional ou estrangeira, e dá outras providências.

— 12 —

Responsabilidade Civil da Pessoa Jurídica e seus diretores na lei anticorrupção[1]

PAULO SOARES DE MORAIS
Sócio da Faria e Faria Advogados

Sumário: 1. Responsabilidade dos administradores, diretores e conselho; 2. Da responsabilidade de gestores e diretores frente à Comissão de Valores Mobiliários – CVM; 3. Possíveis consequências perante o Ministério Público e investidores; 4. Breve avaliação nas esferas tributária e administrativa; 5. Inovações e reflexos da Lei Anticorrupção; 6. Conclusão; Bibliografia.

1. Responsabilidade dos administradores, diretores e conselho

A Lei 12.846, de 01.08.2013, também conhecida como Lei Anticorrupção, dispõe sobre a responsabilização objetiva administrativa e civil de pessoas jurídicas pela prática de atos contra a administração pública, nacional ou estrangeira.

Há diversas modalidades de corrupção, dentre elas a denominada sistêmica, política e administrativa. Nas palavras da Dra. Patrícia Barcelos Nunes de Mattos Rocha, estas assim podem ser definidas:[2]

> A corrupção sistêmica ou do sistema estatal se verifica quando o Estado é estruturado para autorizar ou conceber trocas, clientelismo e privilégios a determinados setores da sociedade.

> Já as formas de corrupção política e administrativa podem ser verificadas dentro das instituições políticas e burocráticas. São efetivadas pela troca de favores, por privilégios aos interesses particulares, podendo ser detectadas no funcionamento do Estado. Saliente-se, que a corrupção política abrange também o processo eleitoral, o processo de recrutamento para algumas funções estatais elementares, o funcionamento dos partidos políticos e a forma de desempenho dos agentes políticos.

---

[1] O objeto do presente artigo é abordar aspectos controvertidos da responsabilidade da empresa e do empresário na gestão da pessoa jurídica, traçando os principais pontos sobre o tema voltado à Lei Anticorrupção e a sua responsabilidade civil.

[2] ROCHA, Patícia Barcelos Nunes de Mattos; *Corrupção na era da Globalização,* Curitiba: Juruá, 2011, p. 59.

A norma estabelece que são sujeitos passivos as sociedades empresárias e as sociedades simples, personificadas ou não, independentemente da forma de organização ou modelo societário adotado, bem como a quaisquer fundações, associações de entidades ou pessoas, ou sociedades estrangeiras, que tenham sede, filial ou representação no território brasileiro, constituídas de fato ou de direito, ainda que temporariamente.

O artigo 3º do mencionado diploma legal estabelece que responsabilização da pessoa jurídica não exclui a responsabilidade individual de seus dirigentes ou administradores ou de qualquer pessoa natural, autora, coautora ou partícipe do ato ilícito.

A identificação do fato típico que vincula a empresa será passível de responsabilização objetiva e não subjetiva, bastando a demonstração da relação de causalidade.

Em que a responsabilização objetiva há críticas à Lei Anticorrupção, frente à possibilidade de o empresário não ter conhecimento da prática de seus prepostos, como é bem sustentado no livro "Lei Anticorrupção Empresarial":[3]

> Figura que não deve ser confundida com a do empresário citado anteriormente, cioso das responsabilidades e afazeres com que se compraz, é a dos prepostos por ele constituídos e que, nalguma medida, podem fugir às regras éticas e corromper-se. Neste caso, no contexto da lei, além de mau empregado atrairá sobre o empresário que pode nada ter assentido ou aprovado, um fardo tão extraordinário que levará ao fechamento da empresa e sua própria ruína.
>
> Novamente, verifica-se que o empreendedor pode ser vítima de atitudes de terceiros que, eventualmente agindo em seu nome, mas com excesso ou abuso de direito, tragam-lhe prejuízos que não concordou em assumir.
>
> (...)
>
> A Lei punirá a empresa fonte do sustento do empresário, que pode ser inocente pela responsabilidade, na forma objetiva pura. Se a lógica e o senso de justiça ficam ofendidos, a Constituição Federal, como se verá adiante, assegurará o equilíbrio necessário para que o intérprete possa corrigir esses gravíssimos desvios legislativos, que uma interpretação açodada poderia concretizar.

De outro lado, o § 2º do artigo 3º da Lei estabelece que os dirigentes ou administradores da pessoa jurídica somente serão responsabilizados por atos ilícitos na medida de sua culpabilidade. A delimitação da culpabilidade do empresário ou administrador sinaliza a possibilidade de se sustentar a responsabilidade dos diretores de forma subjetiva e não objetiva, como ocorre com a pessoa jurídica.

Ainda abordando sobre os possíveis sujeitos passivos a que a norma é dirigida, podemos mencionar situações em que a empresa punida é alienada a terceiro. A alienação da pessoa jurídica a terceiro não impede que a sua responsabilidade legal seja extinta, seja a alienação decorrente de fusão, incorporação ou alienação.

---

[3] NASCIMENTO, Melillo Dinis do; REOLON, Jaques Fernando; FERNANDES, Jorge Ulisses Jacoby; COSTA, Karina Amorim Sampaio; CAPANEMA, Renato de Oliveira; *Lei Anticorrupção Empresarial*, Belo Horizonte: Fórum, 2014, p. 36.

Em que pese a responsabilidade da empresa controladora ou vinculada à negociação ser solidária, ela está restrita à obrigação de pagamento de multa e reparação integral do dano causado até o limite do patrimônio transferido, não lhe sendo aplicáveis as demais sanções previstas decorrentes de atos e fatos ocorridos anteriormente à fusão ou à incorporação.

A exceção, neste caso, será a demonstração de fraude ou simulação com a finalidade de reduzir a penalidade aplicada, ou seja, buscando impedir a aplicação da norma pela via transversa.

1.2 – As normas relativas a requisitos, deveres e responsabilidade dos administradores não estão limitadas à Lei Anticorrupção. A Lei 6.404/76 aponta a responsabilidade dos diligentes de acordo com os atos praticados.

Nos termos do art. 145 da Lei 6.404/76 os conselheiros e diretores, os avaliadores e o subscritor que represente o capital social responderão perante a companhia; os acionistas e terceiros, pelos danos que lhes causarem por culpa ou dolo na avaliação dos bens, sem prejuízo da responsabilidade penal em que tenham incorrido. No caso de bens em condomínio, a responsabilidade dos subscritores é solidária. (art. 8º, § 6º; art. 45, § 3º, da Lei 6.404/76).

Assim, quando da aprovação de eventual balanço da empresa, é saudável que o empresário faça ressalvas e aponte o responsável e os instrumentos utilizados para se concluir pelo balanço positivo ou deficitário da empresa, restringindo a responsabilidade de cada um daqueles que contribuiu para a conclusão do relatório financeiro em que a aprovação se baseou.

Eventual aprovação indevida de relatório financeiro poderá responsabilizar companhia pelos prejuízos que causar aos interessados por vícios ou irregularidades verificadas nos livros sociais, nos termos do art. 100, I a III, e art. 104 da Lei 6.404/76.

De outro lado, a aprovação, sem ressalva, das demonstrações financeiras e das contas, exonera de responsabilidade os administradores e fiscais, salvo erro, dolo, fraude ou simulação, na forma do art. 134, § 3º, e artigo 286.

O Administrador, Diretor e Conselheiro responde civilmente pelos prejuízos que causar, quando proceder: I) – dentro de suas atribuições ou poderes, com culpa ou dolo; II) – com violação da lei ou do estatuto.[4]

O Administrador não é responsável por atos ilícitos de outros administradores, salvo se com eles for conivente, se negligenciar em descobri-los ou se, deles tendo conhecimento, deixar de agir para impedir a sua prática. Neste ponto, a indicação de responsáveis técnicos e registro de não concordância com o ato é importante, pois exime-se de responsabilidade o administrador dissidente que faça consignar sua divergência em ata de reunião do órgão de administração ou, não sendo possível, dela dê ciência imediata e por escrito ao

---

[4] *Caput* do art. 158 da Lei 6.404/76.

órgão da administração, no conselho fiscal, se em funcionamento, ou à assembleia-geral.[5]

Os Administradores e, da mesma forma os Diretores e Conselheiros, são solidariamente responsáveis pelos prejuízos causados em virtude do não cumprimento dos deveres impostos por lei para assegurar o funcionamento normal da companhia, ainda que, pelo estatuto, tais deveres não caibam a todos eles, nos moldes do art. 158, § 2º.

O Administrador que, tendo conhecimento do não cumprimento desses deveres por seu predecessor, ou pelo Administrador competente nos termos do § 3º, deixar de comunicar o fato à assembleia-geral, tornar-se-á por ele solidariamente responsável.[6]

Assim, constatamos que para a apuração da responsabilidade do empresário, há necessidade de aplicação da Lei Anticorrupção em sintonia com as demais normas aplicáveis à empresa e ao fato gerador da conduta antijurídica.

1.3 – O capítulo IV da Lei Anticorrupção estabelece que a responsabilidade da pessoa jurídica no processo administrativo não afasta a possibilidade de sua responsabilização na esfera judicial.

Assim, além das medidas administrativas, a empresa estará sujeita, dentre outras, às seguintes medidas judiciais:

I – perdimento dos bens, direitos ou valores que representem vantagem ou proveito direta ou indiretamente obtidos da infração, ressalvado o direito do lesado ou de terceiro de boa-fé;

II – suspensão ou interdição parcial de suas atividades;

III – dissolução compulsória da pessoa jurídica;

IV – proibição de receber incentivos, subsídios, subvenções, doações ou empréstimos de órgãos ou entidades públicas e de instituições financeiras públicas ou controladas pelo poder público, pelo prazo mínimo de 1 (um) e máximo de 5 (cinco) anos.

1.4 – As normas em estudo em que pese estabelecerem critérios inovadores, na verdade, devem ser aplicadas em conjunto com outras normas que já tratavam dos negócios públicos, não podendo deixar de mencionar a importância de aplicação da Lei nº 8.666/1993, Lei de Licitações e Contratos, Lei nº 7.347/1985, Lei da Ação Civil Pública e, por fim, Lei nº 8.429/199, Lei de Improbidade Administrativa.

A Lei Anticorrupção é uma norma que veio complementar mencionados institutos, instrumentalizando e viabilizando à investigação atos ilegais, devendo, portanto, ser interpretada em conjunto com mencionadas normas e de acordo com a natureza da empresa, o que permitirá a correta identificação do responsável pelo ato ilícito.

Assim, será possível identificar o instituto adequado e a forma de aplicação da norma para que aquele que concorrer para a prática de ato com violação

---

[5] Art. 158, § 1º, da Lei 6.404/76.

[6] Art. 158, § 4º, da Lei 6.404/76;

da Lei ou do Estatuto com o fim de obter vantagem para si ou para outrem, responda solidariamente com a empresa e Administrador.

2. Da responsabilidade de gestores e diretores frente a Comissão de Valores Mobiliários – CVM

2.1 – A CVM, por meio da instrução n°358/2002, aponta as situações que considera relevantes para sua atuação, como matéria envolvendo decisão de acionista controlador, deliberação da assembleia geral ou qualquer outro ato ou fato de caráter político-administrativo, técnico, negocial ou econômico-financeiro ocorrido ou relacionado aos seus negócios que possa influir de modo ponderável na cotação dos valores mobiliários de emissão da companhia aberta (art. 2°, instrução CVM n° 358, 03/01/2002 – <http://www.cvm.gov.br/legislacao/inst/inst358.html>).

A Lei 6.385, de 1976, dispõe sobre o mercado de valores mobiliários e cria a Comissão de Valores Mobiliários.

O art. 9°, § 2°, inciso V, do mencionado diploma legal, estabelece que além da responsabilização civil e penal, a CVM poderá instaurar procedimento administrativo para apurar atos ilegais e práticas de administradores, diretores, membros do conselho fiscal e acionistas.

2.2 – Feitas as citações das normas, podemos compreender que, verificando que houve prática de atos fraudulentos e afronta ao estatuto, a CVM poderá impor as seguintes penalidades aos Diretores, Administradores e membros do Conselho Fiscal:

- Suspensão do exercício do cargo (art. 11, III, Lei n° 6.385/76);
- Inabilitação temporária, até o máximo de vinte anos, para o exercício dos cargos referidos no inciso anterior (art. 11, IV, Lei n° 6.385/76).

As penalidades também poderão se estender à pessoa jurídica, envolvendo a sua atuação:

- suspensão da autorização ou registro para o exercício das atividades de que trata esta Lei (art. 11, V – Lei n° 6.385/76);
- cassação de autorização ou registro, para o exercício das atividades de que trata esta Lei (art. 11, VI – Lei n° 6.385/76);
- proibição temporária, até o máximo de vinte anos, de praticar determinadas atividades ou operações, para os integrantes do sistema de distribuição ou de outras entidades que dependam de autorização ou registro na Comissão de Valores Mobiliários; (art. 11, VII – Lei n° 6.385/76);
- proibição temporária, até o máximo de dez anos, de atuar, direta ou indiretamente, em uma ou mais modalidades de operação no mercado de valores mobiliários. (art. 11, VIII – Lei n° 6.385/76).

2.3 – Além das penalidades acima citadas, poderá ser aplicada multa de valor correspondente a três vezes o montante da vantagem econômica

O compliance como instrumento de prevenção e combate à corrupção

obtida ou da perda evitada em decorrência do ilícito (art. 11, §1°, III – Lei n° 6.385/76).

Assim, verificamos que, além das penalidades estabelecidas na Lei Anticorrupção, a conduta dos gestores da pessoa jurídica não exclui outros procedimentos administrativos decorrentes de sua conduta.

3. Possíveis consequências perante o Ministério Público e investidores

O excesso de mandato ou a prática de ato ilícito geram a responsabilidade pessoal do empresário.

No caso da Sociedade Anônima, eventual ato ilícito que gere prejuízo à empresa e até mesmo a alteração do balanço financeiro de empresa de capital aberto pode causar reflexos não só aos acionistas, mas também a todo o mercado que investe e a utiliza como referência.

Assim, eventual atuação além do mandato ou em afronta à Lei poderá permitir a investigação pelo Ministério Público, tanto no Brasil como no exterior.

No Brasil, o Ministério Público utiliza como instrumento a Investigação, bem como a propositura de eventual Ação Civil[7] ou Penal.

Apenas a título de exemplo, podemos relacionar recentes notícias de investidores e acionistas que buscam ressarcimento de prejuízos estimados em US$ 10,000,000,000.00 (dez bilhões de dólares) no Exterior:

A Justiça dos Estados Unidos suspendeu por tempo indeterminado o julgamento de ação coletiva contra a Petrobrás, movida pelos acionistas em função dos prejuízos provocados pela corrupção revelada na Operação Lava Jato. A suspensão foi determinada pela Corte de Apelação após recursos movido pela própria estatal. A decisão suspende também outras 27 ações individuais movidas por investidores contra a petroleira. Somente a ação coletiva, que tramita desde 2014, requer ressarcimento de até US$ 10 bilhões da estatal. (http://economia.estadao.com.br/noticias/geral,justica-dos-eua-suspende-acao-contra-petrobras,10000066498)

Dilma é condenada nos EUA por golpe a Investidores Americanos – Os americanos estimam que a corrupção no Brasil gerou um rombo de US$ 28 bilhões o que em reais atinge perto R$ 130 bilhões; alegam também que os balanços foram mentirosos e fraudulentos. Além da corrupção, a má gestão condenou a Petrobras a um atoleiro de dívidas que chegam a R$ 600 bilhões. Com os processos autorizados hoje e as dívidas, as indenizações e ressarcimentos podem chegar na casa astronômica dos R$ 1,5 trilhão. (https://www.agnoticia.org/dilma-e-condenada-nos-eua-por-golpe-a-investidores-americanos-230)

Assim, a conduta do empresário, diretor ou administrador da pessoa jurídica implica a responsabilidade não apenas frente ao Estado e à empresa, mas

---

[7] Lei 7.347/85 – Art. 1° Regem-se pelas disposições desta Lei, sem prejuízo da ação popular, as ações de responsabilidade por danos morais e patrimoniais causados: (Redação dada pela Lei n° 12.529, de 2011). IV – a qualquer outro interesse difuso ou coletivo. (Incluído pela Lei n° 8.078 de 1990); V – por infração da ordem econômica. (Redação dada pela Lei n° 12.529, de 2011); VIII – ao patrimônio público e social. (Incluído pela Lei n° 13.004, de 2014).

também a terceiros que foram prejudicados pela conduta, sendo necessário, no entanto, estabelecer o nexo de causalidade entre o dano e a conduta.

4. Breve avaliação nas esferas tributária e administrativa

4.1 – Em que pese o presente artigo focar a responsabilidade civil dos gestores e da pessoa jurídica, não podemos deixar de mencionar os impactos fiscais decorrentes da prática ilícita a empresas do grupo no exterior.

A Lei n. 6.404/76, que no particular rege a contabilidade de todos os tipos societários no Brasil, enseja que o empresário deve ser muito rigoroso com suas demonstrações financeiras, sob pena de gerar responsabilidade e danos e à empresa estrangeira frente à conduta da subsidiária brasileira.

Portanto, cabe à administração local rigoroso relatório financeiro periódico e execução de auditoria com o propósito de evitar que seja apresentada à controladora no exterior uma posição financeira mais otimista do que a real.

A forma de valoração da empresa estabelecida pela Lei nº 6.404/76 vincula não só Sociedades por Ações e norteia as regras e consequências a empresas do grupo situadas no exterior e de outros tipos de sociedades no Brasil:

Art. 1º A companhia ou sociedade anônima terá o capital dividido em ações, e a responsabilidade dos sócios ou acionistas será limitada ao preço de emissão das ações subscritas ou adquiridas.

Art. 2º Pode ser objeto da companhia qualquer empresa de fim lucrativo, não contrário à lei, à ordem pública e aos bons costumes.

§ 1º Qualquer que seja o objeto, a companhia é mercantil e se rege pelas leis e usos do comércio.

§ 2º O estatuto social definirá o objeto de modo preciso e completo.

§ 3º A companhia pode ter por objeto participar de outras sociedades; ainda que não prevista no estatuto, a participação é facultada como meio de realizar o objeto social, ou para beneficiar-se de incentivos fiscais.

Para tanto, o art. 183 da Lei n. 6.404/76 impõe critérios específicos a serem adotados na avaliação de bens do ativo, dependendo da classificação do bem (ativo circulante, ativo realizável a longo prazo, imobilizado, investimentos etc.), assim como o § 3º do art. 182 do mesmo diploma prevê a possibilidade de contabilização de "ajustes de avaliação patrimonial", no grupo de patrimônio líquido, como contrapartida de aumentos ou diminuições de itens do ativo ou do passivo, em decorrência de sua "avaliação a valor justo".

4.2 – A prática do ato ilícito não necessariamente precisa ser direto ao agente. Ele pode decorrer de circunstâncias específicas, como um superdimensionamento contábil de item do ativo que não encontre amparo numa "avaliação a valor justo".

Mencionada conduta é procedimento que pode gerar contingências fiscais para a sociedade e, conforme o caso, pode impor responsabilidade aos administradores.

O *compliance* como instrumento de prevenção e combate à corrupção

Sob a ótica fiscal, a superavaliação de itens do ativo tende a ser questionada pelas autoridades fazendárias. Portanto, eventual fiscalização pode concluir pela omissão de receitas, o que, dependendo das circunstâncias, autoriza o arbitramento da receita do contribuinte, segundo os critérios do art. 6º da Lei n. 8.846/94 – art. 284 do Regulamento do IR baixado com o Dec. 3.000/99 – RIR/99. Outra consequência desta conduta é a desclassificação da escrita contábil com o arbitramento do lucro (art. 47, I e II, da Lei n. 8.981/95; arts. 529 e ss. do RIR/99).

Corroborando com este entendimento, transcrevermos o artigo 6º da Lei 8.846/94, que estabelece como deve do agente fiscal proceder quando verificados indícios à omissão da receita da empresa:

Art. 6º Verificada por indícios a omissão da receita, a autoridade tributária poderá, para efeito de determinação da base cálculo sujeita à incidência dos impostos federais e contribuições sociais, arbitrar a receita do contribuinte, tomando por base as receitas, apuradas em procedimento fiscal, correspondentes ao movimento diário das vendas, da prestação de serviços e de quaisquer outras operações.

No mesmo raciocínio o artigo 47 da Lei nº 8.981, de 20.01.1995, regula a *legislação tributária Federal e* estabelece critérios para apurar o lucro da pessoa jurídica frente à omissão no relatório financeiro:

Art. 47. O lucro da pessoa jurídica será arbitrado quando:

I – o contribuinte, obrigado à tributação com base no lucro real ou submetido ao regime de tributação de que trata o Decreto-Lei nº 2.397, de 1987, não mantiver escrituração na forma das leis comerciais e fiscais, ou deixar de elaborar as demonstrações financeiras exigidas pela legislação fiscal;

II – *a escrituração a que estiver obrigado o contribuinte revelar evidentes indícios de fraude ou contiver vícios, erros ou deficiências que a tornem imprestável para:*

a) identificar a efetiva movimentação financeira, inclusive bancária; ou

b) determinar o lucro real.

4.3 – Do ponto de vista societário, a responsabilidade dos administradores é, regra geral, vinculada à presença de dolo ou culpa (art. 158, I, da Lei n. 6.404/76), visão esta que nem sempre é aplicada pela Lei Anticorrupção.

No entanto, o administrador em especial é responsável quando se omitir ou for conivente com o ilícito na gestão da sociedade, salvo se fizer consignar sua divergência, como já mencionado no início deste artigo.

Assim, a responsabilidade do gestor resulta em solidariedade com a sociedade, ainda que o ilícito decorra de ato ou omissão de um dos diretores, e o estatuto não imponha a todos eles o dever descumprido (idem, § 2º).

Responsabilidade dos Administradores

Art. 158. O administrador não é pessoalmente responsável pelas obrigações que contrair em nome da sociedade e em virtude de ato regular de gestão; *responde, porém, civilmente, pelos prejuízos que causar, quando proceder.* (gn)

I – dentro de suas atribuições ou poderes, com culpa ou dolo;

II – com violação da lei ou do estatuto.

§ 1º O administrador não é responsável por atos ilícitos de outros administradores, salvo se com eles for conivente, se negligenciar em descobri-los ou se, deles tendo conhecimento, deixar de agir para impedir a sua prática. Exime-se de responsabilidade o administrador dissidente que faça consignar sua divergência em ata de reunião do órgão de administração ou, não sendo possível, dela dê ciência imediata e por escrito ao órgão da administração, no conselho fiscal, se em funcionamento, ou à assembleia-geral.

§ 2º Os administradores são solidariamente responsáveis pelos prejuízos causados em virtude do não cumprimento dos deveres impostos por lei para assegurar o funcionamento normal da companhia, ainda que, pelo estatuto, tais deveres não caibam a todos eles.

§ 3º Nas companhias abertas, a responsabilidade de que trata o § 2º ficará restrita, ressalvado o disposto no § 4º, aos administradores que, por disposição do estatuto, tenham atribuição específica de dar cumprimento àqueles deveres.

§ 4º O administrador que, tendo conhecimento do não cumprimento desses deveres por seu predecessor, ou pelo administrador competente nos termos do § 3º, deixar de comunicar o fato a assembleia-geral, tornar-se-á por ele solidariamente responsável.

§ 5º Responderá solidariamente com o administrador quem, com o fim de obter vantagem para si ou para outrem, concorrer para a prática de ato com violação da lei ou do estatuto.

Portanto, além da responsabilidade civil do empresário em relação à pessoa jurídica, constatamos que os prejuízos decorrentes de sua conduta que gere multa e encargos tributários à empresa, ocorrendo prejuízo aos investidores, gerará responsabilidade frente aos investidores, Estado e, até mesmo, frente à pessoa jurídica.

4.3 – Nos termos do artigo 8º da Lei 8.246/13, a instauração e o julgamento de processo administrativo para a apuração da responsabilidade de pessoa jurídica cabem à autoridade máxima de cada órgão ou entidade dos Poderes Executivo, Legislativo e Judiciário, podendo agir de ofício.

Com a instauração do procedimento administrativo, se durante o processamento do feito for verificado que a empresa foi utilizada com abuso de direito para facilitar, encobrir ou dissimular a prática dos atos ilícitos previstos na legislação ou, até mesmo, provocar confusão patrimonial, é autorizada a desconsideração da personalidade jurídica.

Neste ponto, não podemos deixar de citar os ensinamentos dos Ilustres Drs. Fernanda Marinela, Fernando Paiva e Tatiany Ramalho, em que destacam a possibilidade do procedimento de desconsideração da Personalidade Jurídica se dar no próprio processo administrativo:[8]

Diante do que foi exposto, é possível asseverar que, caso seja realmente possível que tal medida se dê através do processo administrativo conforme comentaremos adiante, incumbirá à comissão, diante da suspeita da existência de um dos requisitos previstos no art. 14 (abuso de direito ou confusão patrimonial), tomar as providências para cientificar aos envolvidos sob a possibilidade de aplicação da desconsideração da personalidade jurídica, informando-os acerca dos motivos que os levarão a requerer a medida bem como apontando as provas das alegações da existência do abuso de direito ou confusão do patrimônio. Posteriormente, deve-se abrir prazo para que os interessados se manifestem e, posteriormente, entendemos que caberá tão somente à autoridade instauradora determinar a aplicação do art. 14.

---

[8] MARINELA, Fernanda; PAIVA, Fernando; RAMALHO, Tatiany. *Lei Anticorrupção*, São Paulo: Saraiva, 2015, p. 183.

É preciso destacar que a desconsideração da personalidade jurídica está prevista no capitulo do processo administrativo de responsabilização, o que nos leva a concluir que a intenção do legislador foi autorizar que a autoridade administrativa competente tivesse poderes para determinar tal medida.

4.4 – O artigo 14 da Lei 8.246/13 autoriza que as sanções aplicadas sejam estendidas à pessoa jurídica que viabilizou eventual fraude, bem como aos seus administradores e sócios com poderes de administração.

Assim, percebemos que a Lei Anticorrupção se trata de importante instrumento para viabilizar a investigação e responsabilização dos agentes pela via administrativa e judicial.

5. Inovações e reflexos da Lei Anticorrupção

5.1 – A Lei Anticorrupção trouxe alguns aspectos peculiares da norma como a possibilidade da formalização do Acordo de Leniência.

Veja que o § 2° do artigo 16 da mencionada norma estabelece como incentivo para a celebração do acordo de leniência isenção da pessoa jurídica nas sanções previstas no inciso II do art. 6° e no inciso IV do art. 19 e redução em até 2/3 (dois terços) o valor da multa aplicável.[9]

No entanto, o acordo de leniência não exime a pessoa jurídica da obrigação de reparar integralmente o dano causado. Nesta hipótese, tanto a pessoa jurídica quanto as pessoas que praticaram o ato ilícito poderão ser objeto de ação judicial autônoma para responder civilmente perante terceiros dos prejuízos causados direta e indiretamente.

De outro lado, a inovação da norma consiste na impossibilidade de o Estado ou Terceiros utilizarem a proposta do acordo de leniência como prova do dano ou ato ilícito, caso seja rejeitado.

Neste ponto, em que pese a norma buscar uma forma de incentivar a cooperação do agente para viabilizar a investigação frente a um grupo de pessoas, que seria o bem maior, fato é que se houver a confissão, sabemos que o Estado terá em suas mãos o caminho da investigação de eventual crime e, mais do que isso, permitirá viabilizar a apuração de eventuais responsabilidades da empresa e seus diretores frente a perdas e danos, bem como responsabilidade tributária, sem que o acordo de leniência seja usado como "reconhecimento da prática do ato ilícito".

---

[9] Art. 6° Na esfera administrativa, serão aplicadas às pessoas jurídicas consideradas responsáveis pelos atos lesivos previstos nesta Lei as seguintes sanções: (...) II – publicação extraordinária da decisão condenatória. Art. 19. Em razão da prática de atos previstos no art. 5° desta Lei, a União, os Estados, o Distrito Federal e os Municípios, por meio das respectivas Advocacias Públicas ou órgãos de representação judicial, ou equivalentes, e o Ministério Público, poderão ajuizar ação com vistas à aplicação das seguintes sanções às pessoas jurídicas infratoras: (...) IV – proibição de receber incentivos, subsídios, subvenções, doações ou empréstimos de órgãos ou entidades públicas e de instituições financeiras públicas ou controladas pelo poder público, pelo prazo mínimo de 1 (um) e máximo de 5 (cinco) anos.

5.2 – No entanto, questão controvertida no sistema jurídico é o fato de que, apesar do § 7º do artigo 16 estabelecer que não importará em reconhecimento da prática do ato ilícito investigado a proposta de acordo de leniência, o § 9º do mesmo dispositivo legal prescreve que a celebração do acordo de leniência interrompe o prazo prescricional dos atos ilícitos previstos nesta lei.

Assim, podemos observar que apesar de a prescrição se limitar aos atos ilícitos previstos na Legislação Anticorrupção, e não os fora dela, a jurisprudência terá a função de definir se a interrupção do prazo prescricional decorre da confissão (caso em que estaria em sintonia com o Código Civil, mas contrariaria o § 7º do art. 16 da Lei Anticorrupção) ou somente ocorreria a interrupção quando a proposta do acordo for formalizada com o Órgão responsável e homologada pelo Poder Judiciário.

A meu ver, a segunda hipótese nos parece mais razoável e lógica, pois, caso contrário, a função da norma não seria alcançada. Em outras palavras, mencionados dispositivos visam a incentivar os agentes a cooperar com o Estado na punição da maior quantidade de pessoas possíveis, sejam jurídicas, sejam físicas. Se os efeitos da interrupção da prescrição forem aplicados a acordos não homologados, fato é que a Fazenda irá utilizar a norma para obtenção de receita, e não de ampliação da investigação, caso em que esta norma será muito menos eficaz.

6. Conclusão

6.1 – A cultura brasileira e utilização do Instituto ora em estudo no Brasil causou diversos reflexos na Economia brasileira, bem como às empresas e empresários que cooperaram com as investigações.

Condutas como a divulgação de acordos, gravações, bem com punição indireta dos empresários e empresas implicam o não incentivo do uso da Lei Anticorrupção.

6.2 – Não é incomum pesquisarmos nos *sites* de diversos Tribunais de Justiça medidas judiciais propostas por Instituições Financeiras contra as empresas de Grupos Societário, que viabilizaram o acordo de leniência.

Coincidentemente, diversas Instituições Financeiras, sob o fundamento de aplicação da Legislação do Banco Central, optaram por encerrar as contas bancárias das empresas e empresários que cooperaram com a investigação do Estado, como se exercessem uma função privada, e não pública.

Mencionada medida é efetivada sob o argumento de que as Instituições Financeiras têm o direito de encerrar qualquer conta bancária, desde que notifique o seu cliente com o prazo de 30 dias de antecedência. Assim, a Instituição

Financeira invoca a aplicação do art. 12 da Resolução 2.025 do BACEN, que supostamente autorizaria o encerramento da conta-corrente unilateralmente.

A tese sustentada pelas Instituições Financeiras de forma a punir empresas e empresários de forma transversa, na verdade, nada mais é do que uma ofensa ao Princípio da Legalidade, pois o que a Resolução estabelece é que deverá cientificar o seu cliente sobre as condições de rescisão, e não que está autorizada a rescindir no prazo de 30 dias. Veja o conteúdo do dispositivo:

> Art. 12. Cabe à instituição financeira esclarecer ao depositante acerca das condições exigidas para a rescisão do contrato de conta de depósitos à vista por iniciativa de qualquer das partes, devendo ser incluídas na ficha-proposta as seguintes disposições mínimas: (Redação dada pela Resolução nº 2.747, de 28/6/2000).

A Resolução 2.025 se trata de norma editada pelo Poder Executivo, ou seja, trata-se de norma voltada aos Bancos. Não se trata de Lei. Mencionada resolução invocada pelas Instituições Financeiras não foi submetida a todos os trâmites atinentes ao processo legislativo para a criação de Lei Federal, como é o caso dos artigos 6°[10] e 39[11] do Código de Defesa do Consumidor (Lei Ordinária).

Assim, não pode, *data maxima venia,* uma Resolução predominar sobre o aludido diploma legal, que deriva, diretamente, da Constituição Federal. Aceitar a aplicação de uma Resolução em detrimento da Lei Federal é inverter a hierarquia das normas e destituir a competência e sistema democrático decorrente da atividade do Senado.

Mais do que isso, a cláusula contratual, neste sentido, ainda que existisse, diante da excessiva onerosidade frente ao consumidor e afronta aos artigos 6° e 39 do Código de Defesa do Consumidor, é nula de pleno direito.

No entanto, certamente por influência da mídia, opinião pública, bem como pela emoção, e não pela razão, apesar de restar demonstrada a ilegalidade da Resolução apontada seja pelo seu conteúdo, seja por afrontar os artigos 6° e 39 do Código de Defesa do Consumidor, muitos Tribunais vêm acolhendo como correta a rescisão do contrato imotivadamente.

6.3 – Não se busca aqui defender aqueles que praticaram o ato ilícito, porém o limite da norma é justamente o dosador que estabelece até onde o julgador aplica a Lei e, assim como o colaborador, define quando se excede na sua prática.

---

[10] Art. 6° São direitos básicos do consumidor: (...) II – a educação e divulgação sobre o consumo adequado dos produtos e serviços, asseguradas a liberdade de escolha e a igualdade nas contratações; (...) V – a modificação das cláusulas contratuais que estabeleçam prestações desproporcionais ou sua revisão em razão de fatos supervenientes que as tornem excessivamente onerosas; (...) X – a adequada e eficaz prestação dos serviços públicos em geral.

[11] Art. 39. É vedado ao fornecedor de produtos ou serviços, dentre outras práticas abusivas: (Redação dada pela Lei nº 8.884, de 11.6.1994) I – condicionar o fornecimento de produto ou de serviço ao fornecimento de outro produto ou serviço, bem como, sem justa causa, a limites quantitativos; II – recusar atendimento às demandas dos consumidores, na exata medida de suas disponibilidades de estoque, e, ainda, de conformidade com os usos e costumes;

Situações como a acima apontada geram insegurança jurídica, como indefinida quantidade de procedimentos administrativos frente a diversos Órgãos, havendo muito trabalho aos técnicos do Direito para permitir que Jurisprudência viabilize a correta aplicação da Lei Anticorrupção.

A Lei Anticorrupção deve ser um instrumento onde o Estado de um lado investe com a não punição do agente, porém, frente à dificuldade de obtenção de provas, consegue um resultado e efetividade de responsabilização civil, tributária e criminal muito mais ampla a ponto de compensar a Sociedade a reprimir as condutas ilícitas.

Apesar das duras críticas e dificuldades da aplicação de uma norma tão recente, certo estamos de que o instituto permitiu ao Estado ir mais a fundo em investigações, bem como viabilizar a produção de provas contra representantes da própria administração e, mais do que isso, nortear a conduta da sociedade sobre efetividade da punição àquele que age contra a administração pública, nacional e no estrangeiro.

Bibliografia

CÓDIGO DE DEFESA DO CONSUMIDOR.

DINIZ, Maria Helena. *Direito Civil Brasileiro,* 21. ed. São Paulo: Saraiva, 2005.

MARINELA, Fernanda; PAIVA, Fernando; RAMALHO, Tatiany. *Lei Anticorrupção*, São Paulo: Saraiva, 2015.

NEGRÃO, Theotonio; Código Civil Comentado. São Paulo, Editora Revista dos Tribunais, 2011.

NASCIMENTO, Melillo Dinis do; REOLON, Jaques Fernando; FERNANDES, Jorge Ulisses Jacoby; COSTA, Karina Amorim Sampaio; CAPANEMA, Renato de Oliveira. *Lei Anticorrupção Empresarial*, Belo Horizonte: Fórum, 2014.

RIZZARDO, Arnaldo. *Contratos*, 6ª ed, Rio de Janeiro: Forense, 2006.

ROCHA, Patícia Barcelos Nunes de Mattos. *Corrupção na era da Globalização*, Curitiba: Juruá, 2011.

VASCONCELOS, L. Miguel Pestana de. *Direito das Garantias*. 2ª ed, Coimbra: Almedina, 2010.

VENOSA, Sílvio de Salvo. Direito Civil, 5ª ed. São Paulo: Atlas, 2005.

Sítios:

<www.stj.gov.br>

<www.tj.sp.gov.br>

<www.tjrs.jus.br>

— 13 —

Enriquecimento ilícito

MANUEL MAGALHÃES E SILVA
Sócio da Advogados Jardim, Sampaio, Magalhães e Silva e Associados

A opinião consolidada entre nós – refiro-me, naturalmente, a Portugal – de que a classe política, na sua generalidade, é corrupta, vem, em larga medida, da impunidade reinante. Do que resulta grave dano para a democracia, que tem de assentar numa relação de confiabilidade entre cidadãos e eleitos. E se nada custa admitir que a opinião sobre a extensão da corrupção possa representar uma injusta distorção da realidade, então a indispensável separação do trigo do joio exige regras claras, severas, e serenas, mas determinadamente aplicadas pelas instâncias judiciárias.

Entre estas regras, está a criminalização do enriquecimento ilícito. Não porque essa medida represente o santo e a senha da erradicação do fenómeno da corrupção, sobretudo enquanto existirem *offshores* e burocracias inúteis, mas porque representa, além do mais, um sinal claro de que a classe política partilha da inquietação dos seus concidadãos e quer que todos mudem de rumo e de hábitos.

E isso é, em Portugal, tanto mais importante e urgente, quanto a falência da investigação criminal relativa a delitos económicos tem dado lugar a uma inaceitável violação prática do princípio da presunção de inocência, com autoridades judiciais e polícias a promoverem fugas de informação para a imprensa, que dão lugar à condenação pela opinião pública de arguidos sob investigação, suprindo pela tabloidização da administração da Justiça o apuramento e punição em sede própria – os tribunais – das responsabilidades dos envolvidos.

O que tem a superlativa gravidade de toda a condenação pela opinião pública ser, pela sua natureza, com trânsito em julgado, raramente se conseguindo, face a uma absolvição judiciária, reação diversa do *"estão todos feitos uns com os outros"*.

Dito isto, relembre-se que foi a preocupação pela impunidade universal do grosso do fenómeno da corrupção que conduziu à Convenção das Nações Unidas Contra a Corrupção, de setembro de 2003,

O compliance como instrumento de prevenção e combate à corrupção **163**

a qual prevê, entre os vários meios de combate a esta chaga social, a criminalização do enriquecimento ilícito, formulada nos seguintes termos:

Sem prejuízo da sua Constituição e dos princípios fundamentais do seu sistema jurídico, cada Estado Parte deverá considerar a adoção de medidas legislativas e de outras que se revelem necessárias para classificar como infração penal, quando praticado intencionalmente, o enriquecimento ilícito, isto é o aumento significativo do património de um agente público para o qual ele não consegue apresentar uma justificação razoável face ao seu rendimento legítimo – *ut*, art. 20.

A conformação, nas várias jurisdições, com este comando das Nações Unidas tem esbarrado, todavia, sobretudo no mundo ocidental, com a objeção de que a criminalização do enriquecimento ilícito, fazendo recair sobre o agente o ónus de provar a origem lícita dos rendimentos que excedam o seu rendimento legítimo, violaria a norma constitucional que, nos vários Estados, consagra o princípio da presunção de inocência, versão moderna do brocardo romano *nemo tenetur se ipsum accusare* – em Portugal, o artº 32º, nº 2, da Constituição da República, que preceitua: "Todo o arguido se presume inocente até ao trânsito em julgado da sentença de condenação, devendo ser julgado no mais curto prazo compatível com as garantias de defesa".[1]

Ora, nas formulações conhecidas, há, efetivamente, clara e inequívoca violação do princípio da presunção de inocência, citando-se, como exemplo expressivo, o projeto de lei apresentado pelo Partido Social Democrata na Assembleia da República de Portugal.[2]

Aí se estabelece, para a tipificação do enriquecimento ilícito:

1 – Sempre que se verifique um incremento significativo do património, ou das despesas realizadas por um funcionário, que não possam razoavelmente por ele ser justificados, em manifesta desproporção relativamente aos seus rendimentos legítimos, com perigo manifesto daquele património provir de vantagens obtidas de forma ilegítima no exercício de funções, é punível com pena de prisão até 5 anos.

2 – Para efeitos do número anterior entende-se por património todo o ativo patrimonial existente no país ou no estrangeiro, incluindo o património imobiliário, de quotas, acções ou partes sociais do capital de sociedades civis ou comerciais, de direitos sobre barcos, aeronaves ou veículos automóveis, carteiras de títulos, contas bancárias a prazo, aplicações financeiras equivalentes e direitos de crédito.

3 – Para efeitos do n.º 1 entende-se por despesas realizadas, todas as despesas com a aquisição de bens ou serviços ou relativas a liberalidades realizados no país ou no estrangeiro.

4 – Para os efeitos do nº 1, entende-se por rendimentos legítimos todos os rendimentos brutos constantes da declaração apresentada para efeitos de liquidação do imposto sobre o rendimento das pessoas singulares e, ou que das mesmas devessem constar, quando dispensadas.

5 – Incumbe ao Ministério Público a prova de que o incremento significativo do património, ou as despesas realizadas por um funcionário, em manifesta desproporção relativamente aos seus rendimentos legítimos, não provêm de aquisição lícita comprovada, nos termos gerais do artigo 283º do Código de Processo Penal." Artº 1º do Projeto de Lei

---

[1] Cf. por todos, O Crime de Riqueza Injustificada e as Garantias do Processo Penal, *Boletim do Comissariado contra a Corrupção, de Macau* (Setembro de 2003).

[2] <http://www.parlamento.pt/ActividadeParlamentar/Paginas/DetalheIniciativa.aspx?BID=36476>.

Da mera leitura da proposta de incriminação, se verifica que impende sobre o arguido o ónus de justificar, em termos de razoabilidade, a desproporção entre os seus rendimentos legítimos e o incremento significativo do seu património. Logo, violação do princípio da presunção de inocência, de que a não inversão do ónus de prova é corolário.[3] E nem se diga que o nº 5 da norma proposta salva a constitucionalidade da incriminação, ao deferir ao Ministério Público a incumbência de fazer a "(...) prova de que o incremento significativo do património, ou as despesas realizadas por um funcionário, em manifesta desproporção relativamente aos seus rendimentos legítimos, não provêm de aquisição lícita comprovada".

Desde logo porque a formulação pela negativa conduz, obviamente, à chamada prova *diabólica,* aí onde não é possível determinar todo o universo de causas lícitas de aquisição, que constitui pressuposto incontornável da suficiência da prova de aquisição *não* lícita. Depois, porque caso se pretenda interpretar a norma em termos de – passe a péssima redação e técnica legislativa – querer dizer que incumbe ao Ministério Público fazer prova da ilicitude do ato de aquisição, então não se percebe por que se faz depender a incriminação do funcionário do labor probatório consistente em ele justificar a desproporção, quando a mera aplicação das escusas absolutórias, seja em sede de causas de justificação da ilicitude, seja em sede de causas de exclusão de culpa, sempre levaria a esse resultado.

Depois, em termos de justificação da bondade da solução legislativa, pretender que se está em presença de um *crime de perigo* – "(...) com perigo manifesto daquele património provir de vantagens obtidas de forma ilegítima no exercício de funções (...)", revela um inaceitável alheamento da dogmática penal, quando é sabido que o risco do resultado, tanto em abstrato, como em concreto, que fundamenta os denominados crimes de perigo, refere-se a uma situação futura, cuja tutela é antecipada, e não a resultados pretéritos...

Há, porém, forma de evitar o óbice constitucional, que tem servido, no mundo ocidental, para fundar a oposição à criminalização do enriquecimento ilícito e, nessa via, dar sequência ao comando das Nações Unidas.

Basta pensar que a comunidade tem o direito de exigir aos titulares de cargos políticos, atenta a confiabilidade que se lhes exige, a observância de um especial dever de transparência patrimonial. Estão, funcionalmente, em contacto com bens públicos ou com situações de conteúdo económico, que exigem, na esfera patrimonial de cada um, a visibilidade necessária a que não haja dúvidas quanto à origem dos bens que vão adquirindo ou do estilo de vida que patenteiam.

---

[3] Gomes Canotilho e Vital Moreira ("Constituição da República Portuguesa notada", 4ª edição revista, anotação ao art. 32º, p. 519): "o princípio da presunção de inocência surge articulado com o tradicional princípio in dubio pro reo. Além de ser uma garantia subjectiva, o princípio é também uma imposição dirigida ao juiz no sentido de este se pronunciar de forma favorável ao réu, quando não tiver certeza sobre os factos decisivos para a solução da causa".

E isto é tanto assim no ordenamento jurídico português, que a Lei de Controlo da Riqueza dos Titulares de Cargos Políticos[4] faz impender sobre estes e equiparados a obrigação de declarar ao Tribunal Constitucional, no princípio e termo dos respetivos mandatos, os seus bens e rendimentos; e, no entretempo, as alterações que sofram.

Sanção para a omissão deste dever: perda de mandato, demissão ou destituição judicial, ou, no caso da declaração no termo do mandato, inibição de um a cinco anos para o exercício do cargo que a ela obrigue à declaração.

Então, não constituirá qualquer violência que esse dever seja alargado a todos os funcionários públicos e passe a abranger *a indicação da proveniência dos meios com que se efetuou a aquisição*, que é, obviamente, o que mais importa.

E porque as sanções previstas pouco dano trarão quem já tenha enriquecido pelo cargo – recorde-se o dito medieval: a excomunhão não brita osso, nem amarga o vinho ao excomungado –, quem não cumprisse este dever, teria pena de prisão, mas em medida que não lesasse o princípio da proporcionalidade, por exemplo, de 1 a 5 anos.

É que a jurisprudência do Tribunal Constitucional tem-se sedimentado em termos de exigir que tanto a tipificação penal de condutas, como a correspondente punição, passe pelo crivo da avaliação conjunta do bem ou bens que a norma incriminadora visa tutelar e o facto de o direito penal ser medida de *ultima ratio*; que o mesmo é dizer, só onde as demais ferramentas do universo jurídico falirem e a valia de interesses lesados exija proteção é que é lícito incriminar e punir, nos estritos limites do necessário.

Escreve-se, efetivamente, no Acórdão 165/2008:[5]

(...) o Tribunal Constitucional tem reiteradamente reconhecido que a Constituição acolhe, nesse artigo 18º, nº 2, os princípios da necessidade e da proporcionalidade das penas e das medidas de segurança, aceitando o princípio – que constitui um afloramento do Estado de Direito democrático – de que as sanções penais, por serem as que, em geral, maiores sacrifícios impõem aos direitos fundamentais, devem ser evitadas, na existência e na medida, sempre que não se demonstre a sua necessidade (cf. o acórdão n.º 494/03 e a abundante jurisprudência nele citada)

A esse propósito, o Tribunal tem sublinhado que «[...] O direito penal, enquanto direito de proteção, cumpre uma função de ultima ratio. Só se justifica, por isso, que intervenha para proteger bens jurídicos – e se não for possível o recurso a outras medidas de política social, igualmente eficazes, mas menos violentas do que as sanções criminais. É, assim, um direito enformado pelo princípio da fragmentariedade, pois que há – de limitar -se à defesa das perturbações graves da ordem social e à proteção das condições sociais indispensáveis ao viver comunitário. E enformado, bem assim, pelo princípio da subsidiariedade, já que, dentro da panóplia de medidas legislativas para proteção e defesa dos bens jurídicos, as sanções penais hão de constituir sempre o último recurso» (Acórdão nº 108/99).

---

[4] <http://www.parlamento.pt/Legislacao/Documents/Legislacao_Anotada/ControlePublicoRiquezaTitulares CargosPoliticos_Simples.pdf>.

[5] <http://www.tribunalconstitucional.pt/tc/acordaos/20080165.html>.

Poderá assim concluir-se como se ponderou também no acórdão 99/02, que: "[...] as medidas penais só são constitucionalmente admissíveis quando sejam necessárias, adequadas e proporcionadas à proteção de determinado direito ou interesse constitucionalmente protegido, e só serão constitucionalmente exigíveis quando se trate de proteger um direito ou bem constitucional de primeira importância e essa proteção não possa ser suficiente e adequadamente garantida de outro modo".

Acontece que o continuado escândalo que perpassa a sociedade portuguesa, perante a impunidade de manifestos casos de corrupção, legitima que, para usar o dito popular, *quem cabras não tem e cabritos vende de algum lado lhe vem*, tenha o dever de explicar aos seus concidadãos de onde lhe vêm os cabritos que vende...

A incriminação seria, então, feita em dois tempos: num primeiro momento, determinar-se-ia que o funcionário público teria o dever de comunicar à repartição de finanças da sua área todo o incremento patrimonial que fosse desconforme, em determinada medida, com os rendimentos fiscalmente declarados, mas com indicação do modo de aquisição e proveniência dos respetivos meios; num segundo momento, seria punida, quando tal ocorresse, a omissão deste dever.

Passávamos, assim, a ter a figura do *enriquecimento injustificado*, designação que melhor quadra ao novo crime, pois o que é punido é a omissão de justificação. O efeito prático é, todavia, o mesmo, pois a vida ensina que a omissão de justificação ocorre sempre que a aquisição é ilícita; e a obrigação de comunicar pode representar uma séria dissuasão do potencial infrator. Para isso, importa, todavia, que seja, também, abrangida a mera detenção de bens, pois as mais das vezes o funcionário corrupto usa bens de cuja propriedade não é titular.

A tipificação poderia, então, ser feita nos termos seguintes:

Primeiro tempo – Lei nº .....

Dever de comunicação de bens e rendimentos

1. O funcionário que, por si ou por interposta pessoa, singular ou coletiva, adquirir património, ou entrar na sua posse ou detenção, que, excedendo 100 salários mínimos nacionais,[6] seja incompatível com o património pré-existente e com os bens e rendimentos brutos constantes das declarações apresentadas pelo agente para efeitos fiscais, ou que delas devessem constar, deve comunicar a aquisição, posse ou detenção, no prazo de 30 dias subsequentes à ocorrência de tal facto, à direção ou serviço de finanças da área do seu domicílio fiscal, com indicação circunstanciada dos termos e meios, incluindo a respetiva origem, da aquisição, posse ou detenção.

2. Para efeitos do disposto no número anterior, entende-se por património todo o ativo patrimonial existente no país ou no estrangeiro, incluindo numerário, o património imobiliário, de quotas, ações ou partes sociais do capital de sociedades civis ou comerciais, de direitos sobre barcos, aeronaves ou veículos automóveis, carteiras de títulos, contas bancárias, aplicações financeiras equivalentes e direitos de crédito, bem como as despesas realizadas com a aquisição de bens ou serviços ou relativas a liberalidades efetuadas no país ou no estrangeiro.

---

[6] Atualmente, o salário mínimo nacional é de €495,00 .

O *compliance* como instrumento de prevenção e combate à corrupção

Segundo tempo

Enriquecimento injustificado por funcionário

1. O funcionário que, durante o período do exercício de funções públicas ou nos três anos seguintes à cessação dessas funções, por si ou por interposta pessoa, singular ou coletiva, adquirir património ou entrar na sua posse ou detenção, que, excedendo 100 salários mínimos mensais, seja incompatível com o património pré-existente e com os bens e rendimentos referidos no n.º 3 do presente artigo e não tenha cumprido o dever de comunicação estabelecido no artigo (o que se refere ao dever de comunicação), da Lei n.º ..., é punido com pena de prisão de um a cinco anos, se pena mais grave não lhe couber por força de outra disposição legal.

2. Para efeitos do disposto no número anterior, entende-se por património todo o ativo patrimonial existente no país ou no estrangeiro, incluindo numerário, o património imobiliário, de quotas, ações ou partes sociais do capital de sociedades civis ou comerciais, de direitos sobre barcos, aeronaves ou veículos automóveis, carteiras de títulos, contas bancárias, aplicações financeiras equivalentes e direitos de crédito, bem como as despesas realizadas com a aquisição de bens ou serviços ou relativas a liberalidades efetuadas no país ou no estrangeiro.

3. Para efeitos do disposto no n.º 1, entendem-se por bens e rendimentos todos os bens e rendimentos brutos constantes das declarações apresentadas pelo agente para efeitos fiscais, ou que delas devessem constar.

4. Se a omissão do dever de comunicação previsto no artigo (o que se refere ao dever de comunicação), da Lei n.º ..., se dever a negligência e se faça prova dos termos e meios, incluindo a respetiva origem, da aquisição, posse ou detenção do património que deveria ter sido objeto daquele dever, o agente é isento de pena.

5. A pena prevista no n.º 1 é especialmente atenuada se a omissão do dever de comunicação previsto no artigo (o que se refere ao dever de comunicação), da Lei n.º ..., se dever a dolo e se faça a prova dos termos e meios, incluindo a respetiva origem, da aquisição, posse ou detenção do património que deveria ter sido objeto daquele dever.

6. Se o valor da incompatibilidade referida no n.º 1 exceder 350 salários mínimos mensais o agente é punido com pena de prisão de um a oito anos.

Esta forma de incriminar, bem como o regime de isenção e de atenuação da pena, têm em conta que o dano que se quer prevenir é o sobressalto escandalizado da comunidade perante *"mais um que se forrou com dinheiros públicos"*. Tal sobressalto não existiria, ou seria de imediato reparado, se o dever de comunicação tivesse sido cumprido; não sendo, o dano – sobressalto escandalizado, repete-se – produz-se logo que, para continuar no dito popular, aparecem vendidos cabritos por quem cabras não tem. Se, todavia, a omissão do dever de comunicação ocorreu por negligência, não deixa de se estar em presença de crime consumado, por isso que a consumação se completa com a omissão; mas porque esta é meramente culposa, é razoável, em termos de proporcionalidade, que, feita a justificação e comprovado que a declaração foi omitida por negligência, haja isenção de pena; mas se a omissão for dolosa, então o cumprimento subsequente do dever atenua tão somente a pena, nos termos gerais.

Percebe-se que, com a incriminação nestes termos, caem os argumentos de constitucionalidade que eram opostos à punição do enriquecimento ilícito, por violação do princípio da presunção de inocência. Dir-se-á, todavia, que, nesta formulação, não se pune o enriquecimento ilícito, mas o mero enriquecimento injustificado.

Personalizando: eu, que tenho defendido continuadamente, a indispensabilidade de se incriminar o enriquecimento ilícito, fico inteiramente confortável com esta formulação. É que bem pouco me importa se estou a punir, diretamente, a omissão de um dever de comunicação, logo, enriquecimento injustificado, e não enriquecimento ilícito, quando as situações não justificadas são exatamente as de enriquecimento ilícito e as mais são...lícitas.

Tem-se, ainda, dito que a cópia de incriminações que direta, ou indiretamente, se destinam a prevenir e a sancionar a corrupção, tornaria inútil e mesmo excessiva a criação de um novo tipo. É o caso dos crimes de corrupção ativa e passiva, de participação económica em negócio, de tráfico de influências, de abuso de poder, de branqueamento de capitais, que seriam suficientes para o combate ao fenómeno da corrupção, desde que dotadas as autoridades de investigação de meios adequados para o efeito. Mais: a nova espécie criminal seria uma forma de desincentivar as polícias, na investigação e perseguição dos crimes suprarreferidos.

Sem prejuízo de se conceder à Organização das Nações Unidas o benefício de que, no processo que levou à Convenção contra a Corrupção de 2003, ter feito sustentada ponderação da conveniência em ser criada a nova figura criminal, convir-se-á que, mesmo quando forem otimizados os meios de investigação da criminalidade económica, o crime de enriquecimento injustificado ficará sempre como uma solução de recurso, quando, e se, os outros falharem. Fica é a sensação de que os detratores da nova figura, que no nosso universo académico e judiciário são a maioria esmagadora, suportam dificilmente que caia por terra o que parecia constituir o argumento inatacável e definitivo em Estado de direito: a presunção de inocência.

Por isso invocavam a posição dos países ocidentais, com os USA à cabeça, para continuarem a recusar a possibilidade de se incriminar o enriquecimento ilícito sem ofensa de princípios constitucionais.

Mas se isto é assim quanto aos detratores, importa, também, não se chamar em abono da criminalização exemplos como os de Singapura, Indonésia, RPC, Macau, Hong-Kong, Argentina, Costa Rica, Perú, Colômbia, Panamá e Paraguai, cuja criminalização do enriquecimento ilícito é claramente violadora do princípio da presunção de inocência. Aliás, na sua recomendação, as Nações Unidas tiveram em conta a indispensabilidade de serem respeitados os constrangimentos constitucionais e, por isso, prescreveu que a criminalização fosse feita com observância de tais constrangimentos.

O estado, em Portugal, do processo legislativo do enriquecimento ilícito, gera, todavia, as maiores preocupações a quem defenda a criação desta figura.

Efetivamente, persistindo no projeto suprarreferido, o PSD fê-lo aprovar na Assembleia da República, apenas com os votos contra do Partido Socialista, cuja posição oficial é de recusa da criminalização em causa, mesmo, como

O compliance como instrumento de prevenção e combate à corrupção

resultou da audição parlamentar do autor deste escrito, na formulação de que aqui se dá nota.

Aí chamei a atenção dos deputados para a superlativa inconveniência política de se insistir num projeto de diploma que, com toda a certeza, não passaria no Tribunal Constitucional, ilustrando a advertência com o pícaro dito da avó do filme *Feios, Porcos e Maus,* que exclamava, dirigindo-se ao neto *"Andas à procura de emprego e a pedir à Virgem para não encontrares"*!

Ora, como era de esperar, este Tribunal, chamado a apreciar o diploma, por solicitação do Presidente da República, prévia à promulgação da Lei, pronunciou-se pela sua inconstitucionalidade; e o Presidente da República devolveu o diploma ao Parlamento.

A nova formulação da lei, também agora da iniciativa do PSD, manteve o essencial dos projetos anteriores e, por isso, foi, outra vez, julgada inconstitucional pelo Palácio Ratton.

Ainda não foi desta vez que Portugal teve uma lei de criminalização do enriquecimento ilícito, ainda que na formulação enriquecimento injustificado, que se conforme com a Constituição da República, *maxime* com o princípio da presunção de inocência.

— 14 —

L'esperienza Italiana: il D. Lgs. n. 231/01 e la normativa anticorruzione

MASSIMO PENCO
Managing partner e fondatore dello Studio Legale Penco.

Sommario: 1. Societas delinquere non potest; 2. La Legge Delega del 29 settembre 2000, n. 300 e il Decreto Legislativo dell'8 giugno 2001, n. 231; 2.1 I c.d. "Reati Presupposto"; 2.2 Le Sanzioni; 2.3 L'esonero della responsabilità e il ruolo del Modello di Organizzazione, Gestione e Controllo ; 2.4 Contenuti minimi del Modello; 2.5 L'Organismo di Vigilanza; 3. Il reato di corruzione nel pubblico: la Legge 6 novembre 2012, n. 190; 4. La corruzione tra privati; 4.1. La recente riforma dei reati di corruzione nel settore privato; 4.2 I presidi contro la corruzione; 5. Conclusioni.

1. Societas delinquere non potest

Nel 2001 il Legislatore italiano ha stabilito che la commissione di alcuni fatti illeciti da parte di una o più persone fisiche commessi nell'interesse o in vantaggio del proprio ente di appartenenza (come, ad esempio, una Società) possa essere fonte di responsabilità per quest'ultimo.

Questa (per allora) rivoluzionaria novità per l'Ordinamento giuridico, merita di essere inquadrata storicamente con un breve *excursus* di come è stato progressivamente sovvertito l'originario impianto giuridico relativo alla responsabilità delle persone giuridiche.

A partire dal diritto romano fino all'età classica, infatti, si è sempre negata la riconducibilità in capo a soggetti giuridici diversi dalle persone fisiche di qualsiasi forma di responsabilità.

Soltanto nel diritto contemporaneo la dottrina ha cominciato a elaborare teorie di segno opposto: tali teorie, con gli anni, hanno via via minato le fondamenta dall'irresponsabilità delle persone giuridiche fino a scardinare definitivamente il brocardo *"societas delinquere non potest"*.

Tale mutamento di prospettiva si riscontra in Europa, per la prima volta, nel 1842 quando le Corti inglesi affermarono la responsabilità di una società di

---

O *compliance* como instrumento de prevenção e combate à corrupção   **171**

gestione ferroviaria nonostante non vi fosse ancora alcun cenno a elementi di carattere soggettivo della colpevolezza.[1]

Un secolo dopo, con una sentenza del 1944, sempre di matrice anglosassone, veniva affermato il c.d. "Principio dell'Immedesimazione" per il quale "si decise che gli stati mentali dei funzionari che avevano agito per la società potevano essere attribuiti alla società medesima, la quale si identificava con quei funzionari".

Negli stessi anni, inoltre, la dottrina iniziò a concepire l'azienda alla stregua di un'istituzione umana e intenzionale nella quale la struttura organizzativa rappresentava la diretta conseguenza della strategia posta in essere dai vertici aziendali e quindi attribuiva la responsabilità all'ente solo ove il fatto fosse stato commesso da chi rivestiva una posizione apicale.

A tal proposito si segnala una pronuncia del 1971 con la quale la Camera dei Lord annullò una sentenza di condanna nei confronti di una società dal momento che "l'autore del reato – direttore di una succursale – non era in una posizione gerarchica sufficientemente elevata per rappresentare la volontà della Società".[2]

Sempre in tema di criteri d'imputazione della *corporate crime liability,* si sottolineano altre due importanti sentenze del 1987 e del 1997 (sempre di matrice anglosassone) connesse a due gravi incidenti navali, le quali condussero al proscioglimento delle Società alle quali erano stati imputati gli eventi.

In entrambe le pronunce, le Corti affermarono che in assenza di prove di negligenza nei confronti del *top management*, l'*identification* principale non fosse applicabile in quanto inidonea a "fronteggiare eventi disastrosi che, pur non coinvolgendo i vertici, erano frutto di un assetto organizzativo non adeguato rispetto alle esigenze di protezione".

Insomma, il diritto inglese incominciava già allora a elaborare il concetto di *"colpa in organizzazione"* con l'intento di descrivere l'essenza del rimprovero rivolto all'ente e con lo scopo di abbandonare definitivamente la visione antropomorfa dell'ente.

Nel 1991, anche a seguito di questi orientamenti giurisprudenziali e delle teorie ad essi sottese, il Comitato dei Ministri del Consiglio d'Europa, con la raccomandazione n. 18, ha sollecitato gli Stati membri ad introdurre la responsabilità giuridica in capo agli enti.

L'Italia, dopo aver temporeggiato a causa della propria tradizione giuridica culturalmente contraria, si è vista costretta a concedere alle pressioni degli obblighi internazionali che hanno imposto all'ordinamento italiano una scelta tra una forma di responsabilità penale e una responsabilità penale-amministrativa.

---

[1] Il carattere soggettivo della colpevolezza costituisce il limite intrinseco della Responsabilità Vicaria. A tal proposito si rileva che la teoria della Responsabilità Vicaria (c.d. *Vicarius Responsability*) permetteva di imputare, in termini oggettivi, "la responsabilità del superior: ma qualora l'illecito fosse doloso, assumendo come elemento tipico un'intenzionalità specifica del reo, l'allargamento della responsabilità s'inceppava" (*Cfr.* ALESSANDRI , Attività di impresa e responsabilità penali, in *Riv.it dir. Proc. Pen.* 2005, p. 559).

[2] ALESSANDRI , Attività di impresa e responsabilità penali, *in Riv.it dir. Proc. Pen.* 2005, p. 559.

Con la Legge Delega del 29 settembre 2000, n. 300, l'Italia, ha ratificato e dato attuazione alla Convenzione OCSE[3] la quale, tra gli altri obiettivi, mirava a reagire alla corruzione di funzionari stranieri per ottenere indebiti vantaggi nel commercio internazionale (esportazioni, appalti, investimenti, autorizzazioni, ecc.), imponendo agli Stati aderenti di considerare il reato punibile anche in capo alle persone giuridiche.

2. La Legge Delega del 29 settembre 2000, n. 300 e il Decreto Legislativo dell'8 giugno 2001, n. 231

Il Decreto Legislativo 8 giugno 2001, n. 231 (di seguito, per brevità, "D. Lgs 231/01" o "Decreto") recante "Disciplina della responsabilità amministrativa delle persone giuridiche, delle società e delle associazioni anche prive di personalità giuridica", è stato emanato in esecuzione della delega contenuta nell'art. 11 della Legge 29 settembre 2000, n. 300 e ha adeguato la normativa italiana in tema di responsabilità delle persone giuridiche ai principi contenuti in alcune importanti Convenzioni Europee.[4]

Il Decreto, in particolare, ha introdotto nell'ordinamento italiano un regime di responsabilità dipendente da reato a carico degli enti[5] per alcune fattispecie, tassativamente previste dal Decreto, commesse nell'interesse oppure a vantaggio degli stessi, (i) da persone che rivestano funzioni di rappresentanza, di amministrazione o di direzione degli Enti o di una loro unità organizzativa dotata di autonomia finanziaria e funzionale, ovvero da persone fisiche che esercitino, anche di fatto, la gestione e il controllo degli Enti medesimi (di seguito, anche, "soggetti apicali"), nonché (ii) da persone sottoposte alla direzione o alla vigilanza di uno dei soggetti sopra indicati (di seguito, anche, "soggetti sottoposti").

Tale responsabilità è autonoma e indipendente rispetto all'eventuale responsabilità penale della persona fisica che ha commesso il reato. A tal proposito, infatti, preme ricordare che l'ente può essere chiamato a rispondere del reato anche nelle ipotesi in cui non sia possibile individuare il responsabile del reato ovvero il reato si estingua. La responsabilità prevista dal Decreto si configura anche in relazione ai reati commessi all'estero dall'Ente che abbia la

---

[3] Dal 4 luglio 2001, sono pienamente efficaci in Italia le norme anche penali introdotte dal nostro paese in esecuzione della Convenzione dell'OCSE (Organizzazione per la Cooperazione e lo Sviluppo Economico) del 17 dicembre 1997 sulla lotta alla corruzione di pubblici ufficiali stranieri nelle operazioni economiche internazionali, firmata a Parigi il 17 dicembre 1997 e in vigore per l'Italia dal 15 dicembre 2000.

[4] Convenzione di Bruxelles del 26 luglio 1995 sulla tutela degli interessi finanziari della Comunità Europea; Convenzione di Bruxelles del 26 maggio 1997 sulla lotta alla corruzione di funzionari pubblici sia della Comunità Europea che degli stati membri; Convenzione OCSE del 17 dicembre 1997 sulla lotta alla corruzione di pubblici ufficiali stranieri nelle operazioni economiche ed internazionali.

[5] Sul punto si precisa che con il termine "Ente" sin intendono Società, Associazioni, Consorzi, ecc. Il Decreto, all'art.1, comma 3, specifica puntualmente a quale tipologia di ente non debba essere applicata la normativa.

O compliance como instrumento de prevenção e combate à corrupção

sede principale in Italia, a condizione che per gli stessi non proceda lo Stato del luogo in cui è stato commesso il reato.

2.1 I c.d. *"Reati Presupposto"*

Quanto alla tipologia delle fattispecie a cui si applica la disciplina in esame, in origine, il Decreto si riferiva alle sole fattispecie di reato commesse nei confronti della Pubblica Amministrazione: concussione e corruzione, indebita percezione di erogazioni, truffa in danno dello Stato o di altro ente pubblico, frode informatica in danno dello Stato o di un Ente Pubblico.

Nel corso degli anni il "novero dei reati presupposto", vale a dire i reati la cui commissione potrebbe condurre ad una condanna dell'ente ai sensi del D. Lgs 231/01, è stata ampliata considerevolmente e, infatti, oggi le "categorie" di fattispecie previste dal Decreto sono: i reati contro la Pubblica Amministrazione (artt. 24 e 25); i delitti informatici e trattamento illecito di dati (art. 24-*bis*); i delitti di criminalità organizzata (art. 24-*ter*); i reati di falsità in monete, in carte di pubblico credito, in valori di bollo e in strumenti o segni di riconoscimento (art. 25-*bis*); i delitti contro l'industria e il commercio (art. 25-*bis*.1); i reati societari (art. 25-*ter*); i reati con finalità di terrorismo o di eversione dell'ordine democratico (art. 25-*quater*); pratiche di mutilazione degli organi genitali femminili (art. 25-*quater*.1); i delitti contro la personalità individuale (25-*quinquies*); abusi di mercato (art. 25-*sexies*); reato di omicidio colposo o lesioni colpose gravi o gravissime commesse con violazione di norme poste a tutela della salute e della sicurezza dei lavoratori (art. 25-*septies*); ricettazione, riciclaggio e impiego di denaro, beni o altre utilità di provenienza illecita, nonché autoriciclaggio (art. 25-*octies*); i reati transnazionali, traffico di migranti (art. 10 L. 146/06); i delitti in materia di violazione del diritto d'autore (art. 25-*novies*); l'induzione a non rendere dichiarazioni o a rendere dichiarazioni mendaci all'autorità giudiziaria (art. 25-*decies*); i reati ambientali (art. 25-*undecies*); il reato di impiego di lavoratori stranieri privi del permesso di soggiorno (art. 25-*duodecies*).

2.2 Le Sanzioni

Il Legislatore ha previsto sanzioni particolarmente afflittive per l'inosservanza di quanto stabilito dal Decreto.

L'art. 9 comma 1 prevede le seguenti tipologie di sanzioni amministrative:

i. Sanzioni Pecuniarie: si tratta di sanzioni sempre applicate e sono calcolate attraverso il sistema delle quote. Le quote vanno da un minimo di 100 a un massimo di 1000. Il valore di ciascuna quota varia da Euro 250,23 a Euro 1.523,37. L'Ente, pertanto, potrebbe essere condannato al pagamento di una sanzione pecuniaria pari ad Euro 1.549.370,00 ;[6]

---

[6] La sanzione pecuniaria consiste in "quote" oggetto di una duplice quantificazione discrezionale da parte del giudice che deve determinare l' "importo" della singola quota (quantificato in divisa corrente) e il "numero" delle quote (di quell'importo) in cui consiste la sanzione applicata: in altre parole l'importo della sanzione pecuniaria risulterà dalla moltiplicazione del numero della quote stabilito dal giudice (Cfr., BASSI EPIDENDIO, *Enti e responsabilità da reato*, p. 282)

ii, <u>Sanzioni Interdittive</u>: sono comminate a seconda della gravità del reato e sono di varia natura prevedendo, ad esempio, la sospensione o la revoca di licenze e concessioni, il divieto di contrarre con la Pubblica Amministrazione, l'interdizione dall'esercizio dell'attività, l'esclusione o revoca di finanziamenti e contributi, il divieto di pubblicizzare beni e servizi.

Sempre in relazione alle sanzioni interdittive si ricorda che, in determinati casi, è possibile che venga nominato un Commissario Giudiziale determinando, in tal modo, l'azzeramento dei vertici della Società;

iii. <u>Confisca</u> del prezzo o del profitto del reato. La confisca è configurata come sanzione principale generale in quanto è "... *sempre disposta, con la sentenza di condanna...*" (art. 19, comma 1). Sul punto ci si richiama alla Relazione ministeriale al Decreto che precisa che: "*Di particolare rilievo la sanzione della confisca, irrogabile con la sentenza di condanna, che si atteggia a sanzione principale e obbligatoria*";

iv. Pubblicazione della sentenza di condanna.

Le sanzioni esplicano i principi enunciati dall'art. 11 comma 1 lettera *f)* della Legge Delega[7] mirando in tal senso:

i. a disincentivare le condotte illecite volte a garantire interesse o vantaggio all'Ente, aggredendo il patrimonio dell'azienda e incrinandone l'immagine sul mercato (la c.d. "*prevenzione generale*");

ii. a incidere sulla struttura organizzativa dell'impresa, "modificandone l´azione"; è inoltre necessario sottolineare che l'ente, durante lo svolgimento del processo, ha la possibilità di scegliere di porre in essere attività risarcitorie, riparatorie e reintegratorie al fine di ridurre il *quantum* della sanzione pecuniaria e di evitare l'inflizione delle sanzioni interdittive (la c.d. "*prevenzione speciale*").

Le scelte di politica criminale intraprese dal Legislatore Italiano sono indubbiamente giustificate dalla volontà di configurare un sistema binario di sanzioni, costituito – da una parte – dalle sanzioni pecuniarie che rappresentano una costante (in quanto accostate alla sentenza in tutte le ipotesi in cui vi sia una condanna) e – dall'altra – dalle sanzioni interdittive volte a prevenire le fattispecie più gravi.

Del resto anche il quadro sanzionatorio previsto dal Decreto concilia istituti tipici dell'ordinamento penale (sanzioni pecuniarie e interdittive, confisca, pubblicazione della sentenza) con istituti tipici del sistema civilistico (prescrizione e vicende modificative dell'ente), con l'intento di ottimizzare il sistema della prevenzione dei reati.

2.3 L'esonero della responsabilità e il ruolo del Modello di Organizzazione, Gestione e Controllo

Gli articoli 6 e 7 del Decreto stabiliscono una forma di esonero dalla responsabilità dell'Ente, qualora lo stesso dimostri di aver adottato ed efficacemente attuato *Modelli di organizzazione, gestione e controllo idonei a prevenire la realizzazione degli illeciti penali considerati.*

---

[7] La Legge Delega del 29 settembre 2000 ha posto l'accento sulle qualità delle sanzioni che dovevano garantire i seguiti principi guida: effettività, dissuasività e proporzionalità.

O *compliance* como instrumento de prevenção e combate à corrupção

Sul punto si sottolinea come i Modelli di Organizzazione, Gestione e Controllo (di seguito, anche, i "Modelli"), che rappresentano strumenti volti ad assumere una funzione esimente della responsabilità in capo all'Ente, manifestino i propri effetti sulle dinamiche d'imputazione soggettiva.[8]

A tal proposito vale la pena ricordare che:

• nel caso di reati commessi da soggetti in posizione apicale il Modello, adottato efficacemente, svolge la propria funzione esimente attraverso un meccanismo d'inversione dell'onere della prova previsto dall'art. 6 del D. Lgs. 231/01.
In particolare, pertanto, la difesa dovrà provare che (i) l'ente ha adottato ed efficacemente attuato un Modello di Organizzazione idoneo a prevenire la consumazione di reati della specie di quello verificatosi e (ii) ha istituito un Organismo di Vigilanza dotato di poteri autonomi, (iii) che quest'ultimo ha adeguatamente svolto le sue funzioni e che (iv)il reo ha fraudolentemente eluso il Modello adottato;

• nel caso di reati commessi da soggetti in posizione subordinata, invece, l'adozione e l'efficacia del Modello integrano *ex se* l'adempimento degli obblighi di controllo e vigilanza, ai sensi dell'art. 7 del D. Lgs. 231/01. L'Ente, pertanto, sarà ritenuto responsabile solo nell'ipotesi in cui il Pubblico Ministero dimostrasse che la commissione del reato è stata resa possibile per l'inosservanza degli obblighi di direzione o vigilanza.

Ma vi è di più. Il Modello di Organizzazione, Gestione e Controllo, qualora efficacemente adottato, può avere una funzione *riparatoria* anche *post delictum*.

Infatti il Decreto, agli artt. 12[9] e 17,[10] prevede una notevole riduzione sanzionatoria in chiave pecuniaria e un'ulteriore inapplicabilità in chiave interdittiva qualora le Società imputate, prima della dichiarazione di apertura del dibattimento, provvedano, unitamente ad altri adempimenti, ad adottare un Modello idoneo a prevenire i reati della specie di quello verificatosi.

Dunque il Modello, pensato dal Legislatore Italiano, assume un ruolo sistematico e fondamentale nel sistema della responsabilità degli Enti considerata la sua duplice funzione: esimente e riparatoria.

---

[8] C. E. Paliero, La società punita del come, del perché e del per cosa, in *Riv. It. Dir. Proc. Pen.* 2008, 4, p. 1516 s.s.

[9] La sanzione pecuniaria, ai sensi dell'art. 12 del Decreto, è ridotta della metà e non può essere superiore ad Euro 103.291,00, se l'autore del reato ha commesso il fatto nel prevalente interesse proprio o di terzi e l'ente non ha ricavato un vantaggio consistente o il danno patrimoniale cagionato è tenue; essa, invece, è ridotta da un terzo alla metà se, prima della dichiarazione di apertura del dibattimento di primo grado, l'ente ha risarcito integralmente il danno e ha eliminato le conseguenze dannose del reato, o è stato adottato un modello organizzativo idoneo a prevenire i reati della specie di quello verificatosi (qualora si verificassero entrambe le condizione, la sanzione è ridotta dalla metà ai due terzi). Infine è bene precisare come la sanzione pecuniaria in misura ridotta non può essere inferiore a Euro 10.329,00.

[10] L'art. 17 del Decreto, invece, afferma che "ferma l'applicazione delle sanzioni pecuniarie, le sanzioni interdittive non si applicano quando, prima della dichiarazione di apertura del dibattimento di primo grado, si verificano le seguenti condizioni: 1) l'ente ha risarcito integralmente il danno e ha eliminato le conseguenze dannose del reato; 2) è stato adottato un modello organizzativo idoneo a prevenire i reati della specie di quello verificatosi; 3) l'ente ha messo a disposizione il profitto conseguito ai fini della confisca.

2.4 Contenuti minimi del Modello

Secondo quanto previsto dal Decreto, dalle Linee guida di Confindustria[11] e dalla giurisprudenza, in generale, un *Modello*, per essere efficiente e pertanto poter svolgere la propria funzione esimente, deve:

i. individuare le aree aziendali nel cui ambito esiste la possibilità e quindi il rischio che vengano commessi i reati previsti dal Decreto (c.d. "Aree di Rischio");

ii. prevedere specifici protocolli diretti a programmare la formazione e l'attuazione delle decisioni dell'Ente nelle Aree a Rischio;

iii. individuare modalità di gestione delle risorse finanziarie idonee ad impedire la commissione dei reati previsti dal Decreti;

iv. prevedere obblighi di informazione a favore dell'Organismo di Vigilanza (di cui si dirà al paragrafo successivo);

v. introdurre un sistema disciplinare idoneo a sanzionare il mancato rispetto delle misure indicate nel Modello.

2.5 L'Organismo di Vigilanza

Il Decreto prevede, quale requisito di efficacia del Modello adottato, che l'Ente abbia provveduto all'istituzione di un *organo di controllo interno all'Ente* con il compito di vigilare sul funzionamento, l'efficacia e l'osservanza dello stesso nonché di curarne l'aggiornamento.

L'Organismo di Vigilanza (di seguito, anche, "OdV"), in considerazione dei requisiti di cui dev'essere dotato nonché delle finalità preventive del Decreto stesso, assume un fondamentale ruolo di sorveglianza soprattutto in relazione ai reati riconducibili alle figure apicali,[12] anche se progressivamente si stia affermando l'idea secondo cui l'OdV possa rappresentare un presidio anche per i reati commessi dai dipendenti.

Premesso quanto sopra, il Legislatore non ha ritenuto necessario prevedere nel Decreto alcuna disposizione perentoria per ciò che concerne la configurazione strutturale dell'organo, lasciando la facoltà agli Enti di adattare l'Organismo di Vigilanza in base alle proprie concrete necessità, modulate in relazione alla complessità e alla grandezza dell'Ente, nonché al mercato di riferimento e ai rischi connessi.

A tal proposito sono intervenute le *Linee Guida per la costruzione dei modelli di organizzazione, gestione e controllo ex D. Lgs. n. 231/01"* di Confindustria che, oltre a precisare che la composizione dell'Organismo può essere

---

[11] *Linee Guida per la costruzione dei modelli di organizzazione, gestione e controllo ex D. Lgs. n. 231/2001* di Confindustria del 9 aprile 2008 aggiornate al marzo 2014. La Confederazione generale dell'industria italiana, nota anche come *"Confindustria"*, è la principale organizzazione rappresentativa delle imprese manifatturiere e di servizi italiani, raggruppando su base volontaria circa 150.000 imprese, comprendendo anche banche e dal 1993 anche aziende pubbliche per un totale di oltre 5.000.000 addetti. Tale organizzazione svolge un ruolo di indirizzo e di autorevole guida in molti ambiti fra cui quello della *compliance* aziendale.

[12] PIERGALLINI, Paradigmatica dell'autocontrollo penale dalla funzione alla struttura del "modello organizzativo", parte I, p. 389 ss.

monocratica o plurisoggettiva a seconda delle esigenze dell'Ente, hanno indicato quali imprescindibili caratteristiche debbano presentare i componenti dell'Organismo, e nello specifico:

- Autonomia ed Indipendenza che vanno intesi in relazione alla funzionalità dell'Organismo di Vigilanza e, in particolare, ai compiti che la normativa ad esso assegna. L'autonomia e l'indipendenza, in generale, possono essere garantite sottraendo chi effettua i controlli alla gerarchia aziendale e ponendolo in una posizione di riporto diretto rispetto al vertice aziendale;
- Professionalità che significa la presenza, in capo ai soggetti responsabili dei controlli, delle competenze e tecniche professionali necessarie per l'efficace svolgimento delle attività richieste ;[13]
- Continuità di Azione che prevede l'obbligo, per l'Organismo, di dedicarsi a tempo pieno allo svolgimento dei controlli. Tale caratteristica è necessaria per assicurare che non si verifichino falle nel sistema, determinate da controlli carenti, suscettibili di inficiare il Modello.

3. Il reato di corruzione nel pubblico: la Legge 6 novembre 2012, n. 190

Il fenomeno corruttivo, nell'ordinamento giuridico italiano, è sempre stato inteso come un fatto commesso prevalentemente, se non esclusivamente, all'ambito del "pubblico"; ed infatti il Codice Penale disciplina i reati di corruzione nel titolo dedicato ai reati contro la Pubblica Amministrazione.

La più recente novità in tema di lotta alla corruzione, però, è stata introdotta il 28 novembre 2012, con l'entrata in vigore Legge 6 novembre 2012, n. 190 – pubblicata sulla Gazzetta Ufficiale n. 265 del 13 novembre 2012.

La c.d. "Legge Anticorruzione" è una legge composta sostanzialmente da un unico articolo di 83 commi che prevede una serie di misure preventive e repressive contro la corruzione e l'illegalità soprattutto all'interno della Pubblica Amministrazione

Con le nuove disposizioni, infatti, il Legislatore Italiano ha proposto un'ambiziosa riforma dell'intero apparato normativo, sul duplice binario dell'intervento preventivo e dell'azione repressiva. Da un lato, infatti, sono state stabilite rigide regole comportamentali per i pubblici dipendenti e criteri di trasparenza dell'azione amministrativa e, dall'altro lato, si sono state introdotte norme penali dirette a colpire, in modo più selettivo e afflittivo, le condotte illecite sul terreno della corruzione.

Come precisa la relazione illustrativa dell'originario Disegno di Legge, l'obiettivo del dettato legislativo è la prevenzione e la repressione del fenomeno della corruzione attraverso un approccio multidisciplinare, nel quale gli

---

[13] Sul punto ci si richiama a quanto indicato nelle *Linee Guida per la costruzione dei modelli di organizzazione, gestione e controllo ex D. Lgs. n. 231/2001* di Confindustria del 9 aprile 2008 aggiornate al marzo 2014 secondo le quali: *"Il modello deve esigere che i membri dell'OdV abbiano competenze in "attività ispettiva, consulenziale, ovvero la conoscenza di tecniche specifiche, idonee a garantire l'efficacia dei poteri di controllo e del potere propositivo ad esso demandati (così Trib. Napoli, 26 giugno 2007) "*.

strumenti sanzionatori si configurano solamente come alcuni dei fattori necessari per la lotta alla corruzione e all'illegalità dell'azione amministrativa.

Tra le principali novità del dettato normativo si segnalano sinteticamente:

a) L'Autorità Nazionale Anticorruzione: con la Legge 190/12, la Commissione per la valutazione, la trasparenza e l'integrità dell'amministrazione (c.d. "Civit") ha cominciato ad operare quale Autorità Nazionale Anticorruzione ("ANAC") con i seguenti compiti: approvare il Piano Nazionale Anticorruzione predisposto dal dipartimento della Funzione Pubblica; esprimere pareri facoltativi agli organi dello Stato e a tutte le amministrazioni pubbliche; esercitare la vigilanza e il controllo sull'effettiva applicazione e l'efficacia delle misure adottate; riferire al Parlamento con una relazione entro il 31 dicembre di ogni anno;

b) Traffico di influenze illecite: la Legge Anticorruzione ha introdotto questo nuovo delitto, rubricato all'articolo 346 bis del Codice Penale (punito con una pena che va da uno a tre anni di reclusione), che persegue l'obiettivo di "difendere" il buon andamento e l'imparzialità della Pubblica Amministrazione, andando a sanzionare comportamenti che potrebbero essere anticipatori della corruzione.

Nella sostanza, nel rispetto di quanto richiesto dalle Organizzazioni Internazionali, è prevista la punibilità tanto di chi si fa dare o promettere denaro o altra utilità, quanto di chi versa o promette con riferimento a un atto contrario ai doveri d'ufficio o all'omissione o al ritardo di un atto d'ufficio. Inoltre, sono stati previsti aumenti di pena per i reati corruzione in atti giudiziari, per la corruzione propria, per il peculato e per l'abuso d'ufficio.

Infine la corruzione per atto conforme a doveri d'ufficio è stata sostituita dalla corruzione per l'esercizio della funzione (art.318 c.p.).

c) Rotazione tra i Dirigenti e formazione: nella prima parte della Legge 190/2012, vale a dire nella parte dedicata alla prevenzione, sono state inserite anche le nuove regole che riguardano dirigenti, impiegati pubblici e imprese che hanno rapporti con l'Amministrazione Statale.

Oltre alla rotazione più frequente dei capi ufficio e al monitoraggio periodico del rispetto dei tempi delle procedure, la Legge si occupa anche della Scuola Superiore della Pubblica Amministrazione che predispone percorsi di formazione dei dipendenti sui temi dell'etica e della legalità. I dipendenti pubblici chiamati a operare nei settori in cui è più elevato il rischio che vengano commessi reati di corruzione saranno i principali destinatari di questi percorsi formativi. Un'altra novità introdotta dalla normativa è quella delle sanzioni accessorie: i dirigenti e gli impiegati condannati con sentenza passata in giudicato per un reato di corruzione dovranno rispondere, oltre che con la sospensione dal servizio e dello stipendio, anche per danno erariale e all'immagine della Pubblica Amministrazione. Ogni prefettura, infine, ha istituito un proprio elenco dei fornitori e prestatori di servizi non soggetti a tentativo di infiltrazione mafiosa (c.d. "White list").

Da ultimo pare doveroso effettuare una breve riflessione sul legame esistente tra la Legge 190/2012 e il D. Lgs. 231/01.

E' infatti evidente che le due normative risultano essere unite dalla medesima finalità: la lotta alla corruzione e la volontà di creare un sistema di norme idoneo a combattere la corruzione in ogni ambito.

Tale caratteristica, che rende le normative contigue, induce ad uniformare i processi e i presidi previsti per sviluppare l'azione di contrasto al fenomeno corruttivo.

Tuttavia è opportuno evidenziare che le due normative, pur trattandosi di due momenti dello stesso percorso, prevedono due modi diversi di combattere il fenomeno corruttivo: il D.lgs. 231/01 pare essere più indirizzato alla repressione del fenomeno corruttivo, la Legge 190/12, invece, sembra essere rivolta alla prevenzione dello stesso.

4. La corruzione tra privati

Con l'approvazione della Legge Anticorruzione, il Legislatore Italiano ha considerato anche l'aspetto privatistico della corruzione, o meglio, le forme corruttive perpetrate tra soggetti privati.

Nella Legge 190/12, infatti, è stato espressamente previsto che gli enti possano essere ritenuti responsabili per i reati di corruzione tra privati ed induzione indebita a dare o promettere utilità.

In particolare, pertanto, la normativa con riferimento all'eventuale responsabilità dell'ente ha previsto:

a) quanto al reato di corruzione tra privati che l'Ente a cui appartiene il soggetto corruttore potrà essere condannato ad una sanzione pecuniaria. La responsabilità amministrativa ai sensi del Decreto, in questo caso, sarà ascrivibile esclusivamente all'ente di appartenenza del corruttore se la corruzione è commessa nell'interesse o a vantaggio dell'ente stesso.

b) quanto al reato di induzione indebita a dare o promettere utilità[14] che l'ente colpevole potrà essere condannato ad una sanzione pecuniaria o ad una sanzione interdittiva.

4.1. La recente riforma dei reati di corruzione nel settore privato

Il Consiglio dei Ministri ha definitivamente approvato, nel marzo 2017, il Decreto Legislativo[15] che recepisce nell'ordinamento italiano la decisione quadro 2003/568/GAI del Consiglio dell'Unione Europea sulla lotta alla corruzione nel settore privato.

Tale provvedimento incide in particolar modo sulla fattispecie di reato della corruzione tra privati.

L'art. 3 del Decreto approvato introduce infatti alcune modifiche all'art. 2635 del codice civile, rubricato *"Corruzione tra privati"*, il quale punisce con la reclusione da uno a tre anni gli amministratori, i direttori generali, i dirigenti preposti alla redazione dei documenti contabili societari, i sindaci o i liquidatori che, anche per interposta persona, avessero sollecitato, ricevuto o accettato la promessa di denaro o altra utilità non dovuti, per compiere od omettere un atto in violazione ai propri obblighi di fedeltà o agli obblighi inerenti al loro ufficio.

Non solo, il provvedimento in esame introduce all'interno del codice civile l'art. 2635-*bis*, rubricato "Istigazione alla corruzione tra privati", il quale sanziona con la pena di cui all'art. 2635 c.c., ridotta di un terzo, chiunque offra o prometta denaro o altra utilità non dovuti a soggetti rappresentanti o che esercitino funzioni direttive in società o enti privati, affinché questi compiano od omettano un atto in violazione degli obblighi inerenti al proprio ufficio o degli obblighi di fedeltà, anche qualora l'offerta o la promessa non sia stata accettata.

---

[14] Il reato di induzione indebita a dare o promettere utilità è stato introdotto con l'art. *319 quater* c.p., essendo stato accorpato nel Decreto alla corruzione e alla concussione, sarà punito ai sensi dell'art. 25, comma 3.

[15] Decreto Legislativo n. 38 del 15 marzo 2017, G.U. 30 marzo 2017

Inoltre, alle pene *supra* individuate, si affianca la sanzione dell'interdizione temporanea dagli uffici direttivi delle persone giuridiche e delle imprese di cui all'art. 32-*bis* del codice penale, ai sensi del nuovo art. 2635-*ter* c.c.

Per quanto concerne l'impatto sul versante della responsabilità da reato delle persone giuridiche, il novellato art. 25-*ter*, comma 1, lett. s-*bis* D. Lgs. 231/2001, oltre ad integrare il catalogo dei reati-presupposto con la nuova fattispecie di istigazione alla corruzione tra privati, ha inasprito la sanzione prevista per il delitto di cui all'art. 2635, comma 3 c.c. prevedendo l'applicabilità a tali reati delle sanzioni interdittive.

Giova ricordare che la responsabilità della società è ipotizzabile solo qualora venga dimostrato il perseguimento di un interesse o il conseguimento di un vantaggio e, proprio per tale ragione, l'art. 25-*ter*, comma 1, lett. s-*bis* D. Lgs. 231/2001 ricomprende tra i reati-presupposto le sole ipotesi di cui all'art. 2635, comma 3 e 2635-*bis*, comma 1, c.c.. L'attenzione degli enti, quindi, oggi deve focalizzarsi non tanto sui soggetti che vengono corrotti, quanto sui corruttori che, tramite la promessa o dazione di denaro o altra utilità non dovute, persino qualora queste non siano accettate, ricavino un vantaggio per la propria azienda, che diversamente non avrebbe ottenuto.

4.2 I presidi contro la corruzione

Il reato di corruzione tra privati impone alle aziende l'obbligo di implementare il Modello adottato e i relativi protocolli.

Tali protocolli dovranno essere preceduti da un'analisi delle aree di *business* più sensibili all'eventuale commissione dei reati riconducibili alle nuove fattispecie corruttive perché la condotta descritta dall'art. 2635 c.c. si concretizza nella *dazione o promessa di denaro o altra utilità,* e quindi, è possibile distinguere due distinte aree di attività nelle quali le condotte dei dipendenti (apicali e subordinati) potrebbero condurre ad una responsabilità della società ai sensi del Decreto.

La prima è rappresentata da tutte quelle attività idonee a garantire la concretizzazione dell'interesse o vantaggio frutto dell'accordo corruttivo, la seconda dalla costituzione della *provvista di danaro* strumentale al porre in essere della condotta corruttiva.[16]

---

[16] *Prima facie* è ipotizzabile infatti che l'accordo corruttivo abbia ad oggetto il beneficio relativo ad un sovrapprezzo applicato alla vendita di beni o servizi all'ente a cui appartiene il soggetto corrotto. In questo caso quindi è necessario intervenire in maniera diretta sulle operazioni di controllo idonee a garantire la trasparenza nel c.d. "ciclo attivo" della società; tale intervento incide direttamente sui poteri autorizzativi relativi alle operazioni di vendita, prevedendone una stratificazione e una separazione di ruoli (*segregation of duties*), nell'ambito dell'organizzazione aziendale. Ulteriore intervento idoneo a garantire una maggiore trasparenza è costituito, anche secondo dottrina, "dalla separazione di responsabilità nei rapporti con il cliente (*c.d. account manager*), di responsabilità di definizione del prezzo di offerta e delle condizioni e tempi di pagamento, responsabilità nella scontistica e responsabilità nella definizione di eventuali risoluzioni transattive in caso di contestazioni" (Cfr. DE ANGELIS-JANNONE, *La Responsabilità amministrativa,* p. 76 ss).

O compliance como instrumento de prevenção e combate à corrupção

La responsabilità dell'organizzazione è intesa soprattutto nel determinare linee guida generali, strumentali a una corretta definizione del prezzo massimo di offerta per singolo prodotto o servizio, in maniera tale da far sì che ogni minima anomalia possa essere facilmente individuata. In particolare, per quanto concerne la vendita che abbia ad oggetto servizi e consulenze risulta ancora più indispensabile una corretta delineazione del prezzo; conclusioni simili possono essere tratte in funzione della rilevanza assunta dalle operazioni idonee a porre in essere il c.d. *benchmark*, consistente in raffronti con indici economici di mercato.

Quanto descritto costituisce un obbligo di comunicazione in capo ai lavoratori della società i quali sono tenuti a riferire all'Organo di Vigilanza in modo tale che questo possa vigilare su eventuali scostamenti o deroghe che dovranno essere oltretutto anch'esse oggetto di comunicazione al citato organismo.

5. Conclusioni

Il presente scritto, che non ha e non vuole avere l'ambizione di esaurire un tema estremamente vasto e articolato, ha solo inteso offrire una panoramica generale sul sempre più cogente tema della lotta alla corruzione ormai di portata internazionale.

La materia è ovviamente complessa e meriterebbe maggiori approfondimenti, tuttavia si è voluto dare evidenza al lodevole sforzo del Legislatore Italiano, che da 2001 ad oggi, ha di fatto obbligato le Società ad adottare dei sistemi di controllo che consentano di "proteggersi" dalla commissione di reati da parte dei propri *manager*.

Il Legislatore Italiano, pertanto, si è mostrato perfettamente in linea con il Legislatore Comunitario nel ritenere gli enti sottoposti al dettato del D. Lgs. 231/01 delle realtà potenzialmente criminogene che, come tali, passibili di sanzione.

— 15 —

Marco normativo anticorrupción en el Paraguay

PATRICIA FLOR RÍOS

ALEJANDRO PIERA

Advogados do Guanes, Heisecke & Piera Abogados

Sumario: 1. Introducción; 2. Marco legal e institucional; 3. Medidas legales adoptadas; 3.1. Tipificación de delitos; a) Medidas anticorrupción en el marco de las contrataciones de Funcionarios Públicos; b) Medidas anticorrupción en el marco de las Contrataciones Públicas; c) Medidas para promover la participación de la sociedad civil; 4. Medidas institucionales adoptadas; a) Creación de la SENAC; b) Aprobación del Plan Nacional de Prevención contra la corrupción; c) Red de Transparencia y Anticorrupción; d) Creación de Portales Anticorrupción; 5. Comentarios finales.

1. Introducción

De acuerdo con el *ranking* de Índice de Percepción la Corrupción (IPC), publicado en el 2016 por la organización no gubernamental Transparencia Internacional (TI), Paraguay se encuentra posicionado en el lugar 123 entre los 176 países analizados.[1] Claramente esta posición ubica al Paraguay entre los países clasificados como "altamente corruptos".[2] Sin embargo, aun así esta posición representa una "buena noticia", si comparamos con los lugares que Paraguay ocupaba años atrás (e.g. 150 en los años 2012 a 2014 y 130 en el año 2015).[3]

Por otro lado, en el 2016 Paraguay también ha mejorado, en comparación con los años anteriores, la calificación país otorgada por TI en cuanto al nivel de percepción de la corrupción en el sector público. En la escala de calificaciones de 100 publicada por TI, en la cual 0 significa "altamente corrupto" y 100 significa "muy limpio", Paraguay ha obtenido en el 2016 la calificación de 30,[4]

---

[1] https://www.transparency.org/news/feature/corruption_perceptions_index_2016.

[2] https://www.transparency.org/news/feature/corruption_perceptions_index_2016.

[3] https://tradingeconomics.com/paraguay/corruption-rank.

[4] https://www.transparency.org/country/PRY#.

en comparación a los cuatro años anteriores en los cuales Paraguay se encontraba ubicado en los lugares 24 y 27, respectivamente.[5]

De acuerdo con la Subsecretaría de Estado de Economía del Ministerio de Hacienda del Paraguay, esta mejoría se debe principalmente a la promulgación de la Ley n° 5282/2014 *"De Libre Acceso Ciudadano a la Información Pública y Transparencia Gubernamental"*, pues al decir de esta cartera del estado, *"a través de la divulgación masiva de información pública es la misma ciudadanía que se ha convertido en contralora de lo público"*.[6] Más abajo realizamos un pormenorizado análisis de la ley y su implementación.

Enfocamos este artículo en la exposición de las medidas legales e institucionales adoptadas e implementadas en Paraguay, con la finalidad de combatir la corrupción, tomando como punto de partida la adopción de los instrumentos internacionales de la región en la materia, los cuales individualizamos en el siguiente apartado.

2. Marco legal e institucional

PARAGUAY ha ratificado los siguientes instrumentos internacionales: i) la Convención Interamericana de la Organización de los Estados Americanos contra la Corrupción del año 1996, ratificado por Ley 977/1996 (Convención Interamericana) y ii) la Convención de las Naciones Unidas contra la corrupción, ratificado por Ley 2535/2005 (CNUCC).

La Convención Interamericana ha entrado en vigor en el año 1996 y se encuentra actualmente ratificada por 33 Estados americanos.[7] La Convención Interamericana vincula a los Estados Partes a una cooperación internacional, a los efectos de combatir la corrupción.[8] El instrumento internacional obliga a los Estados partes a implementar medidas para prevenir, detectar, sancionar y erradicar los actos de corrupción.[9] El ámbito de aplicación[10] de la Convención Interamericana abarca los presuntos actos de corrupción que se hayan cometido o que produzcan sus efectos en un Estado Parte. Complementariamente, en el año 2001 Paraguay ha suscripto el instrumento intergubernamental denominado "Mecanismo de Seguimiento de la Implementación de la Convención Interamericana contra la Corrupción" (MESICIC) promovido por la OEA.

En vigencia desde el año 2005 y ratificada por 180 países, la CNUCC tiene por finalidad promover i) las medidas de prevención y combate contra la

---

[5] https://www.transparency.org/news/feature/corruption_perceptions_index_2016

[6] http://www.economia.gov.py/index.php/noticias-y-eventos/indice-de-percepcion-de-la-corrupcion-paraguay-4to-pais-que-mas-avanzo-en-su-lucha-contra-la-corrupcion

[7] http://www.oas.org/es/sla/ddi/tratados_multilaterales_interamericanos_B-58_contra_Corrupcion_firmas.asp

[8] Ver "CONVENCIÓN INTERAMERICANA CONTRA LA CORRUPCIÓN", Preámbulo.

[9] Ver "CONVENCIÓN INTERAMERICANA CONTRA LA CORRUPCIÓN", Art. II.

[10] Ver "CONVENCIÓN INTERAMERICANA CONTRA LA CORRUPCIÓN", Art. IV.

corrupción, ii) la cooperación internacional y asistencia técnica para la implementación de dichas medidas y el recupero de activos y iii) la integridad.[11] El ámbito de aplicación[12] de la CNUCC abarca la prevención, investigación y el enjuiciamiento de la corrupción, además de las medidas de embargo preventivo, incautación, decomiso y restitución del "producto de delitos" tipificados, definido éste como *"los bienes de cualquier índole derivados u obtenidos directa o indirectamente de la comisión de un delito"*.[13] A su vez, a los efectos de la implementación de estos instrumentos internacionales, el Poder Ejecutivo ha creado en el año 2012 por Decreto 10.144, la Secretaría Nacional Anticorrupción (SENAC). Complementariamente, el Poder Ejecutivo ha aprobado el Plan Nacional de Prevención de la Corrupción (Decreto 4900/2016) y ha creado la "Red de Transparencia y Anticorrupción" (Decreto 4937/2016).

3. Medidas legales adoptadas

3.1. Tipificación de delitos

Paraguay tiene tipificado los siguientes delitos relativos a actos de corrupción:

i) Cohecho pasivo

En este caso, el sujeto penado es el funcionario público.

Este delito se tipifica como sigue: "el funcionario que solicitara, se dejara prometer o aceptara un beneficio a cambio de una contraprestación proveniente de una conducta propia del servicio que haya realizado o que realizará en el futuro, será castigado con pena privativa de libertad de hasta tres años o con multa".[14] En este tipo penal, la realización del acto de servicio es equiparada también a su omisión.[15] En caso que el sujeto corrupto se trate de un juez o árbitro y la contraprestación de una resolución u otra actividad judicial, la sanción tipificada es de pena privativa de libertad de hasta cinco años o multa.[16] En este tipo penal, también es castigada la tentativa.

ii) Cohecho pasivo agravado

En este caso, el sujeto penado es el funcionario público. Este delito se tipifica como sigue: "el funcionario que solicitara, se dejara prometer o aceptara un beneficio a cambio de una contraprestación proveniente de una conducta propia del servicio ya realizado o que realizará en el futuro, y lesione sus de-

---

[11] Ver "Convención de las Naciones Unidas contra la corrupción", Art. 1.

[12] Ver "Convención de las Naciones Unidas contra la corrupción", Art. 3.1.

[13] Ver "Convención de las Naciones Unidas contra la corrupción", Art. 2 inc. e).

[14] Código Penal, Art. 300 Numeral 1.

[15] Código Penal, Art. 304.1

[16] Código Penal, Art. 300 Numeral 2.

O *compliance* como instrumento de prevenção e combate à corrupção

beres, será castigado con pena privativa de libertad de hasta cinco años".[17] En este tipo penal, la realización del acto de servicio es equiparada también a su omisión.[18] En caso que el sujeto corrupto se trate de un juez o árbitro y la contraprestación de una resolución u otra actividad judicial, la sanción tipificada es de pena privativa de libertad de hasta diez años.[19] Complementariamente a la pena privativa de libertad, en estos casos se puede aplicar una pena patrimonial consistente en el pago de una suma de dinero cuyo monto será fijado teniendo en consideración el patrimonio del autor.[20] En este tipo penal, también es castigada la tentativa.[21]

iii) Soborno

En este caso, el sujeto penado es el individuo que corrompe al funcionario público. Este delito se tipifica como sigue: "el que ofreciera, prometiera o garantizara un beneficio a un funcionario a cambio de un acto de servicio ya realizado o que realizará en el futuro, y que dependiera de sus facultades discrecionales, será castigado con pena privativa de libertad de hasta dos años o con multa".[22] En este tipo penal, la realización del acto de servicio es equiparada también a su omisión.[23] En caso que el individuo corrompa a un juez o árbitro a cambio de una resolución u otra actividad judicial, la sanción tipificada es de pena privativa de libertad de hasta tres años o multa.[24] Cabe resaltar que los casos de soborno entre actores del sector privado, no están tipificados como hecho punible por el ordenamiento paraguayo.

iv) Soborno agravado

Este delito se tipifica como sigue: "el que ofreciera, prometiera o garantizara un beneficio a un funcionario a cambio de un acto de servicio ya realizado o que realizará en el futuro, y que lesione sus deberes, será castigado con pena privativa de libertad de hasta tres años".[25] En este tipo penal, la realización del acto de servicio es equiparada también a su omisión.[26] En caso que el individuo corrompa a un juez o árbitro a cambio de una resolución u otra actividad judicial y que la decisión sea tomada lesionando sus deberes judiciales, la sanción tipificada es de pena privativa de libertad de uno a cinco años.[27] En este tipo penal, también es castigada también la tentativa.[28] Con relación a los delitos

---

[17] Código Penal, Art. 301 Numeral 1.

[18] Código Penal, Art. 304.1.

[19] Código Penal, Art. 301 Numeral 2.

[20] Código Penal, Arts. 301 Numeral 4 y Art. 57.

[21] Código Penal, Arts. 301 Numeral 3.

[22] Código Penal, Artículo 302. Numeral 1.

[23] Código Penal, Art. 304.1.

[24] Código Penal, Art. 301 Numeral 2.

[25] Código Penal, Artículo 303. Numeral 1.

[26] Código Penal, Art. 304.1.

[27] Código Penal, Art. 303 Numeral 2.

[28] Código Penal, Art. 303 Numeral 3.

expuestos más arriba que se consideran agravados por el ordenamiento local, por involucrar a un juez o árbitro; cabe resaltar que las tipificaciones de los agravantes no incluyen a otros actores claves de la esfera del manejo de casos judiciales o arbitrales como los secretarios o actuarios, relatores o funcionarios de similar jerarquía o incluso profesionales auxiliares de la justicia como los abogados litigantes, peritos o escribanos públicos. Ahora bien, sí está contemplado en el ordenamiento legal, la penalización al "cómplice", entendido el mismo como "el que ayudara a otro a realizar un hecho antijurídico doloso".[29]

v) Lavado de Dinero o Bienes

Paraguay ha adoptado una ley especial que previene y reprime los actos ilícitos destinados a la legitimación de dinero o bienes.[30] Si bien el marco legal e institucional que nace a partir de dicha ley no es el tema central del presente artículo, por su fuerte vinculación a actos de corrupción, consideramos importante realizar someramente los siguientes comentarios. El delito de lavado de dinero tiene una pena privativa de libertado de 2 a 10 años.[31] Los bienes y el dinero involucrados en la comisión del delito, son objeto de comiso.[32] Los principales sujetos obligados por esta ley son los bancos, financieras, bolsas de valores, casas de cambio, administradoras de fondos, cooperativas, aseguradoras, inmobiliarias, casas de empeño, personas dedicadas a la explotación de juegos de azar, remesadoras de fondos, entidades sin fines de lucro y escribanos públicos.[33] Los sujetos obligados tienen como obligaciones principales registrar a sus clientes,[34] registrar las operaciones que superen el valor de USD 10.000 o su equivalente en otra moneda (o las operaciones de menor valor de las que se puede inferir su fraccionamiento intencional para eludir este control)[35] y reportar operaciones sospechosas.[36] La Secretaría de Prevención de Lavado de Dinero (SEPRELAD) ha sido creada para erigirse como el organismo técnico y la autoridad de aplicación de la ley.[37]

vi) Otras tipificaciones

Con relación a la tipificación de delitos de actos de corrupción realizada por Paraguay y expuesta más arriba, al contrastarla con las reglas de penalización[38] establecidas en el CNUCC, consideramos importante realizar los siguientes comentarios:

---

[29] Código Penal, Art. 31.

[30] Ley n° 1015/1997.

[31] Ley n° 1015/1997, Art. 4.

[32] Ley n° 1015/1997, Art. 5.

[33] Ley n° 1015/1997, Art. 13.

[34] Ley n° 1015/1997, Art. 14.

[35] Ley n° 1015/1997, Art. 12.

[36] Ley n° 1015/1997, Art. 19.

[37] Ley n° 1015/1997, Art. 26.

[38] CNUCC, Capítulo III.

vii) El cohecho pasivo y el soborno cuando se trata de funcionarios públicos extranjeros o de organizaciones internacionales públicas no se encuentran tipificados.[39] Al respecto cabe resaltar que Paraguay ha también ratificado la Convención de las Naciones Unidas contra la delincuencia organizada transnacional,[40] la cual también compromete al país a la tipificación de estos delitos.

viii) El acto de corrupción entre particulares o personas físicas o jurídicas del sector privado no se encuentra tipificado.[41]

ix) La malversación o peculado con el alcance establecido en la CNUCC,[42] no está tipificado como delito en el ordenamiento paraguayo. Al respecto, solo se ha incorporado como delito el "cobro indebido de honorarios", en los siguientes términos: *"el funcionario público, abogado u otro auxiliar de justicia que, a sabiendas, cobrara en su provecho honorarios u otras remuneraciones no debidas, será castigado con pena privativa de libertad de hasta dos años o con multa"*.[43] Sin embargo, cabe mencionar que en la ley de *"Administración Financiera del Estado"*[44] se establece como una infracción incurrir en desvío, retención o malversación en la administración de fondos públicos.[45]

x) El tráfico de influencias[46] no está tipificado como delito en el ordenamiento paraguayo. Al respecto, cabe resaltar que ello sí se ha establecido en la Constitución Nacional como causal de pérdida de investidura, para el caso de que el sujeto que hace uso indebido de influencias se trate de senadores o diputados. El requerimiento formal es la comprobación fehaciente del hecho.[47]

xi) El abuso de funciones[48] y el enriquecimiento ilícito[49] no se encuentran tipificados como delitos.

a) Medidas anticorrupción en el marco de las contrataciones de Funcionarios Públicos

La contratación de los funcionarios públicos está regulada por la Ley de la Función Pública.[50] Con relación a medidas anticorrupción, esta ley impone a los funcionarios públicos las siguientes obligaciones: i) observar una conducta

---

[39] Ver CNUCC, Art. 16.
[40] Ley n° 2298/2003.
[41] CNUCC, Arts. 21 y 22.
[42] CNUCC, Art. 17.
[43] Código Penal, Art. 313.
[44] Ley n° 1535/1999 "de Administración Financiera del Estado".
[45] Ley n° 1535/1999, Art. 83 inc. a)
[46] CNUCC, Art. 18.
[47] Constitución Nacional, Art. 201.2.
[48] CNUCC, Art. 19.
[49] CNUCC, Art. 20.
[50] Ley n° 1626/2000.

honesta y leal en el desempeño de su cargo, "con preeminencia del interés público sobre el privado", ii) denunciar los hechos punibles o irregularidades que lleguen a su conocimiento en el ejercicio de su cargo y iii) presentar declaración jurada de bienes y rentas.[51] Por otro lado, la Ley de la Función Pública establece la prohibición a los funcionarios públicos de *utilizar la autoridad o influencia que pudiera tener a través del cargo, o la que se derive por influencia de terceras personas, para ejercer presión sobre la conducta de sus subordinados*.[52] En caso de incumplimiento de las obligaciones arriba indicadas, de infracción a la prohibición arriba indicada o de i) recibir gratificaciones, dádivas o ventajas de cualquier índole por razón del cargo[53] o ii) realizar malversación, distracción, retención o desvío de bienes públicos, además de la comisión de los hechos punibles tipificados en el Código Penal contra el Estado y contra las funciones del Estado;[54] el funcionario público es pasible de sanciones disciplinarias que consisten en: i) suspensión del derecho de promoción, ii) suspensión en el cargo sin goce de sueldo, iii) destitución o despido, con inhabilitación para ocupar cargos públicos por hasta cinco años.[55]

Como una medida para transparentar las contrataciones públicas, la Secretaría de la Función Pública, autoridad de aplicación de la ley de la función pública,[56] ha implementado las siguientes medidas:

i. Implementación de un portal único para acceder a empleos públicos. El acceso público al portal se da a través del sitio web www.paraguayconcursa.gov.py.[57] Con el mismo se gestiona la publicación de vacantes, presentación de postulaciones y los procesos y reglas de selección de funcionarios en base a concursos públicos de oposición y méritos.

ii. Promulgación de códigos de conducta o de buen gobierno, implementados por distintas entidades del estado. Como ejemplo, podemos citar: el Código de Buen Gobierno de la Dirección Nacional de Contrataciones Públicas (2015), el Código de ética del Ministerio de Industria y Comercio (2014), el Código de Ética para funcionarios del Poder Judicial (2013), el Código de Ética de la Secretaría de la Función Pública (2013), el Código de ética del Poder Ejecutivo (2012), el Código de ética de la Cámara de Diputados (2012).

iii. Reglamentación de la obligación constitucional de todos los funcionarios públicos, incluyendo a los de cargos de elección popular, de realizar declaración jurada de su patrimonio, al tomar posesión del cargo y al cesar en su cargo.[58] La obligación se extiende a los valores poseídos en el país y en el extranjero, al patrimonio del cónyuge y de los hijos menores.[59] Además, en virtud de esta ley reglamentaria, el funcionario público debe declarar los datos personales suyos y de sus parientes hasta el segundo grado de consanguinidad y de afinidad.[60] Por su parte, la Contraloría General

---

[51] Ley n° 1626/2000, Art. 57 incs. g), h) e i).

[52] Ley n° 1626/2000 De la Función Pública, Art. 60 inc. a).

[53] Ley n° 1626/2000, Art. 68 inc. g).

[54] Ley n° 1626/2000, Art. 68 inc. h).

[55] Ley n° 1626/2000, Art. 69.

[56] Ley n° 1626/2000, Art. 93.

[57] Decreto del Poder Ejecutivo n° 1212/2014.

[58] Ley n° 5033/2013 "Que reglamenta el Art. 104 de la Constitución Nacional de la Declaración Jurada de bienes y rentas, activos y pasivos de los funcionarios públicos."

[59] Ley n° 5033/2013, Art. 3.1.

[60] Ley n° 5033/2013, Art. 3.2.

de la República, autoridad de aplicación de esta ley,[61] tiene atribuciones para sustanciar investigaciones,[62] dar a conocer los datos contenidos en las declaraciones juradas,[63] establecer sanciones al funcionario público por no cumplir con su obligación de declarar[64] y a las instituciones públicas contratantes por no cumplir con las obligaciones de comunicación que están a su cargo para la ejecución de esta ley.[65] Por supuesto, la Contraloría General de la República tiene obligación de denunciar ante el Ministerio Público en caso de irregularidades o enriquecimientos indebidos.[66] Asimismo, las entidades financieras y bancarias[67] y otras personas físicas o jurídicas de carácter público o privado[68] están obligadas a colaborar con las investigaciones que lleve adelante la Contraloría General de la República en el marco de esta ley.

iv. Implementación del Modelo Estándar de Control Interno para las Entidades Públicas del Paraguay (MECIP).[69] El MECIP sienta los parámetros y delineamientos para que cada entidad del Estado realice un control, fiscalización y evaluación de sus propios sistemas de control interno, bajo la supervisión de la Contraloría General de la República.

b) Medidas anticorrupción en el marco de las Contrataciones Públicas

En el marco legal de las contrataciones públicas para la adquisición de bienes y contratación de servicios por parte de cualquier entidad del Estado,[70] los oferentes están obligados a presentar junto con cada oferta, una declaratoria de integridad, *"en la que manifiesten los oferentes que por sí mismos o a través de interpósita persona, se abstendrán de adoptar conductas orientadas a que los funcionarios o empleados de la Convocante induzcan o alteren las evaluaciones de las propuestas, el resultado del procedimiento u otros aspectos que les otorguen condiciones más ventajosas a los demás oferentes"*.[71]

La Dirección Nacional de Contrataciones Públicas (DNCP), quien es la autoridad de aplicación de dicho marco legal,[72] ha reglamentado este marco legal, estableciendo que se considera comprendida en la declaratoria de integridad todo acto *"contrario a la ética y las buenas prácticas comerciales, como por ejemplo y en forma enunciativa y no limitativa ni restrictiva, la de realizar prácticas de colusión, ofrecer, entregar o aceptar sobornos; influenciar o direccionar mediante presiones o amenazas, condiciones, especificaciones u otros documentos de los procesos de contratación; entregar o aceptar dádivas o favores con el fin de lograr una ventaja o beneficio indebido; omitir el ejercicio*

---

[61] Ley n° 5033/2013, Art. 4.

[62] Ley n° 5033/2013, Art. 4.4.

[63] Ley n° 5033/2013, Art. 3.5.

[64] Ley n° 5033/2013, Art. 4.7.

[65] Ley n° 5033/2013, Art. 5.

[66] Ley n° 5033/2013, Art. 4.8.

[67] Ley n° 5033/2013, Art. 11.

[68] Ley n° 5033/2013, Art. 13.

[69] Res. n° 428/2008 de la Contraloría General de la República.

[70] Ley n° 2051/2003 "de Contrataciones Públicas".

[71] Ley n° 2051/2003 "de Contrataciones Públicas", Art. 20 inc. w).

[72] Ley n° 2051/2003, Art. 5.

de un derecho legalmente reconocido, para favorecer indebidamente a otro u otros Oferentes; inducir a un funcionario, público o privado a quebrantar sus deberes; evadir impuesto, derechos, licencias o cualquier otra obligación legal que se deberían satisfacer, derivadas del proceso de contratación y del consecuente contrato; estas actividades enunciadas no deberán ser realizadas por el Oferente, en nombre propio o a través de terceros".[73]

Además, la DNCP ha incorporado como un documento sustancial a todos los procesos de contrataciones públicas, con independencia de su modalidad o cuantía, esta declaratoria de integridad, la cual debe ser presentada en un formulario establecido por la DNCP, para cada presentación de oferta en particular.[74]

Por su parte, una medida que ha colaborado a la transparencia de los procedimientos de contrataciones públicas, es la creación de un portal único de contrataciones públicas, al cual se accede a través del sitio web www.contrataciones.gov.py. En este sitio web se encuentra publicada y actualizada toda la información referente a los procesos de contrataciones públicas, con independencia de su modalidad, incluyendo los documentos digitalizados de todas las etapas de los procedimientos de convocatoria, participación, evaluación, adjudicación y contratación, como así también en cuanto a los mecanismos de impugnación y decisiones tomadas por la DNCP en cada caso.

Asimismo, la DNCP ha implementado un Sistema de Gestión de Denuncias que contiene los mecanismos para mantener protegida la información en cuanto a la identidad del denunciante, especialmente diseñado en el marco de la Convención Interamericana para denunciar y realizar investigaciones sobre actos de corrupción.

c) Medidas para promover la participación de la sociedad civil

La principal medida legal implementada por Paraguay para promover la participación de la sociedad civil como contralora directa de los actos de corrupción, es la promulgación de la Ley n° 5282/2014 *"De Libre Acceso Ciudadano a la Información Pública y Transparencia Gubernamental"*. La misma fue reglamentada por el Decreto del Poder Ejecutivo n° 4064/2015. Con esta ley, se permite al ciudadano el acceso libre y gratuito a la información pública, sin necesidad de justificar los motivos.[75] A los efectos de esta ley, es considerada "información pública", toda información producida, obtenida, bajo control o en poder de las fuentes públicas, con la única excepción de que las leyes especiales la declaren secreta o de carácter reservado.[76]

---

[73] Res. DNCP 330/2007, Considerando.

[74] Res. DNCP 330/2007, Art. 1.

[75] Ley n° 5282/2014, Art. 4.

[76] Ley n° 5282/2014, Art. 2.2.

Para la implementación de esta ley, cada entidad del estado debe crear en su organigrama una oficina de Acceso a la Información Pública para el público en general.[77] En paralelo, cada entidad debe prever la forma de difusión permanente de la información pública.[78]

Por su parte, el Poder Ejecutivo tiene la obligación de mantener actualizada y a disposición del público, una base de datos informatizada sobre la información referente a las contrataciones públicas, mencionando montos, empresas que fueron adjudicadas, procedimientos administrativos utilizados para la adjudicación, datos de las empresas y estado de la ejecución de los contratos.[79] Las entidades del estado tienen prohibido denegar al ciudadano el acceso a la información solicitada, salvo por resolución por fundada.[80] En caso que no se proveyera la información pública solicitada por los medios establecidos en la ley,[81] en la forma, contenido y en el plazo de 15 días hábiles,[82] el solicitante puede reclamar su derecho de acceso a través del recurso de reconsideración[83] o por la vía judicial acudiendo al Juez de Primera Instancia con jurisdicción en el lugar de su domicilio o en donde tenga su asiento la fuente pública.[84] Los funcionarios públicos y empleados públicos que no cumplan con la Ley de Acceso a la Información Pública, se exponen a sumarios administrativos[85] por responsabilidad personal y serán pasibles de las sanciones en virtud de la Ley n° 1.626/00 "de la Función Pública."

En el marco de esta ley, además de otras como la Ley 5189/2014 "que establece la obligatoriedad de la provisión de informaciones en el uso de los recursos públicos sobre remuneraciones y otras retribuciones asignadas al servidor público de la república del Paraguay", el país ha implementado un portal de información pública sobre los datos contenidos en el Sistema Nacional de Recursos Humanos (SINARH) gestionado por el Ministerio de Hacienda, entidad que desembolsa los fondos públicos para el pago de salarios a los funcionarios públicos. Este portal está disponible desde el sitio web www. nomina. paraguay.gov.py. El mismo permite el acceso inmediato a los datos personales de nombre, apellido y cédula de identidad de los funcionarios públicos, así como a la información sobre la entidad contratante y los sueldos y categorías asignadas. El acceso a esta información, trazada la misma con otras fuentes de información, ha permitido en los últimos años la realización de investigaciones periodísticas y la publicación en los medios masivos de información de indicios

---

[77] Ley n° 5282/2014, Art. 6.

[78] Ley n° 5282/2014, Art. 3.

[79] Ley n° 5282/2014, Art. 10 inc. e).

[80] Ley n° 5282/2014, Art. 19.

[81] Ley n° 5282/2014, Art. 12.

[82] Ley n° 5282/2014, Art. 16.

[83] Ley n° 5282/2014, Art. 21.

[84] Ley n° 5282/2014, Art. 23.

[85] Ley n° 5282/2014, Art. 28.

de irregularidades que han resultado el puntapié de una serie de investigaciones, imputaciones y acusaciones por parte del Ministerio Público, sobre delitos de actos de corrupción. Por otro lado, también en este marco, se ha implementado el Portal Unificado de Acceso a la Información Pública, disponible desde el URL: http://informacionpublica.paraguay.gov.py. A través de este portal, la ciudadanía pude requerir cualquier tipo de información pública a cualquier organismo del Estado.[86] Todas las fuentes públicas de información están obligadas a emitir respuesta en un plazo máximo de 15 días hábiles.[87]

4. Medidas institucionales adoptadas

a) Creación de la SENAC

En términos institucionales, probablemente la medida más relevante adoptada por Paraguay en el marco de la lucha contra la corrupción, es la creación de la Secretaría Nacional Anticorrupción (SENAC).[88] La SENAC tiene a su cargo el diseño, ejecución, implementación, monitoreo y evaluación de las políticas públicas del gobierno en materia de anticorrupción, integridad y transparencia. La misma es jerárquicamente dependiente de la Presidencia de la República.[89] Este organismo es el receptor central de denuncias contra actos de corrupción,[90] derivarlas a las autoridades competentes y hacer el seguimiento a los casos, con fines estadísticos y analíticos.[91] La SENAC es la Autoridad central Consultiva de la Convención Interamericana y de la CNUCC.[92]

b) Aprobación del Plan Nacional de Prevención contra la corrupción

La SENAC, con el apoyo de cooperación internacional, ha elaborado el Plan Nacional de Prevención contra la corrupción (el Plan) a los efectos de organizar las acciones de las instituciones competentes para prevenir los actos de corrupción. El Poder Ejecutivo ha aprobado el Plan y ha establecido la obligación a todas las entidades y organismos del sector público dependientes del Poder Ejecutivo de colaborar en la implementación del Plan.[93] El Plan se

---

[86] Decreto 4064/2015, Art. 8.
[87] Decreto 4064/2015, Art. 30.
[88] Decreto n° 10144/2012 "por el cual se crea la Secretaría Nacional Anticorrupción (SENAC) dependiente de la Presidencia de la República."
[89] Decreto n° 10144/2012, Art. 2.
[90] Decreto n° 10144/2012, Art. 3.
[91] Decreto n° 10144/2012, Art. 4 inc. b.
[92] Decreto n° 10144/2012, Art. 4 inc. k.
[93] Decreto n° 4900/2016 "por el cual se aprueba el Plan Nacional de Prevención de la Corrupción", Arts. 1 y 3.

ha diseñado en torno a 9 ejes temáticos, de los cuales consideramos pertinente resaltar los siguientes:

Eje 2) Fortalecimiento de la Red Interinstitucional de Transparencia y Anticorrupción del Poder Ejecutivo.

Eje 3) Consolidación del Modelo Estándar de control Interno del Paraguay (MECIP) en cada entidad del Poder Ejecutivo.

Eje 5) Robustecimiento de las políticas de acceso a la información pública y transparencia activa.

Eje 7) Transparencia y prevención de la corrupción en el marco de los contratos de participación público-privada.

Eje 8) Participación ciudadana en la prevención y el control de la corrupción.

Cada uno de estos ejes está desarrollado en el Plan de forma clara y con metas e instituciones responsables, lo que se traduce en una mayor posibilidad de ponderar los resultados alcanzados y que se lleguen a alcanzar. SENAC se encuentra actualmente implementando el Plan, en forma coordinada, con las principales entidades aliadas a cada eje en particular. En el eje 2, colaboran las Unidades de Transparencia y Anticorrupción creada en cada uno de los organismos dependientes del Poder Ejecutivo, específicamente para promover esta lucha.[94] El Eje 3 se desarrolla junto con la Auditoría Interna del Poder Ejecutivo (AGPE). El Eje 5 se implementa en conjunto con la Secretaría de la Función Pública (SFP). Para el eje 7, el actor crucial es la Dirección Nacional de Contrataciones Públicas (DNCP). Por último, con relación a los ejes relevados; en el eje 8 colaboran la sociedad civil organizada (entidades sin fines de lucro), la SFP y la Contraloría General de la República (CGR).

c) Red de Transparencia y Anticorrupción

Como medida para impulsar la aplicación de la Ley de libre acceso a la información pública[95] comentada anteriormente en este artículo, el Poder Ejecutivo ha creado la Red Interinstitucional de Transparencia y Anticorrupción (RTA).[96] La RTA funciona bajo la coordinación de la SENAC.[97] La RTA está integrada por los Ministerios del Poder Ejecutivo, las Secretarías Ejecutivas y demás organismos y entidades del Estado dependientes del Poder Ejecutivo. Cada entidad participa en la RTA a través de su Unidad Anticorrupción.[98] Cualquier otra institución pública o entidad de la sociedad civil organizada que persiga los mismos fines puede ingresar a la RTA.[99]

---

[94] Decreto n° 10144, Art. 5

[95] Ley n° 5282/2014.

[96] Decreto n° 4937/2016 "por el cual se crea e integra la Red de Transparencia y Anticorrupción, coordinada por la Secretaría Nacional Anticorrupción dependiente de la Presidencia de la República", Art. 1.

[97] Decreto n° 4937/2016, Art. 3.

[98] Decreto n° 4937/2016, Art. 4.

[99] Decreto n° 4937/2016, Art. 5.

d) Creación de Portales Anticorrupción

La SENAC, en un trabajo en conjunto con la Secretaría Nacional de Tecnologías de la Información y Comunicación (SENATICs), han implementado en el 2016, el Portal de Denuncias Anticorrupción,[100] accesible desde el siguiente URL: http://www.denuncias.gov.py. Este sitio web fue creado con un doble propósito: i) otorgar a la ciudadanía un acceso fácil y rápido para realizar la denuncia y ii) otorgar a la ciudadanía una herramienta desde la cual el denunciante puede realizar un seguimiento al curso dado a la denuncia realizada.

Complementando lo anterior, la SENAC implementó un sistema informático de registro y seguimiento de causas penales, sumarios administrativos e investigaciones preliminares sobre supuestos hechos de corrupción en instituciones públicas (SSPS).[101] Esta herramienta es utilizada para gestionar las denuncias que la SENAC recibe a través del portal arriba indicado. Las Unidades Anticorrupción de cada organismo dependiente del poder ejecutivo tienen la obligación de cargar en el SSPS, todas las causas penales y sumarios administrativos por hechos de corrupción registrados desde la fecha 28/11/2012.[102]

5. Comentarios finales

Paraguay ha experimentado un notable crecimiento económico en los últimos 15 años. Dicha ola de bienestar económico ha impulsado directa e indirectamente profundas reformas en diversos sectores. Uno de ellos ha sido el quehacer jurídico. Por décadas, el país ha gozado de una paupérrima reputación en cuestiones relacionadas con la transparencia, acceso a la información y corrupción. Lentamente, el marco normativo ha venido siendo actualizado, de tal manera a seguir las tendencias mundiales y regionales. De cierta manera, la imagen del país ha mejorado sustancialmente. Es indudable que la Ley de Acceso a la Información ha contribuido notablemente a crear un clima mucho más transparente. Ello ha beneficiado al ciudadano común. Ahora bien, todavía persisten notables falencias. La implementación efectiva del marco normativo continua siendo una materia pendiente. Existen además ciertos tipos penales que no se encuentran incluidos en el Código Penal, como lo es el soborno en el ámbito estrictamente privado. Se podría considerar también la conveniencia de incluir algún tipo de norma de clemencia que facilite la investigación y eventual persecución de conductas antijurídicas en materia de corrupción.

---

[100] Res. SENAC 02/2016.

[101] Res. SENAC 03/2016.

[102] Res. SENAC 167/2016.

— 16 —

Aplicación de la FCPA a las empresas extranjeras, ejecutivos y asesores legales que realicen o participen en actos de corrupción fuera de los Estados Unidos

RAUL GUEVARA
Sócio da Batalla Salto Luna

Sumario: 1. Introducción; 2. Antecedentes del caso 10-20906-CR y 10-20907-CR; 2.1. Organización del Grupo ASA; 2.2. Conductas en Costa Rica; 3. Nociones generales sobre la FCPA; 3.1. Regulaciones contra sobornos (*anti bribery provisions*); 3.2. Regulaciones relacionadas con manejo de libros y controles internos de contabilidad; 3.3. Aspectos territoriales; 4. Obligaciones de la FCPA transgredidas por ASA y sus subsidiarias; 4.1. Puntos de conexión con Estados Unidos; 4.2. Conductas típicas; 5. Responsabilidad del corruptor; 6. Responsabilidad de los gerentes; 7. Posible responsabilidad de los asesores legales cuando asesoran compañías extranjeras haciendo inversiones en Costa Rica o Brasil.

1. Introducción

El Congreso de los Estados Unidos de América promulgó la Ley de Prácticas Corruptas en el Extranjero de los Estados Unidos -U.S. Foreign Corrupt Practices Act- (en adelante la "FCPA"[1]) en el año 1977 como respuesta a la evidencia existente de que compañías estadounidenses habían estado pagado sobornos a funcionarios públicos en otros países con el fin de beneficiar los negocios de estas empresas en esos países.[2]

---

[1] El texto de la FCPA se puede bajar del siguiente enlace: http://www.law.cornell.edu/uscode/text/15/chapter-2B

[2] La SEC había descubierto que más de 400 compañías estadounidenses habían pagado cuantiosas sumas de dinero a funcionarios públicos para asegurar negocios en los países donde operaban o pretendían tener actividades, para lo que utilizaron "fondos para sobornos" ("slush funds") para realizar contribuciones ilegales en los Estados Unidos y pagos corruptos a funcionarios públicos de otros países. De igual manera, detectaron que habían falseado la información contable para ocultar los pagos o darle visos de legitimidad. U.S. SECURITIES AND EXCHANGE COMMISSION, "*Report of the Securities and Exchange Commission on Questionable and Illegal Corporate Payments and Practices*", 2-3 (1976) en FCPA: Criminal Division of the US Department of Justice and the Enforcement Division of the U.S. Securities and Exchange Comission (2012), "A Resource Guide to the U.S Foreign Corrupt Practices Act", consultada on line el 1 de setiembre del 2014: www.justice.gov/ criminal/fraud/fcpa.

O compliance como instrumento de prevenção e combate à corrupção   **197**

La ley buscaba detener las prácticas corruptas y crear un ambiente adecuado para el desarrollo de manera competitiva y ética de los negocios, así como restablecer la confianza pública en la integridad del mercado.[3]

En Costa Rica se considera que los hechos de corrupción causan un daño a la sociedad, no obstante nuestro ordenamiento jurídico es omiso al tratar el tema del daño social por hechos de corrupción y se limita a reconocer la legitimación de la Procuraduría General de la República para plantear los reclamos indemnizatorios correspondientes por este concepto como parte de una afectación a intereses colectivos o difusos.[4] Por otro lado, tanto la doctrina jurídica como sociológica, carecen de criterios para definir en qué consiste el daño social que deriva de hechos de corrupción. Hasta la fecha, existe cierta uniformidad doctrinaria y en cierta jurisprudencia, en aceptar que la corrupción puede lesionar ciertos aspectos materiales e inmateriales del bienestar social, y que eso es lo que debe ser objeto de indemnización. No obstante, se ha reconocido la imposibilidad de valorar los aspectos inmateriales como la confianza, credibilidad, respeto, entre otros.[5]

Algunos de los costos generados por acciones corruptas identificados por la doctrina son:

i. Ineficiente asignación de recursos. La corrupción e impunidad tienen costos de eficiencia en la medida en que facilitan la mala asignación o la distracción de los recursos. Las estadísticas demuestran que debido a políticas de adquisiciones corruptas, los gobiernos de países en desarrollo pagan entre un 20% y un 100% más del precio que pagarían bajo condiciones no corruptas.[6] Para la el Gobierno de los Estados Unidos, estos precios constituyen la base sobre los cuales se determina y establece el precio en que los valores son transados en la bolsa; el monto de ciertos impuestos que se deben pagar en Estados Unidos y otros Estados por titulares, compradores y vendedores de valores; así como el valor de la garantía para los préstamos bancarios.[7]

ii. Distribución inequitativa del ingreso. La corrupción produce una especie de bloqueo en la redistribución de los recursos, situación que guarda cercana relación con el tema de la eficiencia. Lo cierto es que varios estudios demuestran que los sectores privilegiados de la economía se benefician de las operaciones corruptas a expensas de los pobres y la clase media. La desigualdad social crece a la par de la corrupción.[8]

---

[3] Cfr http://www.justice.gov/criminal/fraud/fcpa/history/1977/ senaterpt-95-114.pdf.

[4] De conformidad con el artículo 38 del Código Procesal Penal, "*la acción civil podrá ser ejercida por la Procuraduría General de la República, cuando se trate de hechos punibles que afecten intereses colectivos o difusos.*"

[5] BARRANTES, Gerardo. Evaluación del daño social por casos de corrupción en Costa Rica: Caso ICE-ASA. IPS, 2007

[6] En sentido similar YANSI, INSTITUTE FOR INTERNATIONAL ECONOMICS (ROSE-ACKERMAN SUSAN) "*La corrupción en la economía global*", Editorial Limusa, México, 2001. pág. 48.

[7] 15 U.S. Code § 78b – Necessity for regulation: "*(2) The prices established and offered in such transactions are generally disseminated and quoted throughout the United States and foreign countries and constitute a basis for determining and establishing the prices at which securities are bought and sold, the amount of certain taxes owing to the United States and to the several States by owners, buyers, and sellers of securities, and the value of collateral for bank loans.*"

[8] Cfr. ROSE-ACKERMAN SUSAN INSTITUTE FOR INTERNATIONAL ECONOMICS "*La corrupción en la economía global*", Editorial Limusa, México, 2001.p. 49

iii. Inestabilidad política. La corrupción e impunidad promueven la desilusión e insatisfacción popular.[9]

iv. Perdida de legitimidad de las instituciones públicas por la disminución de la confianza de la población en sus actuaciones.[10]

v. Costos más elevados de ciertos bienes o servicios sin garantía de que serán al menos de igual calidad a los ofrecidos por el sistema de libre competencia.

vi. Desprestigio internacional del país.[11]

Para el año 2001 el ICE de Costa Rica, decidió cambiar la red de telefonía celular y desarrollar una nueva red utilizando la tecnología GSM. El ICE es una institución pública costarricense creada en el año 1949[12] con el objetivo estratégico de generar electricidad, transmitirla y distribuirla en todo el país, así como de proveer de servicios de telecomunicaciones en Costa Rica todo bajo el régimen de monopolio en aquel momento.[13]

Con el objetivo de desarrollar la nueva red de telefonía celular, el ICE efectuó una licitación pública que fue ganada por ACITSA,[14] subsidiaria de una de las empresas más grandes de telecomunicaciones de origen francés.

En el año 2004[15] una investigación periodística logró revelar que ACITSA y la subsidiaria en Costa Rica ACRSA, ambas propiedad 100% de la francesa ASA, habían hecho pagos indebidos a funcionarios del ICE para beneficiar a la empresa en el proceso de licitación, lo que inició una investigación judicial en Costa Rica.

Para sorpresa de muchos, en los Estados Unidos también se inició un proceso de investigación por parte de la División Criminal del Departamento de Justicia de los Estados Unidos – *Criminal Division of the US Department of Justice* (en adelante "DOJ") y la División de Cumplimiento de la Comisión de Valores de los Estados Unidos – *Enforcement Division of the U.S. Securities and Exchange Commission* (en adelante "SEC"), quienes iniciaron un proceso penal en ese país contra ASA por diseñar el esquema, realizar actividades, y registrar inadecuadamente en los libros contables de las compañías del Grupo

---

[9] BARAHONA KRÜGER PABLO *"Corrupción e Impunidad Correlaciones e Implicaciones"*. Editorial Jurídica Continental, Costa Rica.

[10] Costos políticos: Credibilidad y legitimidad del sistema político y económico, deterioro institucional, conduce a actitudes de indiferencia, duda, cinismo y falta de cooperación a la vida pública. CENTRO PARA LA ADMINISTRACIÓN DE JUSTICIA, *"La corrupción pública en América Latina: Manifestaciones y mecanismos de control"*. Editado por José Ma. Rico; Luis Salas. Primera Edición. Miami, Florida, 1996. pág. 36: "una de las principales consecuencias de la corrupción es la creciente desconfianza popular en las instituciones fundamentales del Estado" ibidem. p. 38.

[11] TRIBUNAL PENAL DE JUICIO DEL SEGUNDO CIRCUITO JUDICIAL DE SAN JOSÉ, resolución núm. 341-2004, de las 14 horas del 29 de junio del 2004.

[12] Decreto Ley n. 449 del 8 de abril de 1949.

[13] Cabe señalar que mediante la Ley número 8642 del 4 de junio del 2008 (Ley General de Telecomunicaciones), el monopolio estatal en materia de telecomunicaciones se abrió a la libre competencia y por ello hoy en día participan empresas privadas en la prestación de servicios de telecomunicaciones.

[14] Para referirnos a las empresas involucradas se usará el acrónimo y no su nombre completo.

[15] Cfr. Visto online el 8 de setiembre del 2014: http://www.nacion.com/ln_ee/ESPECIALES/ice-alcatel/n1016_2.html

---

O compliance como instrumento de prevenção e combate à corrupção

ASA, los pagos realizados a funcionarios públicos en Costa Rica, delitos contenidos en la FCPA. De igual manera, el Vicepresidente para Latinoamérica de ACITSA., fue arrestado en Estados Unidos cuando volaba desde Panamá y su vuelo hizo escala en Miami.[16]

¿Cómo una empresa francesa con una subsidiaria en un país centroamericano, que cometió actos de corrupción en Costa Rica, es sancionada en Estados Unidos y uno de sus funcionarios arrestado y condenado en Estados Unidos? A continuación analizaremos a partir del caso número 10-20906-CR y 10-20907-CR de la Corte de Distrito de los Estados Unidos de América (Distrito Sur, División Miami) los principales alcances de la FCPA y por lo tanto, las obligaciones legales que esta legislación estadounidense le impone a compañías y altos jerarcas de esas compañías que aunque extranjeras y realicen actividades en otros países, tienen algún vínculo con los Estados Unidos.

Adicionalmente, haremos una breve reflexión sobre la posible responsabilidad que pueda tener un asesor legal o firma de asesoría legal de incurrir en una infracción a la FCPA de los Estados Unidos de América, cuando asesora a una compañía estadounidense, o una compañía incorporada en otro país pero que tiene un vínculo con los Estados Unidos.

2. Antecedentes del caso 10-20906-CR y 10-20907-CR [17]

2.1. Organización del Grupo ASA

a. ASA

ALSA (anteriormente ASA) es una de las empresas líderes en el mundo en el desarrollo de equipo de telecomunicaciones. Entre el 2001 y el 2005 (en adelante "período de relevancia") contó con hasta 500.000 empleados para sus operaciones que realizaba por sí misma o a través de sus subsidiarias en más de 130 países.

ASA era una empresa organizada bajo la ley francesa, con oficinas principales en París, Francia. En el 2006, una subsidiaria de ASA, se fusionó con LTINC, en los Estados Unidos, y ASA cambió su nombre a ALSA (para efectos de este trabajo nos seguiremos refiriendo a ALSA como ASA por ser el nombre que tenía en el periodo de relevancia).

---

[16] Cfr. Visto online el 8 de setiembre del 2014: http://www.nacion.com/nacional/Justicia-EE-UU-Costa-Rica_0_871512909.html.

[17] La siguiente relación de hechos se hace con base en el Statement of facts del Deferred Prosecution Agreement suscrito entre ALSA y el Departamento de Justicia de los Estados Unidos, División Criminal, Sección de Fraudes (en adelante DPA DOJ) firmado el 20 de diciembre del 2010. Visto en línea el 15 de agosto del 2014: http://www.justice.gov/criminal/fraud/fcpa/cases/alcatel-etal/02-22-11alcatel-dpa.pdf. El DPA DOJ incluye otras sociedades de Malasia y Alemania y varios ejecutivos. De igual manera, la SEC presentó una demanda contra ASA (DPA SEC) el 27 de diciembre del 2010 cuyos hechos son utilizados como fuente de información. Visto online el 8 de setiembre del 2014: http://www.sec.gov/litigation/complaints/2010/comp21795.pdf.

ASA contaba con una oficina en Miami a través de la cual buscaba realizar negocios en América Central y Sur América. De 1998 al 2006, las participaciones en valores (American Depositary Shares) de ALSA fueron registradas en la SEC y comercializadas en la Bolsa de Valores de Nueva York como *american depositary receipts*.[18]

b. ACITSA

ACITSA era una sociedad formada conforme a la ley de Francia, subsidiaria de ASA. Era el brazo comercial de ASA y responsable de contratar con empresas proveedoras de servicios de telecomunicaciones, incluyendo proveedores cuyos dueños eran gobiernos extranjeros como en el caso del ICE, para vender los equipos de telecomunicaciones y servicios relacionados con sus productos. Con la fusión, pasó a llamarse ALFSA Durante el 2000-2005, ACT contó con hasta 7000 empleados y sus resultados financieros fueron incluidos en los estados financieros consolidados de ALSA cuando se registró ante la SEC.[19]

Para hacer negocios en Centroamérica, ACITSA utilizó las oficinas y personal de ASA en Miami y tenía al menos una cuenta bancaria en los Estados Unidos desde la cual se hicieron transferencias a consultores que se sabían darían dadivas a funcionarios públicos de otros países con el fin de obtener negocios o retenerlos.

El ejecutivo CS ocupaba un alto puesto en ACSA, y era a su vez el asistente del Vicepresidente para la región América Latina de ASA

c. ASAG

ASAG era una compañía controlada por ASA e incorporada en Suiza. Con la fusión pasó a llamarse ALTIAG.[20]

ASAG era responsable de contratar a los consultores externos en todo el mundo a nombre de ASA y ACITSA.

Los estados financieros de ASAG fueron incorporados en los estados financieros consolidados de ASA cuando fueron sometidos a la SEC.

Igualmente, ASAG usaba las oficinas de Miami y tenía conversaciones con los funcionarios de esa oficina sobre giros de dinero a consultores costarricenses contratados para realizar pagos a funcionarios públicos a cambio de favores. Muchos de estos pagos se hacían de una cuenta bancaria en los Estados Unidos.

d. ACRSA

ACRSA era una subsidiaria controlada al cien por ciento por ASA, y formada bajo las leyes de Costa Rica. Con la fusión pasó a llamarse ACASA.

---

[18] Por esta razón, ASA es considerado un "emisor" ("issuer") según la FCPA, Título 15, del Código de los Estados Unidos, Sección 78dd-1.

[19] De acuerdo con el DPA DOJ y DPA SEC, ACITSA es una persona diferente a "issuer" o "domestic concern" en los términos del Título 15, del U.S.C, Sección 78dd-3

[20] De acuerdo con el DPA DOJ y DPA SEC, ASAG es una persona diferente a "issuer" o "domestic concern" en los términos del Título 15, del U.S.C, Sección 78dd-3.

O compliance como instrumento de prevenção e combate à corrupção

ACRSA era responsable del día a día de las operaciones comerciales de ASA en Costa Rica y en Honduras. Los estados financieros de ACRSA fueron incluidos en los estados financieros consolidados de ASA que fueron presentados a la SEC.

Esta compañía tuvo comunicación constante con la oficina de ASA localizada en Miami, así como con ACITSA y ASAG, tanto para la realización de negocios con el ICE, como para diseñar y ejecutar el plan de sobornos a funcionarios de esa institución.

El gerente general de ACRSA era el señor EVA.

2.2. Conductas en Costa Rica

a. Pagos realizados a funcionarios del ICE y beneficio obtenido por ASA

Según el DAP DOJ y el DAP SEC, de diciembre del 2001 a octubre del 2004, ASA pagó, por medio de empleados de sus subsidiarias y de un esquema de contratación de consultores, a funcionarios públicos en Costa Rica para obtener contratos de venta de equipos y servicios en telecomunicaciones valorados en aproximadamente US$ 303.000.000,00.

En noviembre del 2000, previo a que la Junta Directiva del ICE determinara al ganador de la licitación, el ejecutivo CS y el gerente EVA ofrecieron a un alto funcionario del ICE pagarle una comisión de 1.5% a 2% del valor del futuro contrato para el desarrollo de la red GSM (*Global System for Mobile*) y de 400.000 líneas de telefonía móvil (Contrato 400K GSM), en caso que ACITSA se adjudicara la licitación. A cambio, el alto funcionario del ICE debía apoyar la idea de que el ICE introdujera esta tecnología y por lo tanto desarrollara un proceso de contratación para el desarrollo e implementación de esa tecnología. El oficial del ICE aceptó la oferta y compartió la comisión con un alto funcionario del gobierno de Costa Rica.

El 12 de junio del 2001, en parte por la influencia del oficial del ICE al que se le hizo el pago corrupto, el ICE le adjudicó a ACITSA un contrato separado, valorado en US$ 44.000.000, para suplir equipo a la red en ese momento existente del ICE de telefonía fija.

En agosto del 2001, el ICE le adjudicó a ACITSA la licitación por las 400K GSM, y suscribió un contrato valorado en US$ 149.500.000.

Antes de que ACITSA fuera adjudicada de los dos contratos mencionados, entre diciembre del 2001 y octubre del 2003, ACITSA transfirió aproximadamente US$ 14.500.000 de la cuenta en ABN Amor Bank en New York a la cuenta de un banco corresponsal, Banco Internacional de Miami, para ser acreditados a la cuenta de SNQCSA, empresa presuntamente contratada como asesora de ACITSA, en un banco en Costa Rica. Este dinero no tenía ninguna relación con servicios profesionales, asesorías o consultorías de SNQCSA, ya que en realidad se usaron para pagar sobornos a funcionarios públicos del

Gobierno de Costa Rica. Según se describe en la tabla del punto 48 del Anexo A del DPA DOJ, se pagaron sobornos a 5 funcionarios del ICE, un funcionario del Poder Ejecutivo y a un legislador.

Por su parte, tanto el gerente EVA como el ejecutivo CS recibieron kickbacks de SNQCSA. El ejecutivo CS recibió más de US $ 300.000, monto que fue transferido a una cuenta en Panamá. Valverde y sus familiares recibieron pagos hasta por US$ 4.700.000,00 de SNQCSA, y se demostró en la investigación que EVA era el esposo de la hermana del representante legal de SNQCSA.

Adicionalmente, ACITSA transfirió desde su cuenta del Banco ABN Amro en New York aproximadamente US$ 3.900.000,00 a Intelmar S.A. en Costa Rica, dinero que no tenía ninguna relación con pago de servicios profesionales, asesorías o consultorías, sino que fue destinado para pago de sobornos a funcionarios del gobierno de Costa Rica.

En mayo del 2013, el ICE le adjudicó a ACITSA un tercer contrato para que le proveyera de equipo adicional para su red de telefonía fija, valorado en aproximadamente US$ 109.500.000,00.

El ejecutivo CS en nombre de ACITSA, aprobó el pago de aproximadamente US$ 25.000,00[21] en viajes, hoteles y otros gastos a funcionarios del ICE para un viaje que la DOJ consideró primordialmente de placer, a París en octubre del 2013, en donde además se discutió el contrato de 400K GSM. El ejecutivo CS instruyó a empleados de ACITSA para que el pago se realizara en efectivo y así evitar dejar rastros. Este pago buscó parcialmente recompensar a los funcionarios del ICE por proveerle a ACITSA contratos lucrativos.

b. Esquema de contratación

Antes del 2001, ni ASA ni ninguna de sus subsidiarias tenían manera de proveer equipos y servicios al ICE, ya que esta institución contaba con una tecnología diferente a la tecnología GSM que ACITSA ofrecía. A finales del 2000, el gerente EVA, en aquel momento Presidente y Director País de ACRSA, y el ejecutivo CS Vicepresidente para Latinoamerica de ACITSA, contrataron a dos compañías de consultoría costarricenses con contactos en el ICE para que les ayudara a obtener contratos en telefonía móvil: SNQCSA e Intelmar S.A..

ASAG, en nombre de ACITSA, ejecutó al menos 5 acuerdos de consultoría con SNQCSA, en los cuales ASAG en nombre de ACITSA prometía pagarles un porcentaje del valor del contrato que lograran obtener con el ICE. Este porcentaje era de hasta 9.7 por ciento, mucho más alto que la comisión más altas que normalmente pagaba ASA. Los contratos regulaban de manera muy general y vaga las obligaciones y servicios que tenía que prestar SNQCSA. Entre el 2001 y el 2003, SNQCSA emitió alrededor de 11 facturas para un total

---

[21] Para la SEC y el DOJ estos gastos no son considerados "bona fide pomotional expenses" bajo el Título 15, Sección 78dd-1(c)(2) del Código de Estados Unidos, por lo tanto no están amparados por las excepciones que establece la FCPA.

O *compliance* como instrumento de prevenção e combate à corrupção

de US$ 14.500.000,00, relacionadas con comisiones por la firma de contratos entre ACITSA y el ICE para el Contrato 400K GSM.

Las facturas presentadas por SNQCSA eran por comisiones relacionadas con los contratos otorgados por el ICE a ACITSA. Las facturas se presentaron al gerente de ACRSA, el señor EVA, quien las reenvió al ejecutivo CS en Francia (ACITSA). El ejecutivo CS o su asistente con las instrucciones de aquel, reenviaban las facturas al departamento de ACITSA en Francia para su pago. Igualmente, el ejecutivo CS envió correos electrónicos informando al departamento de pago que debía proceder con la cancelación de los montos establecidos en esas facturas.

Posteriormente, ACITSA hacía las transferencias desde una cuenta en New York según ya se explicó.

Con las instrucciones del gerente EVA, SNQCSA procedía a distribuir los fondos de esas facturas al oficial del ICE.

De manera similar, ASAG en nombre de ACITSA, firmó cuatro contratos de consultoría con Intelmar S.A. para asistirlos en la obtención de contratos de telecomunicaciones con el ICE. Intelmar emitió 7 facturas entre el 2001 y 2004 por comisiones relacionadas con los contratos firmados con el ICE. Las facturas fueron recibidas por ACRSA y pasadas a ACITSA, bajo el mismo esquema anteriormente explicado.

El supervisor y ejecutivo CS trabajaba en Miami, y fue quien firmó los perfiles contratación para SNQCSA e Intelmar S.A. y aprobó más de US$ 18.000.000,00 en pagos a consultores a pesar de ser montos tan altos. Es claro que el ejecutivo CS había participado en el diseño del esquema para realizar sobornos, y para la DOJ y la SEC, era claro que su supervisor tenía elementos suficientes para pensar que existía el riesgo de que mucho de ese dinero fuera para pago de sobornos y dádivas.

Los pagos a SNQCSA e Intelmar fueron aprobados a pesar de que existía evidencia de que no habían hecho mucho trabajo y que ASA tenía a 3 profesionales trabajando en el proyecto del ICE.

La DOJ y la SEC lograron demostrar que ASA, ACITSA, ASAG y ACRSA carecían de controles adecuados y no efectuaron una debida diligencia en la contratación de SNQCSA e Intelmar S.A. Ni ASA ni sus subsidiarias tomaron las previsiones necesarias para asegurar que los consultores cumplieran con la FCPA u otras leyes anticorrupción.

Al incurrir en las anteriores conductas, los empleados de ACITSA, ASAG, y ACRSA dolosamente evadieron el sistema de controles internos de ASA e hicieron inexactos y falsos registros en los libros contables de ACITSA, ASAG y ACRSA, cuyos estados financieros consolidados fueron presentados a la SEC. Como resultado de los contratos adjudicados por el ICE, ACITSA ganó aproximadamente US$ 23.661.000,00 de utilidades.

3. Nociones generales sobre la FCPA

En el contexto de los países latinoamericanos que reciben inversiones por parte de estadounidenses es de especial importancia ya que aplica a cualquier acto de corrupción realizado por empresarios de esa nacionalidad, empresas constituidas en los Estados Unidos o bien por empresas extranjeras que comercializan valores en los Estados Unidos.

Además, la Ley regula no sólo los pagos a funcionarios públicos, candidatos y partidos políticos, sino que también abarca a cualquier otro destinatario que se vea beneficiado y que sea funcionario público, o tenga alguna función política. Estos pagos no están restringidos a sólo formas monetarias y pueden incluir cualquier objeto de valor.

Existen dos agencias estadounidenses responsables de controlar, ejecutar y perseguir las infracciones a la FCPA:

(i) DOJ. La DOJ persigue los delitos penales y puede buscar la acción civil contra los "domestic concerns" y las personas extranjeras.

(ii) SEC. La SEC está autorizada a buscar acciones civiles contra los "emisores" por violentar las regulaciones contra sobornos y las regulaciones contables de la FCPA.

3.1. Regulaciones contra sobornos (anti bribery provisions)

Las regulaciones contra sobornos aplican a:

"Issuers". Se trata de compañías públicas que están sujetas a registro bajo la sección 78l de la Securities Exchange Act de 1934, o bien tienen la obligación de presentar reportes periódicos.[22] De esta manera, cualquier compañía que enliste valores en alguna de las bolsas de valores de los Estados Unidos o que sea una compañía pública está sujeta a las disposiciones sobre sobornos de la FCPA.[23]

"Domestic concerns". Ciudadanos[24] estadounidenses, nacionales o residentes, o compañías[25] formadas o que tengan domicilio en los Estados Unidos.

Otras personas diferentes de "issuers" o "domestic concerns". Compañías inscritas en otros países diferentes a Estados Unidos, quienes prometen realizar o realizan pagos prohibidos en el territorio de los Estados Unidos.[26] También, se encuentran sujetos a estas disposiciones los oficiales, directores, empleados, agentes o accionistas que actúen en nombre de un "issuer", "domestic concern" o cualquier otra persona sujeta a la FCPA.

Una compañía o persona no estadounidense se encuentra sometida a la FCPA si realiza, directamente o a través de otra persona, algún acto prohibido en el territorio de los Estados Unidos o por medio de mecanismos que tengan

---

[22] 15 U.S.C. § 78dd-1(a).

[23] Cfr. Statoil ASA. DOJ Press Rel. No. 06-700 (Oct. 2006).

[24] 15 U.S.C. §78dd-2(h)(1)(A).

[25] 15 U.S.C. §78dd-2(h)(1)(B).

[26] 15 U.S.C. §78dd-3(a).

alguna vinculación con los Estados Unidos, por ejemplo, a través del sistema financiero de ese país.

Bajo la FCPA la compañía matriz o holding puede ser responsable por actos de una subsidiaria si alguno de sus empleados se involucra en el planeamiento o ejecución de la acción criminal, o conoció de alguna manera de la actividad ilegal y falló en el intento de detenerla o denunciarla.

3.2. Regulaciones relacionadas con manejo de libros y controles internos de contabilidad

Adicionalmente a las regulaciones contra sobornos, la FCPA contiene regulaciones sobre la gestión de libros y registros contables, así como disposición de activos y de sistemas de controles internos para asegurar que los activos son apropiadamente registrados y las transacciones ejecutadas de acuerdo con las prácticas contables. Estas obligaciones buscan evitar que los pagos corruptos sean reflejados en los libros y registros de las compañías de manera incorrecta.

Estas disposiciones aplican únicamente a los "issuers". Sin embargo, cuando un "issuer parent" tiene más del 50 % del poder de voto en una subsidiaria no "issuer", es responsable por el cumplimiento de la subsidiaria con las provisiones de contabilidad de la FCPA. Si controla el 50% o menos, es requerido que hagan de buena fe esfuerzos para usar su influencia, para persuadir a la subsidiaria de llevar adecuadamente sus libros y registro, e implementar controles contables en cumplimiento de la FCPA.

3.3. Aspectos territoriales

Con la ratificación por parte de los Estados Unidos de la Convención para Combatir el Cohecho de Funcionarios Públicos Extranjeros en Transacciones Comerciales Internacionales, la FCPA se reformó para extender la jurisdicción territorial sobre compañías extranjeras que paguen sobornos a funcionarios públicos, cuando se realizaron actos en los Estados Unidos que permitieran realizar el pago y por lo tanto la violación a las normas de la FCPA.

La competencia territorial ha sido interpretada de manera muy amplia incluyendo aguas territoriales, embarcaciones y aviones con bandera estadounidense, o bien de cualquier otra bandera per que circulen en territorio marítimo o aéreo estadounidense, o bien hacia los Estados Unidos, independientemente si usa o no correos electrónicos en Estados Unidos, u otros medios o instrumentos de comercio.[27]

---

[27] DON ZARIN. Doing Business Under the Foreign Corrupt Practices Act §. 4.1.2. Practising Law Institute, 2012.

4. Obligaciones de la FCPA transgredidas por ASA y sus subsidiarias

4.1. Puntos de conexión con Estados Unidos

A pesar de que ninguna de las subsidiarias de ASA tenían domicilio u oficina principal en Estados Unidos ni fueron constituidas conforme a la legislación de los Estados Unidos, existen varios puntos de conexión que obligaban a ASA y sus subsidiarias a aplicar y respetar las disposiciones de la FCPA.[28]

a. Como "issuer". Como se indicó, ASA se encuentra registrada y presenta reportes a la SEC y cotiza en la Bolsa de Valores de New York.

b. Empleados de ASA emplearon medios estadounidenses para realizar los sobornos. ACITSA realizó pagos ilegales directa o indirectamente a funcionarios públicos en relación con numerosos proyectos en Costa Rica, para lo cual utilizó los correos, y otros medios e instrumentos de comercio de Estados Unidos. El uso de medios de comercio en relación con sobornos es considerado igualmente una trasgresión a las normas de la FCPA. En el caso en estudio incluyeron:

(i) transferencias desde cuentas de bancos en Estados Unidos para realizar los sobornos:

(ii) reuniones en los Estados Unidos para planear o dar seguimiento al esquema de sobornos;

(iii) aprobación de contratos simulados de consultoría en los Estados Unidos para evadir o dar un viso de legalidad al esquema de sobornos;

(iv) intercambio de información relacionada con los actos delictivos mediante correo postal, correos electrónicos, y facsímiles desde y hacia los Estados Unidos.

4.2. Conductas típicas

a. Pago de sobornos.

La FCPA considera ilegal y sujeto a sanciones penales, ofrecer, pagar, prometer pagar, o autorizar el pago de cualquier valor a un funcionario público[29] de cualquier otro país, partido político, cualquier candidato a una posición política.

Un agente o intermediario puede ser responsable si actúa usando algún intermediario, y se sabe que el dinero será usado para hacer un pago corrupto o tiene la convicción de que es probable que ocurra.

Para que haya una violación a la FCPA el pago tiene que ser realizado de manera corrupta, es decir, con la intención de inducir a un funcionario público a que use su posición e influencia privilegiada para dar una ventaja injusta a

---

[28] Cfr. Section 30A de la Exchange Act [15 U.S.C. §78dd-l]

[29] La FCPA utiliza el término *"foreign official", definido como any officer or employee of foreign government or any deparment, agency or instrumentality thereof, or of a public international organization, or any person acting in an oficial capacity for or on behalf of any such government or department, agency, instrumentality, or public international organization"*. El gobierno de los Estados Unidos interpreta de manera muy amplia para incluir cualquier empleado de entidades propiedad o controladas por estados.

O *compliance* como instrumento de prevenção e combate à corrupção

quien está pagando el soborno, de tal manera que pueda ganar o retener un negocio.

En el caso en estudio, ACITSA y ACRSA aceptaron haber realizado los sobornos utilizando a SNQCSA e Intelmar S.A. ASA, aceptó su responsabilidad como "issuer" al controlar en un cien porciento a esas dos subsidiarias.

b. Falla en la gestión de los libros y registros contables

La FCPA obliga a las empresas públicas registrar de manera apropiada todas las transacciones y actos de disposición de sus activos.

Las subsidiarias de ASA realizaron numerosos pagos a terceras personas utilizando mecanismos contractuales que buscaban invisibilizar el soborno.

ACITSA pagó sobornos a funcionarios del Gobierno costarricense, para lo cual falsificaron libros y registros de la compañía. Específicamente, las subsidiarias de ASA fallaron en:

(i) tener libros y registros exactos;

(ii) diseñaron y ejecutaron un sistema de intermediarios para que no fuera posible identificar la fuente y destino de los fondos;

(iii) los pagos e hicieron usando contratos de consultoría que de manera general, vaga e inexacta describían los servicios de consultoría, generando falsas facturas y otros documentos para justificar pagos;

(iv) desembolsaron fondos en dinero en efectivo con documentación de soporte inexacta o inexistente;

(v) registró pagos ilícitos como honorarios legítimos de consultoría, registrando sobornos como pagos por servicios legítimos;

(vi) falsificando u ocasionando que se falsificaran registros contables en los libros.

Con base en lo anterior la SEC y el DOJ determinaron que ASA había violado las disposiciones sobre gestión de libros y registros contables de conformidad con la FCPA y en la Sección 13(b)(2)(A) de la Exchange Act [15 U.S.C. §78m(b)(2)(A)].

c. Trasgresión de las obligaciones relacionadas con mantener adecuados controles internos para la contratación de consultores y en la realización de pagos

La FCPA obliga a las empresas públicas a diseñar y mantener un adecuado sistema de controles internos que permita asegurar que sus activos sean adecuadamente registrados en los libros contables y que las transacciones sean ejecutadas de acuerdo a los lineamientos y disposiciones interna sobre manejo de activos.[30]

ASA falló en implementar adecuados controles internos para cumplir con las obligaciones derivadas de estar enlistada en la Bolsa de Valores de New York, incluyendo la detección y prevención de violaciones a la FCPA. Entre las

---

[30] 15 U.S.C. § 78m.

acciones que implicaron trasgresiones al deber de mantener adecuados controles internos establecido en la FCPA, están:

(i) Los funcionarios de las subsidiarias de ASA rutinariamente esquivaron los controles internos de la compañía. A pesar de que la compañía en teoría tenía una política de verificación para autorizar la retención de un consultor de negocios, el cual requería de varias firmas para aprobar la contratación, y de los pagos, los empleados de las subsidiarias de ASA frecuentemente violentaron esa política.

(ii) En numerosas ocasiones, los oficiales de ASA o de sus subsidiarias, responsables de revisar los reportes de debida diligencia de los consultores, fallaron en revisar los documento o no pudieron leer el idioma en los cuales estaban escritos. Empleados de las subsidiarias de ASA suscribieron acuerdos vagos y poco claros sobre los alcances de los servicios contratados.

(iii) Se separaron los pagos realizados a los consultores de manera separada buscando ocultar las altas comisiones que se pagaron.

(iv) Las debidas diligencias realizadas por ASAG sobre las contrataciones de los consultores fueron inadecuadas.

(v) ACITSA con frecuencia pagó a los consultores sin prueba adecuada de los servicios realizados.

(vi) ACITSA falló al no contar con controles sobre los desembolsos de dinero, permitiendo pagos en efectivo sin documentación de respaldo.

(vii) El departamento que ASA tenía para dar seguimiento y cumplimiento dentro de la organización a la FCPA, tenía poco personal y carecía de independencia.

(viii) ASA también falló en no capacitar adecuadamente a sus funcionarios en temas de anticorrupción.

Todas las anteriores acciones permitieron a la SEC y al DOJ concluir que ASA por medio de sus empleados, agentes, subsidiarias o filiales, falló en tener controles contables adecuados para asegurar que las transacciones s registraran adecuadamente en los libros y registros, violado así las disposiciones sobre controles contables establecidas en la FCPA y en la Sección 13(b)(2)(B) de la Exchange Act [15 U.S.C. §78m(b)(2)(B)], y de la Sección 13(b)(5) de la Exchage Act [15 U.S.C. § 78m(b)(5)].

5. Responsabilidad del corruptor

ASA y las subsidiarias mencionadas suscribieron un acuerdo de transacción[31] con el DOJ en el cual admitieron su responsabilidad y asumieron varios compromisos de brindar todo tipo de información, de no pago a terceras personas como agentes para venta y mercadeo de sus productos y servicios, diseñar e implementar un estricto programa de cumplimiento y ética para evitar, detectar y remediar situaciones de corrupción, controles internos y procedimientos con el fin de mantener un sistema que garantice la fiabilidad y actualidad de los registros contables, y un código anticorrupción riguroso, así como contar con un monitor de cumplimiento elegido por el DOJ, entre otros. Adicionalmente, en seguimiento a lo establecido en las Sentencing Guidelines (USSG), ASA pagó la suma de US$ 92.200.000,00

---

[31] Cfr. http://www.justice.gov/opa/pr/2010/December/10-crm-1481.html.

El 27 de diciembre del 2010 la SEC llegó igualmente a un acuerdo con ASA en el cual se comprometió a no cometer de manera permanente ningún acto que violenta la FCPA, y a pagar la suma de US$ 45.000.000,00 por daños y perjuicios.

En enero del 2010 ASA acordó pagar por medio de un acuerdo de transacción al Gobierno de Costa Rica la suma de US$ 10.000.000,00, siendo la primera vez que se una empresa extranjera acordó pagar los daños y perjuicios ocasionados por actos de corrupción.

6. Responsabilidad de los gerentes

En marzo del 2007 el ejecutivo CS y el gerente EV fueron acusados en Estados Unidos por hacer pagos corruptos, diseñando y ejecutando un esquema de contrataciones a terceros que le permitieron que una empresa enlistada en la Bolsa de Valores de New York por medio de esos agentes, hiciera los pagos a los funcionarios públicos, y a ellos mismos, lo cual es considerado un delito conforme al Título 15, Código de Estados Unidos, Sección 78dd-1(a), y Título 18, Código de Estados Unidos, Sección 371.

El 6 de junio del 2007, el ejecutivo CS suscribió un acuerdo con el DOJ[32] aceptando su responsabilidad por los hechos anteriormente indicados. El 24 de setiembre del 2008 la Corte del Distrito para el Distrito Sur de Florida en Miami, sentenció al ejecutivo CS a 30 meses de prisión por haber cometido o estar involucrado en la elaboración de un esquema de sobornos para obtener contratos de telefonía móvil del ICE, efectuando más de $ 2.5 millones en pagos corruptos a funcionarios del ICE y otros funcionarios públicos, en violación a la FCPA. Adicionalmente, condenó al ejecutivo CS a pagar US$ 261.500,00.[33]

7. Posible responsabilidad de los asesores legales cuando asesoran compañías extranjeras haciendo inversiones en Costa Rica o Brasil

Como hemos visto, existe una interpretación muy amplia respecto al alcance de la FCPA en relación con personas extranjeras. Cuando la compañía sea organizada bajo las leyes de los Estados Unidos, tenga su domicilio principal en Estados Unidos, sea propiedad de una empresa estadounidense, sea una compañía pública o esté enlistada en la SEC, es posible que un asesor legal pue-

---

[32] Visto online el 15 de agosto del 2014: http://www.justice.gov/criminal/fraud/fcpa/cases/sapsizianc/06-06-07sapsizian-plea.pdf

[33] Visto en línea el 15 de agosto del 2014 http://www.justice.gov/criminal/fraud/fcpa/cases/sapsizianc/09-25-08sapsizian-judgment.pdf

da verse sujeto a la FCPA cuando su asesoría permita a la compañía incumplir las obligaciones que tiene con la FCPA.

En estos casos, el gobierno de Estados Unidos puede procesar al abogado por conspiración (conspiracy), por complicidad (aiding o abetting), o por actuar como agente de un "issuer" o "domestic concern". El abogado no tiene por qué alguna vez entrar en el territorio de los Estados Unidos, sin embargo, participar en el diseño de un esquema que tiene la intención de sobornar a funcionarios públicos en su país le puede acarrear responsabilidad bajo la FCPA.

La conspiración es un acuerdo entre dos o más personas para cometer un delito. Un abogado en Costa Rica o Brasil puede cometer conspiración criminal bajo la ley estadounidense si el abogado y el cliente están de acuerdo entre sí para violar la FCPA, si el abogado tiene un motivo "corrupto",[34] y si comete un acto preparatorio o en cumplimiento de la conspiración.[35] El delito de conspiración se ha completado en el acuerdo y la comisión del acto; ni el abogado ni el cliente necesitan realmente violar la FCPA para desencadenar la responsabilidad. El abogado no tiene por qué alguna vez entrar en el territorio de los Estados Unidos si el cliente es un "issuer" o "domestic concern", o comete un acto razonablemente previsible dentro de los Estados Unidos.[36]

Complicidad es la ayuda que se puede dar a una persona para cometer un crimen. Un abogado de Costa Rica o Brasil es culpable de ayudar e instigar criminalmente bajo la ley estadounidense, si el abogado comete cualquier acto, incluyendo la prestación de asesoramiento jurídico, con la intención de ayudar al cliente a violar la FCPA, y siempre y cuando el cliente viole la FCPA.[37] El abogado no tiene por qué alguna vez entrar en el territorio de los Estados Unidos si el cliente es un "issuer" o un "domestic concern" o comete un acto razonablemente previsible dentro de los Estados Unidos.

Por último, un abogado de Costa Rica o Brasil podría violar la FCPA al actuar como agente de un "issuer" o "domestic concern", es decir si el abogado comete un acto que busque realizar un pago corrupto, sea por sí mismo o por medio de otra persona, y en nombre de su cliente, el abogado ha violado la FCPA.

En conclusión, el gobierno de Estados Unidos puede procesar a un abogado de Costa Rica o de Brasil en alguno de los siguientes casos; (i) si el abogado cometió un acto que busque realizar un pago corrupto si está en el territorio de los Estados Unidos, (ii) si el abogado asiste o asesora a un cliente con la intención "corrupta" de violar la FCPA.

---

[34] Un motivo "corrupto" es el intento o deseo de maliciosamente influir en un funcionario público para que use su posición en beneficio del corruptor. UNITED STATES DEPARTMENT OF JUSTICE AND SECURITIES AND EXCHANGE COMMISSION, *"A Resource Guide to the U.S. Foreign Corrupt Practices Act"*, p 14.

[35] 18 U.S.C. § 371; United States v. Hernandez-Orellana, 539 F.3d 994, 1006-1007 (9th Cir. 2008).

[36] United States v. MacAllister, 160 F.3d 1304, 1307 (11th Cir. 1998); United States v. Winter, 509 F.2d 975, 982 (5th Cir. 1975).

[37] 18 U.S.C. § 2. Cfr. United States v. Hernandez-Orellana, 539 F.3d 994, 1006-1007 (9th Cir. 2008).